V

Überlebensgroß
Herr Strauß

Ein Spiegelbild

Herausgegeben von
Rudolf Augstein

SPIEGEL-BUCH

Umschlagentwurf: SPIEGEL-Titelgrafik
Veröffentlicht im Rowohlt Taschenbuch Verlag GmbH,
Reinbek bei Hamburg, Juni 1980

Satz Times (Linotron 404)
Gesamtherstellung Clausen & Bosse, Leck
Printed in Germany
ISBN 3 499 33002 4

Inhalt

1

Rudolf Augstein

Wie Strauß dem SPIEGEL unentbehrlich wurde

Die Fama will es so: SPIEGEL und Strauß seien verzankt, weil Strauß den ihn chauffierenden Augstein überredet habe, «bei Rot über die Kreuzung zu fahren», so jüngst Peter Koch in seinem Buch «Das Duell».

Die Wahrheit stimmt ja nie so ganz, und also auch hier nicht. Wahr ist, ich habe den damaligen Bundesminister für Verteidigung Franz Josef Strauß bei Rot über die Kreuzung gefahren, wie so manchen der späteren Koalitionspolitiker auch. Heute würde ich das nicht mehr tun. Aber in jüngeren Jahren ist man halt leichtsinnig, noch dazu, wenn die Straße frei und jede Katze grau ist.

Nur stimmt etwas an dieser Legende, wie an vielen anderen Legenden auch:

Die Nacht, in der SPIEGEL und Strauß über Kreuz kamen, läßt sich genau bestimmen. Es war die vom 9. auf den 10. März 1957, eine Nacht von Samstag auf Sonntag. Mein Einsatz für den Minister, der um 22.10 Uhr vom Hamburger Hauptbahnhof abfahren wollte, war vergebens. Vergebens hatte der Ministerbeamte Gosch versucht, den Zug aufzuhalten. Die Lichter sahen wir in der Ferne entschwinden.

Da damals noch getrunken wurde, fuhren wir samt Minister zurück in mein Haus Maienweg 2. Strauß lieferte sein vorsorglich eingepacktes Brathendl wieder in der Küche ab, und es begann eine Diskussion, die allen SPIEGEL-Beteiligten heute noch in Erinnerung ist, wenn auch mit verschiedenen Akzenten.

Der Minister, gerade ein halbes Jahr für die Verteidigung zuständig, war knapp dem Tode entronnen. Sein Flugzeug vom Typ «Heron» hatte den Brand eines Triebwerks nur durch Sturzflug löschen können. Strauß machte vor, wie er, quasi auf einem Schaukelpferd sitzend, in den Abgrund gerast sei.

Dann wurde die Unterhaltung noch griffiger. Der Minister verglich die Sowjets mit Sittlichkeitsverbrechern, die man ja auch nicht frei herumlaufen lasse. Darauf schnarrte der Redakteur Hans Schmelz, später Stellvertretender Chef des Planungsstabes im Verteidigungsministerium: «Dann schlagen Sie sie doch zusammen!» Der Minister: «Wenn's so mit mir reden wollt, dann holt's euch doch lieber einen Zuhälter oder Ganoven und kein Mitglied der Bundesregierung!»

Er nannte seine eigenen Hitler-Generale die «grauen Kriegsverbrecher». Man sieht, die kriminelle Sphäre wurde in dieser Nacht schon über das sonst übliche Maß hinaus strapaziert.

Drei der anwesenden Redakteure – Becker, Schmelz, Augstein – wurden fünf Jahre später während der SPIEGEL-Affäre als Schwerstverbrecher eingesperrt, getreu der Strauß-Maxime vom 9. Februar 1958 in Regensburg: «Ich nenne jeden einen potentiellen Kriegsverbrecher, der durch Schwächung der westlichen Abwehrkraft dem kommunistischen Osten strategische Vorteile verschafft.»

Derjenige Redakteur, der den Abend in seinem Tagebuch festgehalten hat, entging später dem Unternehmen, weil er sich während der Nacht-und-Nebel-Aktion gegen den SPIEGEL am 26. Oktober 1962 wie das Uhrkästchen-Geißlein in einem Schrank versteckt hatte: Leo Brawand, heute Chefredakteur des «Manager Magazin».

Zweimal an diesem Abend mußten SPIEGEL-Redakteure auf die Strafbank vor der Tür. Der Gastgeber fing sie wieder ein und brachte sie, unter lebhaftem Beifall des Ministers, an den Tisch zurück.

Strauß soll laut Brawands Tagebuch zu mir gesagt haben: «Na, wie wäre es mit uns beiden gemeinsam in Bonn? Sie als Sponsor und ich als Fellow-traveller?» Darauf ich, in Erinnerung an einen Münchhausen-Vers («Einer von uns muß gehn nach Haus allein»): «Lieber Gott, laß mich der andere sein!» Der Polizeibeamte Kruse vom Hamburger Senat fühlte sich in dem Geschimpfe und Geschrei gar nicht wohl, er aß die meisten der kleinen Häppchen.

Die Sause endete um 3.30 Uhr in der Frühe vor dem Hotel «Prem» in Hamburg. Die drei vom SPIEGEL, die den Minister dorthin begleiteten, wurden während der SPIEGEL-Affäre für Wochen und Monate eingesperrt.

Allgemeiner Eindruck der anwesenden Redakteure: «Der nicht!» Wenn denn der Stuhl des Bundeskanzlers jemals frei werden würde, woran viele von uns angesichts der Natur Konrad Adenauers (ver)zweifelten, so sollte bestimmt dieser flamboyante Bayer nicht auf ihm Platz nehmen. Dabei ist es geblieben bis zum heutigen Tag. Im übrigen behaupten heute noch Redakteure, außer dem Minister habe niemand etwas Handfestes zu essen bekommen. Vielleicht stimmt sogar das.

Da nebenan im Hause meines damaligen SPIEGEL-Partners John Jahr die Anzeigen- und Vertriebsleiter von SPIEGEL und «Constanze» vereint tagten und tafelten, konnte es nicht ausbleiben, daß die kläglichen Überreste beider Parties in eins flossen. Der Werbeleiter von «Constanze» und SPIEGEL, Friedrich Wilhelm Heye, Sohn des Wehrbeauftragten Vizeadmiral Hellmuth Heye, war unter ihnen.

So konnte ebenfalls nicht ausbleiben, daß die Kunde von des Ministers fröhlichem Abend mit seinen SPIEGEL-Freunden in Hamburg sich nach Bonn hin ausbreitete und dem Wehrbeauftragten Heye in die Schuhe geschoben wurde, ob nun zu Recht oder nicht. Länger als eine Stunde habe ich mit dem Minister telefonisch darüber rangeln müssen, ob solche Sauf-Arien geheim bleiben könnten – ohne Ergebnis.

Strauß hatte ich bis dahin nur so am Rande gekannt, von Parteitagen etwa. Immer wieder während der zwanzig Jahre währenden Auseinandersetzung sind wir gefragt worden, wie es denn möglich sei, daß der SPIEGEL über den neuernannten Verteidigungsminister Strauß eine im ganzen positive Titelgeschichte geschrieben habe (Nr. 1/1957). Ob es wohl verletzte Liebe oder Eitelkeit sei, daß man hinterher so abrupt gegen ihn Stellung bezogen habe? Das mag so scheinen. Aber eine Durchsicht der Artikel ergibt, daß von «abrupt» keine Rede sein kann.

Der Minister war höchst eilfertig, seinen Ruf zu ruinieren, man konnte kaum folgen. Alle Stationen dieses Rufmords am eigenen Bild finden sich im SPIEGEL akribisch dargestellt, meist eher und besser als in anderen Druckerzeugnissen: Die Hahlbohm-Affäre etwa, wo der Minister einem Verkehrspolizisten, der ihm die Vorfahrt verwehrt hatte, den totalen Krieg erklärte; die Affäre Mueller-Hillebrand, wo der Minister einen gestandenen General in seinem Vorzimmer nachsitzen und amtsentheben ließ; die Affäre Barth, wo er einem Geschwaderkommodore Unrecht tat und die Rehabilitierung entgegen den Weisungen des Bundesdisziplinargerichts bis zum Geht-nicht-mehr verschleppte, der Wehrbeauftragte Heye mußte einschreiten.

Journalisten sind gar nicht so, wie man denkt. Einem so vielversprechenden Aufsteiger wie dem Franz Josef Strauß geben sie eine gute Chance, nicht zuletzt, um mit ihm zusammenzuarbeiten. Allerdings stand auch schon in dem SPIEGEL-Begrüßungsartikel für den neuen Mann die Meldung, daß er als Minister vom Ministerkollegen Balke, seinem Nachfolger im Atomressort, monatlich DM 5000,– nicht versteuertes und nicht zu versteuerndes Bewegungsgeld erhielt.

Wir sind nicht immer voreingenommen, wir sind oft zu unvoreingenommen, weil als Journalisten zu opportunistisch. Nur wird man sich, wenn einer im D-Zug-Tempo seinen Ruf ruiniert, anpassen dürfen.

Seit zwanzig Jahren bin ich gewöhnt, daß man mir anhängt, was mir nun auch vom CSU-Bundestagsabgeordneten Hans Klein in dessen CSU-Hochglanz-Bildband unterstellt wird: «fast pathologische Haßgefühle» gegenüber Strauß. In Ordnung, das muß man schlucken. Ich hasse den Strauß nicht, ich will ihn nur nicht. Ich werde nicht auswandern, wenn er Kanzler wird, aber ich werde auch schwerlich Gelegenheit kriegen, solche Situation zu bedenken.

Viele Leute nehmen uns übel, daß wir uns mit so einem lachend und lächelnd unterhalten. Sie wissen nicht, daß man sich mit so einem besser unterhält als mit irgendwem, weil er, obwohl (fast) wahngeschädigt, witzig und präsent ist. Als Interview-Partner haben Strauß und Wehner nicht ihresgleichen.

Die endlosen Gerichtsverhandlungen lassen sich nicht überstehen, wenn man sich in der Pause mit dem altbösen Feind nicht auf dem Gerichtsflur ergehen und unterhalten kann; ein Kompromiß ist ja ohnehin unmöglich, allenfalls eine taktische Finte. Na und? Daß Strauß und ich den «Orden wider den tödlichen Ernst» verdient hätten, kann man unterstellen.

Im SPIEGEL stand damals vieles über unsern Mann, was heute noch richtig und komisch und verzeichnenswert ist: Er solle sich einen Maßschneider zulegen, was er bis heute ablehnt, und seine Frisur verändern, was er zu seinem Vorteil getan hat, kein mit dem Rasiermesser gezogener Pomadenscheitel mehr (wie denn überhaupt das vom Leben gezeichnete Gesicht des heutigen Kandidaten ungleich menschlicher wirkt als das feist-jugendliche Pomaden-Gesicht von ehedem, auch wenn die Muskulatur des linken Auges nicht mehr ganz mitmacht. Strauß hat die Selbstverantwortlichkeit des Menschen für sein Gesicht wahrgenommen, die Albert Camus uns auferlegt).

Oder: Der permanente Tiefstand seiner Popularitätskurve, seine «Buhmann»-Funktion sei weniger auf seine Person als auf das von ihm wahrgenommene Amt des Bundesverteidigungsministers zurückzuführen, dies ein Irrtum, wie man inzwischen weiß. 1961 billigte der Minister, daß er dienstintern unter «FJS» figurieren solle. Ein Mann namens «JFK» war gerade US-Präsident geworden.

Aber da war es mit den Scharmützeln zwischen Strauß und dem SPIEGEL auch schon zu Ende. Der Krieg, und es war einer auf Leben und Tod, obwohl die Kriegführenden beide überlebten, war bereits eröffnet, der Schuß auf Fort Sumpter gefallen. In der SPIEGEL-Nummer 15 des Jahres 1961 stand eine aggressive Titelgeschichte unter der später noch zu erklärenden Überschrift: «Der Endkampf». Dazu Wahlhelfer und Prachtbandtexter Hans Klein: «Das Signal», und die «Titelgeschichte, die von Verleumdungen nur so strotzte».

Was war geschehen? Dreierlei:

- Strauß war unter den üblichen Ananas-Beteuerungen («will und werde nie») Vorsitzender der bayrischen CSU geworden, sah sich also im Besitz einer Hausmacht, die ihm keiner mehr nehmen würde;
- das Verteidigungsministerium benutzte er, um der Bundesrepublik die Verfügung über Atomwaffen zu verschaffen, darin von dem technisch ahnungslosen Adenauer unterstützt («watt nützen mir die Trägerwaffen ohne die Köppe»);
- mit dem damaligen FDP-Vorsitzenden Erich Mende war er übereingekommen, daß der 85jährige Adenauer möglichst bald durch einen Mann abgelöst werden müsse, den Strauß für so unfähig hielt wie später den Helmut Kohl und den Heinrich Köppler, durch Ludwig Erhard.

Wer in dem Trio Erhard–Mende–Strauß, das durch den politisierenden und spendablen Kaufhaus-Magnaten Helmut Horten zusammengehalten wurde, den Ton angeben würde, namentlich in der Außen- und in der Verteidigungspolitik, schien nicht zweifelhaft. Zweifelhaft schien allenfalls, ob Erhard auch nur eine Legislatur überstehen würde.

Keine Zweifel wiederum bestanden dann in dieser Rechnung an der Person des Nachfolgers. Auch ich übernachtete in Düsseldorf bei Horten, der das Entgegengesetzte von dem wollte, was ich wollte: eine Blockbindung der FDP an die Union er, die Abkoppelung ich. Von

Geschäften schien mir Horten sehr viel, von Politik sehr wenig zu verstehen.

Schlüsselmann jeder Kombination war mein Freund Wolfgang Döring, der kommende FDP-Vorsitzende. Ihn zog Strauß an, ihn stieß er ab. Er, Wolfgang, wählte in der Stunde der Not nicht die Karriere, sondern den Freund. Wenn die SPIEGEL-Affäre denn überhaupt einen Menschen ums Leben gebracht hat, so den damals 42jährigen Wolfgang Döring, und das nicht politisch, sondern buchstäblich.

Gefahr also im Verzuge. «Der Endkampf» war eine Art Kriegserklärung an die Adresse des «einzigen Prätendenten auf den Sessel des Bundeskanzlers».

Der Artikel wurde geschrieben, als nur noch wenige Handgriffe nötig schienen, «um in der Bundesrepublik die Herrschaft eines permanenten Chefs zu installieren»: FDP und SPD, beide in der Opposition, beide auf Beteiligung an der Regierungsmacht erpicht, unter wem auch immer.

Und sei es unter einem, von dem die «Süddeutsche Zeitung» milde schrieb: «Was ganz allgemein zu denken gibt, ist das Rigorose in Herrn Strauß.» Dazu die Osloer Zeitung «Dagbladet»: «Dieses Ellenbogengenie, das lächelt, wenn es lügt» – bis heute eine nicht übertroffene Kennzeichnung. Wie überhaupt der «Endkampf»-Artikel den ganzen Strauß schon in sich hatte, es kam nichts mehr dazu.

Aber wieso eigentlich die Überschrift «Der Endkampf»? Weil Strauß am 20. März 1958, in der sogenannten Atomdebatte des Deutschen Bundestags, den folgenden Satz in den Bundestag schleuderte, nicht spontan, er hatte die Rede vorher zirkulieren lassen:

> Es besteht kein Zweifel, daß sich die Sowjetunion die Mittel für eine offensive Strategie verschaffen will, daß sie sich durch den Bau ihrer Fernluftwaffe, durch den Bau ihrer interkontinentalen Rakete und ihre propagandistische Ausnutzung, durch den Bau ihrer U-Boot-Waffe und die Einrichtung ihrer U-Boote eine Bewaffnung schaffen will, um damit nach Ausschaltung des amerikanischen Bündnissystems den Endkampf mit den USA zu wagen.

«Um zu». Vorher hatte Strauß sich noch mit seltenem Geschmack à la Orwell als «Friedensminister» vorgestellt. Kein Zweifel besteht wohl daran, daß diese Gesinnung schon damals so verhängnisvoll gewesen wäre wie sie es heute ist. Es war die Gesinnung eines getriebenen Kriegstreibers. Heute sagt er: «Berlinabkommen: Grünes Licht für Ratifizieren. Ostverträge ratifiziert: Grünes Licht für europäische Sicherheitskonferenz. Europäische Sicherheitskonferenz: Grünes Licht für die Neutralisierung Europas mit Abzug der Amerikaner. Und Neutralisierung Europas: Grünes Licht für die Ausdehnung der Sowjetkontrolle über den kleinen Wurmfortsatz der eurasischen Landmasse.»

Dem SPIEGEL ging es nicht um den Skalp des Ministers, aus einem einfachen Grund: Der Skalp des Ministers war nicht zu haben, so einfach jedenfalls nicht. Zwar schrieb der SPD-Pressedienst, entweder hätte Strauß sofort klagen oder aber sofort zurücktreten müssen. Der Artikel hingegen war nichts weiter als ein vehementer Angriff. Er gibt auch bei nochmaliger Durchsicht nichts her, Strauß mußte weder klagen noch zurücktreten.

Dem SPIEGEL ging es darum, ihm Barrieren in den Weg zu wälzen auf dem schon geglätteten Weg ins Bundeskanzleramt. Man kann nicht sagen, daß wir ohne Hellsicht waren. Hier der prophetische Satz:

> Hat eine Bundestagsmehrheit den Franz Josef Strauß erst einmal zum Kanzler gewählt, wird sie sich am nächsten Tag in Abhängigkeit von dem Gewählten wiederfinden.

Der Kandidat hat sich seit damals nicht geändert. Wie er heute die Militärs in anderen Ländern zu Putschen ermuntert, so hat er damals in der Bundesrepublik die Generale zu offener Sabotage im Falle eines SPD-Wahlsieges aufgerufen. Aber der SPIEGEL war noch optimistisch genug, dem Strauß zu bescheinigen, er beabsichtige nichts «am Rande des Staatsstreichs», jedenfalls könne er bislang beweisen, daß er nichts dergleichen beabsichtige.

Tatsächlich lag der Staatsstreich schon in Reichweite, ob Strauß das nun wußte oder nicht. Während der SPIEGEL-Affäre ein Jahr später hat er den zuständigen Bundesjustizminister unter Vorspiegelung falscher Tatsachen ausgeschaltet, sehr am Rande des Staatsstreichs. Hat, wie Herbert Wehner sagte, die Okkupation der Staatsmacht auf Dauer, mit Mitteln «außerhalb der Legalität» betrieben.

Ganz ohne prophetisches Gespür zitierte der SPIEGEL den Berliner «Tagesspiegel», der dem Minister vorwarf, er habe in der Affäre des Verkehrspolizisten Hahlbohm gegenüber dem Bonner Polizeipräsidenten einen Fall von «Geheimnisverrat» stilisiert. Dazu der «Tagesspiegel» unter dem 20. September 1958:

> Diese Formulierung ist alarmierend. Von dem Mann eines solchen Amtes ist zu verlangen, daß er sich der Bedeutung eines Begriffs wie Geheimnisverrat stets bewußt ist. Dieser Begriff hat nämlich den Landesverrat zum direkten Nachbarn, hinter dem das Zuchthaus droht. Wir geben diese Erläuterung für den Fall, daß Kreise um Strauß diese Entgleisung wieder einmal mit dem Hinweis auf das bayrische Temperament verniedlichen sollten.

Ja, der Landesverrat war unser direkter Nachbar, wir wußten es nur nicht. Vorerst ging es um die gerichtliche Bewältigung des «Endkampf»-Artikels. Der Minister stellte Strafantrag. Zuständig war die Staatsanwaltschaft Hamburg. Hätte sie uns angeklagt, wer weiß, unser Mann wäre vielleicht längst und vielleicht immer noch Kanzler.

Aber sie tat das nicht, stellte vielmehr das Verfahren gegen mich unter dem 20. Februar 1962 ein. Vergebens baten wir um den 192 Seiten starken Einstellungsbeschluß. Bis heute kenne ich ihn nicht. Ich weiß nur, daß Strauß «mehr als hundert Beleidigungen» festgestellt hatte.

Die Einstellungsverfügung samt Gründen ging dann nach Nürnberg zu Rechtsanwalt Cramer, der namens seines Mandanten Strauß den Strafantrag gestellt hatte, heute tot, damals Aufsichtsrats-Vorsitzender von BMW-Triebwerkbau.

Cramer mochte sich mit dem Nord-Süd-Gefälle der deutschen Justiz nicht abfinden, er forderte die Akten zur Vorbereitung einer Dienstaufsichtsbeschwerde gegen die Hamburger Staatsanwälte an. Mir ist nicht gelungen festzustellen, ob sie jemals zurückgekommen sind.

Damals wurde noch Rechtsgeschichte gemacht. Anfänglich hatte Strauß den fünfzehn Seiten langen Artikel, der allerdings für damalige Verhältnisse einen ungewöhnlich massiven Angriff darstellte, klugerweise unbeachtet gelassen. Sein Pressereferent, Oberst Gerd Schmückle, der seine Leserbriefe mit «Lieber SPIEGEL» einleitete, hatte ihm geraten, nichts zu unternehmen. Schmückle:

> Jede Generation braucht eine Publikation, die sich weit von den Tatsachen und der Wirklichkeit entfernt. Unsere Großeltern lasen die «Gartenlaube», wir lesen den SPIEGEL. Beneidenswerte Großeltern.

Strauß selbst behauptete, wie immer voller Wahrheitsliebe, er habe den Beitrag nicht gelesen, sondern sich nur die Bilder angeschaut, und das habe ihm gereicht. Aber: «Die Öffentlichkeit sollte sich darüber im klaren sein, daß der SPIEGEL der schärfste Feind der Pressefreiheit ist.» In Paderborn auf dem Marktplatz wird er mich 1972 «*den* bösen Geist der deutschen Politik» nennen.

Da nun erfuhr Strauß, eine Berliner Zivilkammer habe seinen Freund Dr. Hans Kapfinger, Verleger der «Passauer Neuen Presse», zu DM 30000,– wegen Verletzung der Persönlichkeitsrechte des Berliner Regierenden Willy Brandt verurteilt. Kapfinger hatte, so das Berliner Landgericht, ein «einseitig nachteiliges Bild von den menschlichen und persönlichen Eigenschaften» veröffentlicht.

Jetzt mochte auch Strauß nicht mehr zurückstehen. Wenn dem Brandt DM 30000,– zustünden, so sagte er, dann ihm «von gewissen Organen Schadenersatz von mindestens einer halben Million».

Mit neun Wochen Verspätung beantragte und erwirkte er in Nürnberg, dem Sitz seines Freundes Cramer, eine

Einstweilige Verfügung, von der «ZV + ZV» meinte: «Es liegt auf der Hand, daß Bundesverteidigungsminister Strauß zu diesem an sich reichlich späten Vorgehen gegen die Titelgeschichte ‹Der Endkampf› im SPIEGEL vom 5. April durch das Urteil der 8. Großen Zivilkammer des Westberliner Landgerichts gegen den Verleger der ‹Passauer Neuen Presse›, Dr. Hans Kapfinger, ermuntert worden ist.»

Nun, nach neun Wochen, fand Strauß plötzlich heraus, er sei durch den Artikel in der «freien Entfaltung seiner Persönlichkeit» eingeschränkt worden, der Artikel stelle «eine einzige außergewöhnlich schwere Beleidigung» dar. Er, der Antragsteller, solle in seinem menschlichen Ruf gemordet, auch für jede andere politische Verwendung disqualifiziert und damit für jede Art von möglicher zukünftiger beruflicher Tätigkeit geschädigt werden – dies stimmte schon deshalb nicht, weil ihm der SPIEGEL angeraten hatte, anstatt Außenminister und Kanzler lieber Ministerpräsident des Freistaats Bayern zu werden.

Ersichtlich hatte der Minister sich sein Gericht «ausgesucht». Aber das durfte er. Schließlich wird der SPIEGEL auch in Nürnberg verbreitet. Von den insgesamt 62 Ehrenkränkungen, die Strauß als ihn verletzend verboten wissen wollte, gaben ihm die Richter nur in acht Punkten statt, etwa in der Behauptung, Strauß sei ein geübter Panikmacher. Man ahnt demnach, wie die nicht verbotenen 54 Antragspunkte beschaffen gewesen sein mögen.

Um aber dem hohen Antragsteller trotzdem zu seinem Recht zu verhelfen, verfiel das Gericht auf den genialen Ausweg, außer den acht Feststellungen, die wörtlich oder sinngemäß nicht mehr verbreitet werden durften, den gesamten Artikel von A bis Z zu verbieten und dem SPIEGEL als dem Antragsgegner die gesamten Kosten des Verfahrens aufzuerlegen.

Dies war nun nicht nur genial. Vielmehr stand hier die Pressefreiheit zur Disposition.

Ähnlich mag das Oberlandesgericht Nürnberg als Berufungsinstanz auch empfunden haben. Es erlegte dem Antragsteller Strauß drei Viertel der Kosten auf, dem Antragsgegner SPIEGEL ein Viertel. Es verbot nicht den gesamten Artikel, sondern nur zehn Behauptungen. Unter diesen zehn befand sich freilich keine, die nach heutigen Rechtsbegriffen überhaupt inkriminiert würde. Sie mögen hier alle zehn abgedruckt werden, damit der Fortschritt im Bereich des politischen Ehrenschutzes deutlich wird.

1. Die amerikanische Zeitschrift «Time» habe geschrieben, der Antragsteller sehe aus wie ein «stein of beer», wie ein Maßkrug also,
2. der Antragsteller habe den Nobelpreisträger Otto Hahn einen alten Trottel genannt, der die Tränen nicht halten und nachts nicht schlafen könne, wenn er an Hiroshima denke,
3. der Antragsteller habe seine Protegés befördert sehen wollen,
4. in Straf- oder Zivilverfahren, die der Antragsteller anstrenge oder die gegen ihn angestrengt würden, sei es kein unüblicher Anblick, daß meterlange Fernschreiben frisch vom Ticker weg auf den Richtertisch getragen würden,
5. bei dem Antragsteller sei es noch keinem Beobachter gelungen festzustellen, welchen Überzeugungen er sich innerlich verpflichtet fühle, es sei denn der einen, möglichst viel Macht in die Hand zu bekommen,
6. das politische Handeln des Antragstellers sei ein wertfreies Management,
7. dem Antragsteller reichten auch temporäre Konjunkturschwankungen aus, seinen Mantel in den Wind zu hängen,
8. das politische Handeln des Antragstellers sei konjunkturbedingte Glücksritterei,
9. der Antragsteller habe die Äußerung: «Wer noch einmal ein Gewehr in die Hand nehmen will, dem soll die Hand abfallen» ohne die Einschränkung getan, daß das für den gelten solle, der zum Zwecke eines Angriffskrieges ein Gewehr in die Hand nehmen wolle,

10. der Antragsteller habe geäußert: «Ich bin nicht feige, denn ich bin kein Wehrdienstverweigerer.»

Der SPIEGEL, vertreten durch den Rechtsanwalt Dr. Gustav Heinemann, legte Verfassungsbeschwerde ein. Sie wurde ohne mündliche Verhandlung von dem dafür zuständigen Dreierausschuß des BVG verworfen.

Ich zweifle daran, daß die Richter in Karlsruhe heute noch derart unbekümmert mit fundamentalen Rechten umgehen würden. Aus unseren Akten ist allerdings nicht ersichtlich, daß wir unseren Kostenanteil für das Hauptsache-Verfahren an die Gerichtskasse Nürnberg je bezahlt hätten. Es mag also sein, daß diese Klage noch ohne formalen Abschluß in irgendeiner Besenkammer des Landgerichts Nürnberg-Fürth west und raschelt.

Bayrische Gerichte, so unsere Erfahrung, schrecken davor zurück, Prozeßgeld, das der CSU-Vorsitzende Strauß verwirkt hat, einzutreiben. Die Kosten für eine Privatklage, die Strauß in München erst einreichte und dann zurücknahm, wurden der Staatskasse aufgebürdet.

Ebenso mußte Strauß die Kosten für die Strafanträge in Sachen Fibag, für die, jedenfalls was mich angeht, die Staatsanwaltschaft München gar nicht zuständig war, nicht bezahlen, als er die Klagen zurücknahm. Die bayrische Justiz fand es «unbillig, damit die Beteiligten zu belasten». Schließlich hatte Strauß 1963 kein Ministerium mehr, dem er sie hätte aufhalsen können.

Damals zankten Strauß und ich uns noch in Person vor den Gerichten. Der Minister konnte Erklärungen abgeben, ich durfte antworten. Nürnberg, wo wir insgesamt dreimal mündlich stritten, ist mir seitdem ein lieber Ort.

Am 22. September 1961 hatten wir im «Endkampf»-Widerspruchsverfahren vor dem Landgericht Nürnberg-Fürth Termin. Der SPIEGEL und ich waren durch meinen Bruder Josef Augstein vertreten. Die verfassungsrechtliche Seite aber hatte Gustav Heinemann übernommen, der eines seiner berühmt eindrucksvollen Plädoyers hielt, kühl wie ein Hecht.

Den Disput zwischen Strauß und mir kann man ab Seite 39 nachlesen. In einer sonderbaren Überschätzung meiner Person warf Strauß mir in der Sitzungspause vor, mir gebühre das historische Verdienst, verhindert zu haben, daß die Bundeswehr Atomwaffen bekomme.

Nun waren aber fünf Tage zuvor Bundestagswahlen gewesen, und Strauß versuchte, von dem Kaskadeur Mende gestützt, Ludwig Erhard an Stelle Konrad Adenauers zum Kanzler zu machen. Fetzen eines Dialogs:

AUGSTEIN: Mit erhobener Schwurhand hat Ihr Kanzler immer wieder gesagt: «Diese Politik wird die Wiedervereinigung Deutschlands herbeiführen!»
STRAUSS: Wenn Sie diskutieren wollen, müssen Sie ins Parlament gehen.
AUGSTEIN: Sie haben eben auch diskutiert.
STRAUSS: Aber nicht über Dritte. Was geht mich der Kanzler an?
AUGSTEIN: Sie haben die Politik des Kanzlers unterstützt, Sie haben dasselbe gesagt.
CRAMER (Strauß-Anwalt): Das klingt sehr nach Sippenhaft, Herr Augstein.
AUGSTEIN: So schnell würde ich vom Bundeskanzler nicht abrücken. Noch ist er da.

Er blieb auch noch da.

Da Adenauer die SPD gegen die FDP ausspielte, fiel der FDP-Major Erich Mende um. Die FDP und auch Strauß mußten Adenauer ein weiteres Mal schlucken. Nahezu sprachlos vor Bewunderung kondolierte der SPIEGEL seinem Erzgegner:

Zum erstenmal seit Gründung der Bundesrepublik sah sich Franz Josef Strauß auf breiter Front zum Rückzug gezwungen. Sein Plan, dem Kanzler eine kurze Gnadenfrist zu setzen und ihn dann gegen Erhard (und Strauß) einzutauschen, war vielleicht vom Eigeninteresse mitbestimmt, aber mit Gewißheit entsprach er dem Willen der Wählermehrheit eher als alle nun von CDU, FDP und SPD eingefädelten Manipulationen.

Strauß scheiterte, weil sein Konzept zu kompliziert war, zuviel Mut verlangte, und weil seine eigene Partei, die CSU, sich nur so lange als Hausmacht einsetzen läßt, so lange es um bayrische Sonderinteressen von Milchpreisen bis zu Ministersitzen geht.

Franz Josef Strauß ist noch nicht stark genug, seinen Willen im Bund durchzusetzen, was in vielen Fällen ein Segen sein mag, in diesem Fall ein Unglück bedeutete. Und noch mitten im Rückzug bewies er, daß er trotz Schlappe und Niederlage nichts von seiner Kaltschnäuzigkeit eingebüßt hatte.

Strauß führte einen geordneten Rückzug. Daß er selbst noch vor Adenauer stürzen und auch diesen mit sich ziehen würde, konnte er nicht wissen.

Die «Endkampf»-Diskussion vor dem Landgericht Nürnberg-Fürth hatte die beiden wichtigsten Positionen bezeichnet. Innenpolitisch: Wer gegen Strauß ist, hat Teil an einer weltweiten kommunistischen Verschwörung. In den Worten des SPIEGEL: «Es kann keinen Waffenstillstand und keinen Modus vivendi geben, solange er (Strauß) seine politischen Gegner mit Kommunisten gleichsetzt.»

Außenpolitisch: Wer gegen Strauß auftritt, gefährdet die Sicherheit der Bundesrepublik. Denn nur Strauß hat Überblick und Courage, nur er garantiert die nun einmal unerläßliche atomare Beweglichkeit: «Wenn die Russen einen Vorstoß gegen Hamburg machen würden, dann kann ich nicht sofort große Atombomben anwenden.»

War schon der Gedanke grotesk, irgendein westdeutscher Journalist könne verhindern, daß die Bundeswehr an atomare Waffen herankomme, so nicht minder die Idee, ein Vorstoß der Sowjets gegen Hamburg könne von einer anderen Macht als den USA beantwortet werden.

Hatte Strauß noch am 28. Februar 1958 in einem Interview mit der Nachrichten-Agentur Associated Press getönt: «Jeder Aggressor muß wissen, daß das Echo auf den ersten Gewehrschuß eine nukleare und thermonukleare Explosion ist», so hielt er jetzt, September 1961, einen Raid der Russen gegen Hamburg für eine Art lokalen Konflikt. Die «New York Times» konstatierte bei diesem wichtigsten Verteidigungsminister Europas «ein beängstigendes Maß von blindem Drauflosstürmen» («an alarming amount of bullheadedness»), und anderes kann man auch bei dem heutigen Außenpolitiker Strauß nicht entdecken. Er ist verbal nicht zurechnungsfähig.

Aus dieser barocken Fülle des Verteidigungsministers Strauß entstand ein Jahr später die SPIEGEL-Affäre, jedenfalls, soweit sie einen sachlichen Kern hat.

So schrieb damals die milieu-katholische «Deutsche Tagespost» in Würzburg:

> «Für die Kräfte, die sich im SPIEGEL gegen Strauß formierten, ist dieser Minister die stärkste politische Potenz in der Bundesrepublik, sonst würden sie nicht alle Angriffe gegen ein politisches Konzept ausgerechnet gegen seine Person richten. Sie haben Angst, daß sich dieses politische Konzept, das in der Bundesrepublik schon viele Früchte gezeitigt hat, das ihnen aber nicht paßt, eines Tages in Strauß noch kräftiger als bisher manifestieren könnte. Deshalb haben sie Angst vor diesem mit Geist und Vitalität ausgestatteten Mann, weil sie Angst haben vor einer christlich-demokratischen Staatsauffassung, weil sie eine solche hassen. Sie hassen politische Konsequenz, deshalb hassen sie Strauß.

Kurzer Exkurs: Sich selbst schrieb und schreibt Strauß eine Rolle wie die der von Plutarch beschriebenen «großen Männer» zu. Er sah und sieht sich als den verhinderten «großen Mann». Er, wenn schon in Ämtern, hätte den Ersten Weltkrieg verhindert, anders als die politischen Zwerge von damals, und, wenn nicht verhindert, dann gewonnen, gleichgültig, welche Seite er angeführt hätte.

Er, und nur er, hätte den Amerikanern Atomwaffen abtrotzen können, wenn man ihn nicht durch eine weltweite Verschwörung zu Fall gebracht hätte. Er, und nur er, könnte heute noch, so gerade eben, Mitteleuropa vor dem Kommunismus bewahren, der von Osten, Süden und Westen heranbrandet. Bei der Auswahl seiner Mitstreiter ist er da nicht pingelig. Der Franzose Chirac, dies gaullistische Reptil, ist da noch der beste.

Daß «große Männer» weltweit ausgespielt haben, kann er nicht erkennen, es gibt ja noch ihn. Und darum muß, logisch, die ohnehin düstere Lage noch düsterer werden, damit man sich nach ihm umtut, siehe seine Götterdämmerungs-Rede in Sonthofen 1974, siehe seinen «Wienerwald»-Ausbruch vor der Jungen Union Bayerns nach der Bundestagswahl 1976. Um das Vaterland zu retten, würde er sogar noch Vizekanzler unter Schmidt, vorausgesetzt, es ertönte endlich der ersehnte «Ruf». Es muß ihn auf immer schmerzen, daß er von Stoiber und Zimmermann gerufen wurde.

Woher kommt diese für einen gelernten Historiker doch seltsame Fehleinschätzung? Sollte man einen Mangel an Frömmigkeit konstatieren dürfen? Er mag nicht, daß man ihn ein «Fossil» nennt. Aber seine Geschichtsschau ist vorsintflutlich. In einem SPIEGEL-Gespräch hat er Bismarcks poetisches Bild von dem Mantel Gottes, dessen Zipfel es zu ergreifen gelte, aufgenommen und verballhornt: «Wir sind jetzt in der Zipfelfabrikation drin.» Gelesen, genehmigt, nie beanstandet. Daß er nichts anderes zu bieten hat als die anderen auch, erst recht nicht mit seiner Basis im Alpenvorland, dieser Gedanke kommt ihm nicht. Er hält Bayern ja für die «Drehscheibe Europas», für den «Ordnungsfaktor», und die Rettung kommt «aus den Bergen».

1961 hatte er, so schien es wenigstens uns Leuten vom SPIEGEL, noch anderes zu bieten als andere. Erstens eine patentiert undemokratische und unzivilisierte Gesinnung. Sie hat sich bis zu seiner Kanzlerkandidatur hin, die der CDU von Stoiber und Zimmermann oktroyiert wurde, nahtlos erhalten. Es macht ihm nichts, dem Volk der Bundesrepublik den Helmut Kohl als Kanzler zu empfehlen, von dem er vor dem Parteinachwuchs der CSU, in einer Quasi-Öffentlichkeit also, sagt: «Total unfähig.» Er denkt das nicht, er sagt das, er tut das.

Ich stelle mir vor, ein zwanzig Jahre jüngerer Strauß hätte zwischen sich und dem Kanzlerstuhl einzig den tumben Ludwig Erhard gehabt, ich stelle mir das nur vor. Freiwillig wäre der ebensowenig wieder gegangen, wie er jetzt aus dem freien Willen der CDU aufgestellt wurde.

Zweitens aber war der Drang zu den atomaren Sprengköpfen unübersehbar («atomare Habenichtse», «atomare Entmündigung»). Heute sind wir da klüger. Wir wissen, daß kein verantwortlicher Amerikaner je daran gedacht hat, der Bundeswehr Atomwaffen zu überlassen. Adenauer selbst wollte sie nicht, er konnte das nicht mehr unterscheiden.

Strauß hingegen, des war ich Zeuge, hat sie gewollt. Er wollte atombombentragende Mittelstreckenraketen für die Nato-Streitkräfte und ein mehr als symbolisches Mitspracherecht, dies alles bezogen auf seine Person: schließlich war er laut eigener Auskunft «der einzige, der die Generäle in Schach halten kann» (Helmut Schmidt konnte das, Hans Apel kann es).

Daß Strauß damals weder die Atomköpfe noch die Mitsprache haben konnte, wußte er nicht, wußte ich nicht. Vielleicht aber wußte er schon und hat es mir nicht gesagt. Kleines Mißverständnis, kommt vor.

Aber es war angesichts der deutschen Wählermehrheit damals ja wohl nicht zweifelhaft, daß sie gegen solch eine «weiterentwickelte Artillerie» (Adenauer) nichts einzuwenden gehabt hätte. Schließlich wurde man von einem Partriarchen regiert, und der hatte 1945 eine Granate auf sich zufliegen sehen und sein Leben nur mit Münchhausenscher Optik in Sicherheit gebracht.

Es nutzte also nach menschlichem Ermessen wenig, den Strauß «systematisch zu einem gefährlichen Mann zu stempeln», wie er mir in Nürnberg sehr zu Recht vorwarf. Ich zog mir den Schuh an. «Das war gut, das war gut», sagte der damals doch eher spröde Gustav Heinemann, als ich ihn nach der Verhandlung zum Bahnhof brachte. Er hatte das Lachen noch nicht gelernt, damals noch nicht. Wie kam er später zu seinem trockenen Humor?

Ja, Strauß war ein gefährlicher Mann, so dachten wir. Aber was nutzte das? Wir mußten ihn kenntlich machen, und dazu bot er nun hinlänglich Anlaß.

Er hatte ein Monopol auf Affären: Schützenpanzer HS 30, dessen Ketten gelegentlich auch funktionierten, «Onkel Aloys», der inspirierendste Schnorrer der Republik, «Lockheed»-Hauser mit 226 verlorenen Starfightern, ich muß den alten Kram nicht mehr aufstökern. Immer ging es um politische oder persönliche Spezis des Bundesministers für Verteidigung, immer um Rüstung, immer um Aufträge, immer um Geld.

Man kann das auch in der Aufzählung seines CSU-Promotors Hans Klein herbeten: «Fibag, Hahlbohm, HS 30, SPIEGEL, Starfighter, Sonthofen – stets das gleiche Rezept: Stets mit dem Aufwand stalinistischer Schauprozesse vorgetragen. Häufig von Moskau oder Ost-Berlin ins Rollen gebracht, zumindest nachdrücklich unterstützt.»

Das alte Lied, und kaum noch ein politisch Lied. Die «Hintergrund-Regisseure» einer jeden «stalinistischen» Kampagne, sogar die seiner eigenen Panikmacher-Reden, saßen in Pankow, wenn nicht in Moskau. Er, der Eckstein des Abendlandes, mußte geschleift, mußte beseitigt werden. Dazu meinte nun aber sogar die dem Abendland freundlich und dem SPIEGEL unfreundlich gesonnene «Neue Zürcher Zeitung»: «Die Kommunisten haben die obskuren Geschäftsleute, die sich an Strauß heranmachten, und die Empfehlungsbriefe des Ministers für sie schließlich nicht erfunden.» Die Zeitung sprach von einem Fall, der den Minister an den Rand des Abgrunds brachte, in den er sich dann selbst hineinstürzte. Sie sprach von einer Affäre unter dem Stichwort «Fibag».

Ich weiß, wie gesagt, nicht, ob unser Freund rechtlich immer gut beraten war. Urteile auch aus jüngster Zeit, Urteile pro SPIEGEL, sprechen dagegen. Ich weiß hingegen wohl, daß man einen Menschen, der kein Organ für Recht und Gesetz hat, nicht richtig beraten kann; er wird im Zweifelsfall das Falsche tun. So auch Strauß in Sachen Finanzbau AG, kurz «Fibag».

Der SPIEGEL hatte es, noch einmal, auf diesen Minister abgesehen, nicht um sich hervorzutun, sondern um ihn kaltzustellen. «Wer uns verübelt», so zitiert mich Hans Klein in seinem CSU-Wahlprachtband, «daß wir einen wichtigen Mann mit Skandalen zudecken, dem antworten wir, die Geistesverfassung des westdeutschen Wählervolks und seiner Regierungsmehrheit läßt uns keine andere Wahl.» Ich habe das Zitat nachgesehen, es stimmt. Wenn das denn, wie Klein meint, «eine Art politischer Thersites-Rolle» war, so kann ich das nur frohgemut hinnehmen. Thersites, laut neuem Brockhaus, war der häßlichste der Griechen vor Troja, feige und frech.

Wenn es vor Watergate eine vernichtende Rolle der Presse gegeben hat, dann im Falle der Bundesrepublik zur Zeit der «Fibag». Was immer Strauß sich bis zum Beginn der SPIEGEL-Affäre geleistet haben mochte, es zählte nicht, er war, von seinen Guttaten abgesehen, der «Fibag»-Minister.

Einem ganzen Hümpel inkompetenter Leute hatte er für ein Housing-Programm der amerikanischen Armee im Volumen von DM 300 Millionen eine Empfehlung an den amerikanischen Verteidigungsminister Gates gegeben. Wer will, kann das alles in dem Dokumentarteil nachlesen. Hier genügt es vielleicht, die «FAZ» in Gestalt des vorzüglichen Abendlandgenies E. O. Maetzke zu zitieren. Er schrieb: «Ein Minister, der einen solchen Brief aus seinem Hause hinausgehen läßt, scheint einen wesentlichen Unterschied zwischen Deutschland und dem Balkan aus dem Auge verloren zu haben.»

Schlüsselfigur war eben jener Verleger, dessen Verurteilung zu Schadenersatz den Franz Josef Strauß zu dem Fehler bewogen hatte, in den «Endkampf»-Prozeß einzusteigen: Dr.Hans Kapfinger. Er hatte, wie ein Nürnberger Gerichtsvorsitzender feststellte, seine philanthropischen Ambitionen zurückgestellt und wollte durch seine Beziehungen zum Minister schlicht reich werden. Mit einem robusten Bauführer namens Schloß tat er sich zusammen, um mit Hilfe des Ministers ein 300-Millionen-Projekt zur Unterbringung amerikanischer Soldaten in Deutschland durchzudrücken. Hatte Dr. Kapfinger, oder hatte er nicht behauptet, den zu erwartenden Millionengewinn mit Strauß teilen zu müssen?

Wir konnten uns solch eine Torheit nicht vorstellen. Tatsache aber war, daß es glaubwürdige Zeugen gab, die gehört hatten, wie Kapfinger dergleichen behauptet hatte, und daß der Minister nicht gegen ihn vorging. Rückblikkend muß man sagen, daß er damit recht hatte. Kapfinger und einige andere Leute dieser ganzen Fibag-Mischpoke waren nicht eidesfähig. Dokumente und Protokolle sprechen für sich.

Die damalige Meinung drückte Theodor Eschenburg aus, als er im Audimax der Universität Hamburg sagte, selbst der Gutwilligste, und er war solch ein Gutwilliger, könne nicht behaupten, daß Herr Strauß ganz und gar unschuldig in die Fibag-Affäre verwickelt sei, die umrissen wird von den SPIEGEL-Artikeln «Hans und Franz» (Nr. 23/1961) und «Kapfingers Erzählungen» (Nr. 5/1962).

Von heute aus kann man sagen, daß Strauß rechtlich verheerend beraten war. Wohl mußte er gegen die Behauptungen des SPIEGEL vorgehen. Aber er hatte die Wahl zwischen einem Straf- und einem Zivilprozeß. Das Strafprozessieren in Hamburg war ihm vergangen, und also schied diese Möglichkeit aus. Er aber probierte einen Strafprozeß beim Landgericht München, dessen Staatsanwaltschaft nicht zuständig war, und sparte den eigentlichen Urheber, seinen Freund Hans Kapfinger, aus.

Es hätte genügt, in Nürnberg oder München gegen den SPIEGEL auf Unterlassung zu klagen. Es hätte genügt, einen Rechtsanwalt zu delegieren, ohne persönliches Erscheinen des angegriffenen Ministers. Daß er aus der Sache nicht ungeschoren hervorgehen könne, wußte er selbst, dazu war der Schein zu böse.

Er aber machte das alles ganz anders. Wir hatten, als wir den Artikel «Hans und Franz» veröffentlichten, genug Material für diesen Artikel, schließlich waren wir als Strauß-Feinde ausgewiesen. Wir hätten jedes Strafverfahren bestehen können.

Zivilrechtlich aber, zumindest im damaligen Bayern, nicht. Da waren wir in Beweisnot. Strauß half uns mit recht ausführlichen und teilweise falschen eidesstattlichen Versicherungen seines Ministeriums. Jetzt erst konnten wir auftrumpfen. Als ich den Antrag auf Erlaß einer Einstweiligen Verfügung durchgelesen hatte, lief ich wie von einer Wespe gestochen im Zimmer umher und summte: «Der Kampf ist entbrannt und es blitzt und es kracht und es tobt eine blutige Schlacht.»

Wieder ging es nach Nürnberg. Wieder hatten wir es mit dem Vorsitzenden jener Zivilkammer zu tun, Landgerichtsdirektor Dr. Josef Mayer, der uns den gesamten «Endkampf»-Artikel in Bausch und Bogen untersagt hatte. Wieder waren wir mit einer Einstweiligen Verfügung eingedeckt worden. Aber der Wind drehte sich während der beiden mündlichen Termine.

Vor Gericht ist es oft ein Grund zur Besorgnis, wenn der Vorsitzende der einen klagenden Partei schöntut («da tat die Hexe freundlich»). Oft genug will er nur verzuckern, daß er dem Petenten unrecht gibt, will seine Unvoreingenommenheit dartun. Anders ist das, wenn aus einem arroganten Schmisse-Richter ein zuvorkommender Vorsitzender wird.

Als wir, die Antragsgegner, am Montag, dem 5. März 1962, das Gerichtsgebäude in Nürnberg betraten, trafen wir unsere schon mit Roben ausgestatteten Richter auf dem Flur. An der Art der Begrüßung merkten wir, daß wir zumindest nicht verloren hatten. Wir erlebten eine wohlwollende, eine vielleicht sogar parteiische Verhandlungsführung. Wurden wir frech, griff der Vorsitzende nicht ein. Wurde die Gegenseite frech, steifte er seinen Rücken und verwahrte sich entschieden.

Wie jeder gute Zivilrichter wollte auch dieser hier einen Vergleich. Vergleiche drücken sich oft in Kosten aus. Er, dessen Kammer uns samtverbindlich die Kosten des EV-Verfahrens auferlegt hatte, schlug nun plötzlich eine Teilung pari-pari vor. Schließlich habe der Herr Dr.

Kapfinger den Herrn Minister Strauß «kompromittiert».*

Dr. Mayer bezog sich auf den Goldmacher Signor Cagliostro. Als er auf die «modernen Cagliostri» überleitete, die Staudämme, Pipelines und Wohnblöcke aus dem Nichts hervorzauberten, wurde seine Aussprache bewundert.

Merkwürdig sind die Wege der deutschen Zivilprozeßordnung. Es war, und wie oft ist uns das passiert, etwas verboten worden, was wir nicht behauptet hatten, nämlich, der Minister habe das Projekt der Fibag in der Absicht und zu dem Zweck gefördert, an dem Gewinn dieses Unternehmens beteiligt zu werden.

Richter sind für ihre richterlichen Erkenntnisse nicht verantwortlich, sie dürfen so was. Desto leichter fiel es unserem Vorsitzenden, seinen Vergleichsvorschlag zu formulieren: Der SPIEGEL werde auch künftig nicht behaupten, was er bis dahin, außer in den Augen des Gerichts, gar nicht behauptet hatte, daß nämlich der Antragsteller Strauß an dem Gewinn des Unternehmens Fibag habe beteiligt werden wollen.

Dies zuzugestehen, fiel uns nicht schwer. Wir hatten aber für uns selbst eine Barriere aufgebaut. Wir verlangten von unserem Prozeßgegner, daß er den Dr. Hans Kapfinger verklagen solle und müsse. Dies war unser Punkt, unsere Ehre und unser Stolz: Ein Mann, der den Bundesminister für Verteidigung derart in Mißkredit gebracht hatte, mußte belangt werden. Andernfalls war ersichtlich, daß

* Ebenso mochte das Landgericht München I, 18. Zivilkammer, 1965 Zweifel, ob der Minister sich vom Zeugen Dr. Kapfinger nicht doch einen Fibag-Gewinnanteil habe versprechen lassen, «nicht unterdrücken». Die gleiche Kammer machte einen Unterschied, ob der Kläger Strauß (Kosten ein Viertel, wir drei Viertel) ein ihm vom Bundesminister Balke monatlich ausgefolgertes Bewegungsgeld von DM 5000,– in seiner Eigenschaft als Bundesminister oder in seiner gleichzeitigen Eigenschaft als Parteifunktionär entgegengenommen habe. Eine private Verwendung von Parteigeldern wäre allenfalls kritisierenswert, aber mitnichten Korruption.

dieser Minister nicht mehr frei war, sich zu wehren. Wir wollten ihn zu einer Klage zwingen, zu der ihn niemand zwingen konnte.

Dem Vorsitzenden Mayer war plötzlich völlig gleichgültig, was ihm in seiner Einstweiligen Verfügung noch wichtig erschienen war: «die Verletzung seiner (Strauß) dienstlichen Obliegenheiten als Bundesverteidigungsminister». Darüber, so ließ er das staunende Publikum wissen, könne wohl nur der Gesetzgeber, das Bundeskabinett oder am Ende gar der Bundeskanzler ein Wort sprechen.

Wie aber sollten wir nun die Kuh vom Eis holen, die wir mit solchem Sachverstand dort aufgestellt hatten? Ich lese in der «Süddeutschen Zeitung»:

> Jetzt springt Augstein auf, das Blut ist aus seinem Gesicht gewichen und mit einer ihm fast nicht mehr gehorchenden Stimme ruft er: «Ich verzichte auf diese Bedingung. Wenn Sie nicht wissen, Herr Minister, was Sie tun müssen, dann will ich es Ihnen auch nicht sagen.»
>
> Das ist offensichtlich unter den SPIEGEL-Leuten nicht abgesprochen. Rechtsanwalt Augstein schaut fragend seinen Bruder an. Becker, der Verlagsdirektor, blickt auf seine Stiefelspitzen. Der Richter verkündet Mittagspause.

Die Gegenseite moserte noch etwas, wurde aber vom Richter Dr. Mayer zu Bett gebracht. Der Vergleich paripari kam zustande. Daß Strauß keine Ehrenerklärung vom SPIEGEL bekommen und sich trotzdem verglichen hatte, bedeutete «seine vielleicht im Endergebnis doch größere Konzession» («Süddeutsche Zeitung»).

Der Verfasser des Artikels in der «Süddeutschen», ein Mann namens Erich Kuby, machte mir hinterher Vorwürfe. Ich hingegen dachte, wir hätten recht gehandelt. Nicht etwa, weil wir wie die Landrichter den Rechtsfrieden im Auge gehabt hätten.

Vielmehr, wir hatten den Bundestag im Auge. Es ging darum, die SPD und erst recht die FDP zum Jagen zu tragen, genau dazu war der Vergleich samt Stenogramm «Untersuchung ohne Ausschuß» (siehe Seite 231) passend.

Man muß hier wissen, daß die FDP mit der CDU/CSU in einer Regierung saß, und die SPD in Gestalt ihres Spiritus rector Herbert Wehner nichts anderes im Sinn hatte, als die FDP abzulösen und mit der CDU/CSU die große Volksgemeinschaft («alle an einem Strick») zu begründen.

So waren diese beiden Parteien nicht gerade geneigt, einen Untersuchungsausschuß gegen Strauß zu fordern. Beide mußten durch die sogenannte «öffentliche Meinung» dazu gezwungen werden.

Es verstand sich von selbst, daß hier Zündstoff zwischen der FDP und der CDU/CSU präpariert werden konnte. Die Fibag-Affäre hat mehr als alles andere geholfen, der FDP ihre Bewegungsfreiheit zurückzugeben.

Mein Verhandlungspartner in der SPD war damals der Parlamentarische Geschäftsführer Gerhard Jahn. Man begreift, daß diesem Mann, wie Strauß während seines mittlerweile sprichwörtlichen Kuba-Suffs bekannte, hätte der Schädel eingeschlagen werden müssen. Es gab den Fibag-Untersuchungsausschuß. Jahn saß mit Gustav Heinemann in diesem Ausschuß, beide später Bundesjustizminister.

Wenn denn je ein Ausschuß des Deutschen Bundestages sich selbst in Gestalt seiner Mehrheit und seines Vorsitzenden lächerlich gemacht hat, so dieser, dessen Vorsitzender Matthias Hoogen, Vorsitzender des Rechtsausschusses des Deutschen Bundestages, öffentlich verkündete, er wolle sich vor die geheiligte Person des Ministers stellen.

So hatte Strauß wenig Veranlassung, anders als frech wie Oskar aufzutreten, als es um seine Verbindung zu dem 1-Semester-Studenten Lothar Schloß ging:

JAHN: Haben Sie bei dieser Ihnen unangenehm aufgefallenen Begegnung mit Herrn Schloß nicht wenigstens zu diesem Zeitpunkt einmal Bedenken hinsichtlich der Person und Vertrauenswürdigkeit bekommen?
STRAUSS: Oh, Sie glauben nicht, wie zäh Interessenten sind, auch wenn sie seriös sind.
JAHN: Deswegen kann man trotzdem Bedenken bekommen.
STRAUSS: Die habe ich seit geraumer Zeit gegen alle.
(Heiterkeit.)

JAHN: Aber damals hatten Sie gegen Herrn Schloß noch keine.
STRAUSS: Ich hielt ihn für einen Manager, der mit rücksichtslosen Methoden arbeitet, dessen Projekt, gleichgültig, ob es auf seinem Mist gewachsen war oder nicht, durchaus ernst zu nehmen war. Der Meinung bin ich auch heute noch...
JAHN: Sie haben gewiß die in den letzten Tagen hier entstandenen Protokolle oder zumindest die Mitteilungen, die in die Öffentlichkeit gedrungen sind über die Presse, über das zur Kenntnis bekommen, was sich hier ereignet hat und was wir zu der Frage bekommen haben. Wollen Sie wirklich sagen, daß Sie auch heute noch an die Seriosität des Weges, den Herr Schloß gehen wollte, glauben?
STRAUSS: An die Seriosität des Weges, ja. Ich habe keinen Grund, anzunehmen, daß eine amerikanische Finanzierungsgesellschaft nicht zur Verfügung stehen würde.

Einem frechen Zeugen kann man in einem Untersuchungsausschuß nur beikommen, wenn der Vorsitzende sein Amt als halbwegs überparteilich ansieht, dies war nicht der Fall:

HEINEMANN: Herr Dr. Strauß, wer hat die Unterredung zwischen Ihnen und Herrn Schloß vom 1. Dezember 1959 vermittelt?
STRAUSS: Mir ist von Herrn Schloß gesagt worden in Nürnberg, es sei Herr Dr. Kapfinger gewesen. Das ist durchaus möglich.
HEINEMANN: «Durchaus möglich.» Sie wissen es nicht positiv?
STRAUSS: Ich weiß nicht, auf welchem Wege, telefonisch oder durch einen Mittelsmann. Ich habe auch Herrn Schloß nicht bestellt, sondern der hat bei meiner Sekretärin anscheinend angerufen, wann ich erreichbar bin, und hat sich da vorgestellt.
HEINEMANN: Wer hat die Unterredung vom 24. März 1960, an der außer Ihnen der Oberst Repenning beteiligt war, mit Herrn Schloß vermittelt?
STRAUSS: Weiß ich nicht.
HEINEMANN: Hat Herr Kapfinger dabei keine Rolle gespielt?
STRAUSS: Keine Ahnung. Kann sein; kann sein, auch nicht.
HEINEMANN: «Kann sein, kann nicht sein.» Wer hat die Unterredung vermittelt, die am 6. April im Bundesfinanzministerium und Bundesverteidigungsministerium mit Herrn Schloß stattfand?

STRAUSS: Mir unbekannt... Ich glaube, mich erinnern zu können, daß ich am 24. März zu Herrn Schloß gesagt habe in Anwesenheit von Herrn Oberst Repenning... (er) ... müsse sich an das Finanz- und Wohnungsbauministerium wenden, um dort eine Prüfung seiner Pläne, eine Prüfung seines Projekts zu erreichen.
HEINEMANN: Nun, für dieses Zusammensein am 17. Mai in der Wohnung von Herrn Kapfinger ist ja wohl klar, wer da die Vermittlung tätigte. Wer hat dann die Besprechung vom 1. Juni 1960 vermittelt?
STRAUSS: Ich führe keine Aktennotizen darüber.
HEINEMANN: Aber Sie haben vielleicht Erinnerungen?
STRAUSS: Nein, wenn ich das alles rekonstruieren müßte, Herr Dr. Heinemann...
HEINEMANN: Herr Dr. Strauß, ich sage ja: «Vielleicht...»

Es nimmt beinahe wunder, daß der *erste* Mehrheitsbericht dieses Ausschusses im Bundestag nicht genügend Anklang fand. Mit 226 gegen 224 Stimmen sagte die Mehrheit am 28. Juni 1962 erst einmal nein. Strauß selbst war als letzter Hammel durch die Ja-Tür gezockelt.

Er hatte, und das kann man verstehen, die Nase ein wenig voll. Die Amerikaner wollten ihm keine Atomwaffen geben, die Deutschen ihn als Retter vor der Pest des Kommunismus nicht anerkennen. Irgendwie müssen ihm Ideen gekommen sein, sich in seine Alpenfestung Bayern zurückzuziehen.

Schließlich konnte er dort Ministerpräsident werden. Sein Spezi Zimmermann nannte die Chance dafür 51:49. Vier Tage lang lag er, wie sein Staatssekretär Hopf der versammelten Generalität – selten so jelacht – eröffnete, «mit einer Dame namens Angina» im Bett.

Ihn nach München zu bugsieren (und nicht etwa, ihn zu vernichten), hatten wir im Sinn. So schrieben die Anwälte des SPIEGEL am 10. Januar 1962 an das Oberlandesgericht Nürnberg:

Ausdrücklich steht in dem Artikel «Der Endkampf», daß die vorgetragenen Wertungen und Meinungen nicht im Wege stünden, wenn der Antragsteller (Strauß) einen anderen Posten als den des Kanzlers, Außenministers oder Verteidigungsministers übernehmen sollte: etwa den des bayrischen Ministerpräsidenten, der kraft seiner Stellung nicht zu einer Gefahr für den Frieden und kaum zu einer Gefahr für die parlamentarische Demokratie in Deutschland beitragen könnte. Der «urwüchsige» Teil im Wesen des Antragstellers (Strauß) könnte sich im Gegenteil auf solch einem Posten ohne Schaden entfalten. Die positiven Züge könnten zur Geltung kommen.

Wir haben uns niemals eingebildet, daß wir ihm Wähler abspenstig machen könnten. Wohl aber wollten wir in die Zitadelle eindringen, das heißt ihn an sich selber irremachen. Fast wäre uns das zu seinem Besten gelungen.

Daß wir wegen unserer Bemühungen im Gefängnis sitzen würden, haben wir allerdings nicht vorausgesehen. Am 18. September 1962 gab Strauß bekannt, er werde nicht nach München gehen. Am 24. September 1962 erschien im SPIEGEL der griffige Artikel über den Protegé der Minister-Frau Marianne Strauß, über den «Onkel Aloys» Brandenstein, der reich geworden war, obwohl er, völlig abgebrannt, nicht einmal Geld hatte, nach Bonn zu reisen.

Am 6. Oktober 1962 schrieb die «Augsburger Allgemeine», sie könne nicht annehmen, daß Bundesverteidigungsminister Strauß diese neue, gezielte Attacke gegen sein Ministerium und gegen seine Person weit hinten in der Etappe abfangen und so der SPD Munition à la «Fibag» liefern wolle. Max Zwicknagl, Konsul in Innsbruck und Vater der Marianne Strauß, schied zu diesem Zeitpunkt auf eigenen Wunsch aus dem Konsulardienst der Bundesrepublik Deutschland aus.

Am 25. Oktober 1962 entlastete die Mehrheit des Deutschen Bundestages ihren Selbstverteidigungsminister in Sachen Fibag.

Der 23. Oktober bezeichnet den Beginn der Kuba-Krise, der 26. Oktober den Beginn der SPIEGEL-Affäre. «Herr des Verfahrens» bei der Aushebung des SPIEGEL in Hamburg war der spätere Generalbundesanwalt, der damalige Erste Staatsanwalt Siegfried Buback.

In seiner Obhut hörte ich am Samstag, dem 27. Oktober, in den 19-Uhr-Nachrichten, gleichzeitig mit Chruschtschows Vorschlag, es sollten alle Raketen aus Kuba wie aus der Türkei abgezogen werden, von der Festnahme unseres Redakteurs Conrad Ahlers in Torremolinos. Buback war damals nicht weniger erstaunt als ich.

Bis heute wurde die SPIEGEL-Affäre meist als ein Racheakt des Ministers angesehen, und das war sie wohl auch. Aber es liegt im Wesen des «verfolgenden Verfolgten» (Jürgen Leinemann), daß er seine wahren Beweggründe nicht kennt. So mag Strauß guten Glaubens noch heute der Ansicht sein, er habe im Staatsinteresse gehandelt.

Daß Conrad Ahlers in seinem Artikel «Bedingt abwehrbereit» (SPIEGEL 41/1962) nur Nicht-Staatsgeheimnisse verbreiten wollte, wird niemand annehmen, der ihn kennt. Nur führt kein Weg um die für ihn unangenehme Tatsache herum, daß er kaum ein Faktum enthüllt hatte, das vorher und anderweitig nicht schon publiziert worden war. Mein Interesse an dem Artikel war gering, nachdem ich erfahren hatte, daß Strauß zwar einen «preemptive strike», einen vorbeugenden Schlag gegen die Sowjets also, in seine Planung einstellen wollte, daß aber Adenauer und die Nato sich nicht damit befreunden konnten. Allein konnte das selbst dieser Minister nicht.

Unserem Anwalt und Freund Gustav Heinemann, damals Mitglied des Bundestages, hatte ich einen recht einschlägigen Bericht hierzu nach Essen geschickt, den ich ohne Anschreiben zurückerhielt. Den Umschlag öffnete ich nur etwa zwei Zentimeter, um zu sehen, ob Heinemann geantwortet hatte. Es war dieser Bericht in einem Umschlag Heinemanns, der den durchsuchenden Ersten Staatsanwalt Buback dazu brachte, abrupt meine Pistole einzuziehen.

Daß die Bundesanwälte annahmen, rechtmäßig zu handeln, muß man zu ihren Lasten beinahe für möglich halten, obwohl mir nicht ganz klar ist, warum man gegen den SPIEGEL abstrakt und ohne jeden Anhalt den Verdacht der aktiven Bestechung in den Durchsuchungsbefehl geschrieben hat. Aber der einzige militärische Spezialist und «oberste Gerichtsherr» des Verfahrens konnte sich nicht im unklaren darüber sein, daß hier keine Staatsgeheimnisse veröffentlicht worden waren. Schließlich hatte er eine langjährige und umfängliche Auslandserfahrung. Hätte er sich herausgehalten, kein Vorwurf wäre ihm zu machen.

Er aber schaltete erstens den zuständigen Bundesjustizminister Wolfgang Stammberger aus, indem er dessen Staatssekretär Walter Strauß eine angebliche Weisung des Bundeskanzlers vorspiegelte, Stammberger nicht zu unterrichten. Hierzu Hans Klein auf Hochglanz: «Strauß stand auf seiten des Staates. Und vor Konrad Adenauer. In welchem Ausmaß er den Angriff auf sich zog, um den Bundeskanzler zu decken, darüber schwieg er auch nach seinem Rücktritt vom Amt des Bundesverteidigungsministers.» Sollte er geschwiegen haben, so mit gutem Grund. Konrad Adenauer hatte beteuert, eine solche Weisung, auf die Strauß sich berief, nicht erteilt zu haben.

Zweitens ließ Strauß, objektiv rechtswidrig, Ahlers in Spanien festsetzen. Seine Rolle verschwieg er dem Bundestag, bis er nicht mehr schweigen konnte, und dann log er sie um. Dieserhalb ermittelte der Leitende Oberstaatsanwalt beim Landgericht in Bonn gegen den Bundesminister a. D. Strauß und dessen früheren Staatssekretär Volkmar Hopf wegen Amtsanmaßung und Freiheitsberaubung.

Liest man den Einstellungsbeschluß vom 2. Juni 1965, so fragt man sich nun allerdings, wie der eine außer Verfolgung Gesetzte Parteivorsitzender der CSU bleiben, und der andere Präsident des Bundesrechnungshofs werden konnte, denn dazu hatte man ihn eigens noch befördert. Es wurde mit hinreichender Sicherheit nicht ausgeschlossen, daß beide «in einem für sie unvermeidbaren Verbotsirrtum gehandelt haben» könnten. Schlüsselworte: «gänzlich verschwiegen», «unrichtige Erklärung», «der Wahrheit zuwider», «nicht widerlegt werden».

Ahlers in Spanien, Stammberger ausgeschaltet, das war wohl der Punkt. Fiel Strauß also durch Zufall? Das nun doch nicht. In seinem Sturz lag Wucht und Konsequenz.

Daß es damals keine parlamentarische Mehrheit mit ihm

mehr gab, daß weder SPD noch FDP und sogar die beiden CDU-Minister Lücke und Krone mit ihm nicht mehr an einem Kabinettstisch sitzen wollten: Der Leser des Hochglanzbildbandes von Hans Klein erfährt es nicht. Man hatte Strauß «die parlamentarische Korrektheit bestritten». Das war alles, und darum nahm er, sozusagen freiwillig, seinen Hut: «Kein Hauch von Junta-Geist wurde in der Bundeswehr spürbar.»

Da müssen wir dem Strauß nun doch sehr dankbar sein, daß er die Generale 1962 nicht gegen die Bundesregierung unter Konrad Adenauer hat putschen lassen. In Israel gab er dem aus Österreich stammenden Journalisten Amos Ejlon im Juni 1963 auf deutsch ein Interview und beantwortete die Frage, ob er nach allem, was er heute wisse, in der SPIEGEL-Affäre anders handeln würde:

Strauß: «Ich würde mich verpflichtet fühlen, genauso zu handeln, wie ich gehandelt habe. Die Frage, die auftrat, war eine neue Umschreibung der Pressefreiheit im Rahmen des Interesses der nationalen Sicherheit. Nicht ein einziges Mal hatte ich mit der ernst zu nehmenden deutschen Presse irgendwelche Probleme – nur mit dem SPIEGEL –, sie sind die Gestapo im Deutschland unserer Tage. Sie führen Tausende persönliche Akten – wenn ich an die Nazi-Vergangenheit von Deutschland denke –, fast jeder hat irgend etwas zu vertuschen, und das ermöglicht Erpressung. Ich war gezwungen, gegen sie zu handeln.»

1962 zur bayrischen Landtagswahl hatte die CSU das in ihren Wahl-Annoncen noch ganz anders gesehen. Schuld am Sturz ihres Matadors war eine «Verschwörung im Ausland».

«This son of a bitch, how could he think to get along with this», sagte 1964 bei einem Besuch in Hamburg auf der Reeperbahn nachts um halb eins Edward Kennedy, der sein Chappaquiddick noch vor sich hatte.

Ja, wie konnte Strauß annehmen, mit seinem Kommandounternehmen durchzukommen? Die Kuba-Krise erklärt einiges, aber nicht alles. Daß der alte Adenauer ihn dirigiert hat, ist unwahrscheinlich. Der, obzwar Jurist, hatte von Juristerei noch weniger Ahnung als der Nicht-Jurist Strauß. Im übrigen steckte er voll kluger Vorsicht.

Jeder CDU-Mann, der gehandelt hätte wie Strauß, wäre auf immer erledigt gewesen. In Bayern aber laufen die Uhren anders. Die «Welt», damals noch unter dem Springer-Freund Hans Zehrer, resignierte: «Es ist offenbar unmöglich, sich in Bayern ernsthaft zu blamieren.» Sogar der Kardinal Döpfner konnte daran nichts ändern. Strauß CSU-Vorsitzender weiterhin, Strauß Ministerpräsident demnächst, alles denkbar, alles möglich.

Undenkbar war damals, daß unser Freund jemals die schon abgeschlagene Bewerbung um das Amt des Bundeskanzlers neu betreiben könnte. Daß er lieber einen Mann der SPD in diesem Amt sähe als einen CDU-Mann, war offenkundig. Daß er jeden CDU-Mann (Barzel, Kohl) blokkieren würde, schien ebenfalls klar.

Dem schlichten politischen Verstand bleibt nicht einsichtig, wie die gesamte CDU so auf den Hund kommen würde, daß sie den einzigen Unions-Mann auf den Schild hob, der keine Chance hat, Kanzler zu werden. Hier waltet wohl die brutale Logik der Macht, die wir mit beträchtlichem Einsatz bekämpft hatten, hier herrscht wohl «Endkampf».

Strauß sagt, er will jetzt Kanzler werden, aber will er? Welche Zipfel des Mantels unseres Herrgotts will er derzeit zuschneiden? Wie will er eine Formation dirigieren, die er so ohne Rücksicht auf Verluste in den Staub getreten hat? Wie ein vergleichsweise so ehrenhaftes Paar Schmidt/Genscher ablösen, wo er doch in der CDU nur Feinde und in der CSU nur Speichellecker hat («Franz Josef, gib uns Hoffnung, Aussicht und Chance, gib uns Zukunft!», so sein Intimfeind, der Präsident des bayrischen Landtages Franz Heubl).

Man darf wohl mit der gestandenen Ehefrau Marianne Strauß einer Meinung sein, die gesagt hat: «Das Bundeskanzleramt gewinnt nie ein Seppl-Hut.» Gut.

2
Verhandlungsprotokoll des «Endkampf»-Prozesses

Was geht mich der Kanzler an?

Vor dem Landgericht Nürnberg-Fürth wurde am 22. September 1961 über den Widerspruch des SPIEGEL gegen die am 8. Juni erlassene Einstweilige Verfügung verhandelt, die der damalige Verteidigungsminister Strauß gegen den SPIEGEL-Artikel «Der Endkampf» beantragt und der das Gericht in acht von 62 Punkten entsprochen hatte. Zum Schluß der Verhandlung trafen die Prozeß-Gegner Strauß und Augstein in einem Streitgespräch aufeinander, dem folgende Stenogramm-Auszüge entnommen sind:

Strauß: ... Der Artikel ist abgedruckt worden von einigen Organen der sozialdemokratischen Weltpresse – das vergesse ich jetzt – und von Organen, die im Dienst von Organisationen stehen, die der Bundesinnenminister als kommunistische Tarnorganisationen bezeichnet hat: In der Bundesrepublik «Bund der Deutschen», VVN; er ist aber in breiter Veröffentlichung abgedruckt worden in fast allen Organen der Sowjetzonenpresse: «Neues Deutschland», «Der Morgen», «Junge Welt» und so weiter, alles abgedruckt in der Zeit nach dem 5. April. Ich bin nicht der Meinung, daß, wessen Zahnbürste Herr Ulbricht benutzt, ein kommunistischer Handlanger wäre; aber wenn der SPIEGEL, was wir seit Jahr und Tag beobachten, wenn die SPIEGEL-Artikel an die Sowjetzonenpresse weitergespielt werden, von der Sowjetzonenpresse aufgegriffen werden, so sehen wir hier ein abgekartetes Spiel der Politik, daß systematisch mit denselben Parolen diffamiert, angegriffen, herabgesetzt und in jeder Weise kaputtgemacht werden soll, wie es durch SPIEGEL-Artikel initiiert worden ist ...

Wir sind dabei, in Kürze eine Dokumentation aufzulegen, aus der hervorgeht, wie sehr sich Walter Ulbricht durch Sie auf seinem Weg gerechtfertigt sieht. Ob Sie das wollen oder nicht, das ist eine andere Frage. Aber de facto ist es so. Wenn hier gesagt wird, das deutsche Volk habe ein Interesse daran zu erfahren, wie das Ausland über den Verteidigungsminister denkt, so darf bei der Intelligenz der Antragsteller und der Anwälte eine solche Behauptung nicht ohne Widerspruch hingenommen werden. Die meisten der in Frage stehenden ausländischen Journalisten sind ja zu mir gekommen, manche haben mich um ein Interview gebeten. Viele Leute, positive, negative. Und dann hat wohl auch der oder jener gesagt: «Was jetzt herauskommt, ist uns zu positiv. Wir müssen noch im Stil unseres Magazins in ein paar Sätzen einige Schlenker anbringen, positive, negative und auch solche, die zum Teil sogar die Unwahrheit sind.» Was Sie getan haben, ist, daß Sie sämtliche Schlenker gesammelt haben und die restlichen 95 Prozent unterschlagen haben. «New Statesman», Kingsley Martin, wenn Sie sich mit ihm identifizieren, brauchen wir uns darüber nicht unterhalten. Die notorischen Feinde des deutschen Volkes sollte man nicht zitieren ...

Wenn die Russen einen Vorstoß gegen Hamburg machen würden, dann kann ich nicht sofort große Atombomben anwenden. Ich habe vor zwei Jahren, ich habe vor eineinhalb Jahren nichts anderes gesagt, als was heute offiziell amerikanische Politik ist. Wenn beide Seiten die großen Atomwaffen haben, dann wird man nicht wegen jeden Vorstoßes große Bomben auslösen. Deshalb bin ich für stärkere konventionelle Bewaffnung eingetreten. Ich verstehe nicht, warum ich deswegen systematisch diffamiert, herabgesetzt und systematisch zu einem gefährlichen Mann gestempelt werde, nur weil ich manche Dinge eher begreife als mancher andere und notwendige Konsequenzen vollziehe, die man in meinem Amt braucht, weil man sonst angesichts des Widerstandes es zu überhaupt nichts bringt ...

Augstein: ... Sie haben heute wieder gesagt, wir hätten ein abgekartetes Spiel mit Herrn Ulbricht gespielt. Das genau ist der Punkt, warum Sie so ungeeignet zum Kanzler sind, weil Sie immer in Gefahr sind, Ihre Gegner als Halbkommunisten oder Kommunisten abzustempeln. Wenn «Neues Deutschland» uns zitiert – ändert das etwas daran, wenn wir etwas sagen, was wahr ist oder was wir zumindest für wahr halten? Und da bringen Sie das abgekartete Spiel. Das genau ist der Punkt.

(Strauß widerspricht.)

Ich glaube, es meldet sich keiner hier, der nicht auch gehört hat, daß Sie gesagt haben: «Es ist das abgekartete Spiel, das wir seit langem kennen.»

(Zurufe: Nein!)

Sie drängen Ihre Gegner in den Ruch, Kommunisten oder Halbkommunisten zu sein. Das genau ist die Methode, gegen die wir uns beharrlich wenden und immer wenden werden, solange uns deutsche Gerichte dazu ihren Schutz angedeihen lassen werden. Sie haben in dem Zusammenhang von englischen Journalisten als «notorischen Feinden des deutschen Volkes» gesprochen. Das ist eine gefährliche Argumentation, sie erinnert an Zeiten, an die Sie und ich nicht gern zurückdenken. Wenn von Opportunismus gesprochen worden ist, so sind wir uns einig, daß der Politiker ein gewisses Maß an Opportunismus braucht, er muß sich den Tatsachen anpassen, er kann sie nicht umwandeln. Wir alle wissen das, Sie und ich wissen es. Wenn Sie aber heute – im Gegensatz zu früheren Äußerungen – sagen: «Die Politik, die wir in den letzten zehn Jahren getrieben haben, war natürlich» – natürlich! – «nicht in der Lage, die Einheit Deutschlands herzustellen, weil das unter den gegebenen Umständen überhaupt nicht möglich war»*: Mit erhobener Schwurhand hat Ihr Kanzler immer

* Wörtliches Zitat, aus der Fernsehsendung «Die Parteien haben das Wort» vom 5. September 1961.

wieder gesagt: «Diese Politik wird die Wiedervereinigung Deutschlands herbeiführen!»

Strauß: Wenn Sie diskutieren wollen, müssen Sie ins Parlament gehen.

Augstein: Sie haben eben auch diskutiert.

Strauß: Aber nicht über Dritte. Was geht mich der Kanzler an?

Augstein: Sie haben die Politik des Kanzlers unterstützt, Sie haben dasselbe gesagt.

Cramer (Strauß-Anwalt)**:** Das klingt sehr nach Sippenhaft, Herr Augstein.

Augstein: So schnell würde ich vom Bundeskanzler nicht abrücken. Noch ist er da. Ihre Politik, Herr Minister, wird ganz bestimmt – nicht nach Ihrer Ansicht, ganz bestimmt beabsichtigen Sie keinen Krieg, dazu sind Sie viel zu vernünftig, niemand bestreitet das –, unsere Behauptung ist, daß, ohne daß Sie es wollen, diese Politik in Krieg enden muß. Wenn Sie nicht das Steuer vor einem Vierteljahr herumgeworfen hätten in Anpassung an die Verhältnisse, in einer von mir sehr begrüßten Anpassung, in einem von mir sehr begrüßten Opportunismus, würden wir Krieg bekommen. Wir würden jetzt wegen Berlin Krieg bekommen. «Jeder lokale Konflikt» – wenn die Russen in Hamburg einmarschieren, das ist kein lokaler Konflikt ... Wir sagen, Sie sollen innenpolitisch fair diskutieren, und Sie sagen, wir sind Kommunisten, wenn wir etwas anderes wollen als Sie wollen. Außenpolitisch sind wir der Meinung: Ihre Politik ist äußerst gefährlich; sie würde schon jetzt zum Kriege führen, wenn die westlichen Alliierten sie sanktionierten und weiterführten.

Strauß: Ich kann das jetzt nicht widerlegen, weil ich keine Zeit mehr habe.

Vorsitzender: Urteilsverkündung: Freitag, 6. Oktober, vormittags 9.00 Uhr.

(Schluß der Verhandlung.)

3

Jürgen Leinemann

Überlebensgroß Herr Strauß

Es war einmal ein Christdemokrat. Der lebte hinter den sieben Bergen in Bonn am Rhein und glaubte noch an Märchen. Er stellte sich vor, daß man den garstigen bayrischen Frosch Franz Josef Strauß nur an die Wahlkampfwand zu werfen brauche, und bratsch, wie die Brüder Grimm sagen, käme ein schöner Prinz heraus: der Kanzlerkandidat der Union. Doch die Zeiten, da das Wünschen noch geholfen hat, sind längst vorbei. Der Froschkönig-Effekt blieb aus. Mit zager Anpassung enttäuschte der Bayer seine Freunde.

War er nicht entschlossen gewesen, notfalls eine Krise herbeizureden, um den Pygmäen und Zwergen, den Strahlemännern und Strampelmännern der Union zu zeigen, wie man einen «Überzeugungswahlkampf» führt, den «die Bundesrepublik Deutschland noch nicht erlebt hat»? Jetzt war, mit dem Einmarsch der Sowjets in Afghanistan, die Krise da. Doch Franz Josef Strauß blieb ein Frosch. Da hießen die Nordlichter der Union ihn in ihrer Not einen Staatsmann.

Das reichte, um die anderen das Fürchten zu lehren. Wie selbstverständlich fiel auch den Gegnern gleich Märchenhaftes ein, um die ängstliche Rolle ihres Widersachers zu beschreiben. Er habe Kreide gefressen wie der Wolf, um die Geißlein zu täuschen. Gerade in dieser Verkleidung aber hielten ihn die Regierungsparteien für einen Mann, mit dem man rechnen müsse.

Überlebensgroß Herr Strauß. Er kann machen, was er will, er kann lassen, was er will – er bleibt ein politischer Riese. Märchenhafte Züge hat es gewiß, wie sich seine Suggestionswirkung als Held für die einen und als Unhold für die anderen vor die Realität schiebt. Wie sagt doch Franz Josef Strauß immer? «Angst und Hoffnung sind das einzige, was die Menschen bewegt.» Wie wahr, wenn es um ihn geht.

Längst haben sich Erinnerungen an seine früheren Glanz- und Schandtaten zu Überzeugungen verfestigt. Wer wüßte über den Bayern nicht Bescheid, zweifelte nicht eher an seinen Zweifeln als am irritierenden Augenschein? Aus den Strauß-Versammlungen, die er Kundgebungen nennt, kommen Menschen, die haben ein bis zwei Stunden gedöst unter den fahrig monotonen Tiraden des Bayern von «Fluch und Gnade der Stunde Null», und wie mit Hilfe seines «leidenschaftlichen Erlebens» und «tätigen Mitgestaltens» aus dem «größten Trümmerhaufen der Weltgeschichte» die «stärkste Wirtschaftsmacht Europas» geworden ist. Wie nun aber dem Wohlstand «in allen Schichten und Ständen» Gefahr droht durch die Auflösung der alten Ordnung.

Die einen sind ein paarmal in plötzlichen Jubel ausgebrochen, weil Strauß etwa über die «bürgerlichen Luxusmanieren» des «sozialistischen Heiligen» Willy Brandt gespottet hat und darüber, daß der Kapitän Schmidt des Bonner Staatsschiffes mit seiner Lotsen-Mütze aus dem rechten Bullauge blickt, während der Kurs weiter nach links geht. Die anderen haben ein paarmal gebuht, oder «Sieg Heil» gerufen, wenn sie sich als «Bilderstürmer, Gesellschaftsveränderer, Systemsprenger» diffamiert fühlten, oder der Redner behauptet, Wehner sei selbst schuld, wenn er als Sprachrohr Moskaus gelte.

Auf dem Heimweg sagen dann die einen: Der hat's den Sozis aber gegeben. Und wie der geschwitzt hat, der Franz Josef. Die anderen sagen: Wenn der es schaft, der Strauß, dann wandert man vielleicht doch besser aus nach dem 5. Oktober. Und in der Zeitung steht, Strauß sei mit seinen Gegnern in Bonn hart ins Gericht gegangen, habe aber die Lage staatsmännisch beurteilt. Was muß sich einer auch ein Bild machen, wenn er schon eins hat.

Dabei ist der Mann, der sich am Rednerpult mittels eines zu seinen Füßen aufgebauten Ventilators seinen Aufwind selber herstellt, längst nicht mehr der alte. Vielmehr ist er alt geworden.

Dynamische Ausbrüche, wilde, sprudelnde Wortkaskaden, gewiß, die gibt es noch. Aber sie kommen mit künstlichem Karacho. Eine seltsame Starre und Monotonie scheint Franz Josef Strauß einzuengen. Er schwitzt wie eh und je, aber unter dem Schweiß wirkt er ausgetrocknet, hölzern. Der bullige Schädel, früher oft rammbockartig, wie zum Stoß zwischen die Schultern genommen, scheint dort wie zum Schutz eingezogen. Als erwarte er Schläge. Das breite Gesicht bleibt ausdruckslos, selbst wenn er die Stimme hebt. Gemütsbewegungen zeigt nur ein abrupter Wechsel der Farbe an – von kalkweiß und fettig-grau bis purpur und violett. Aber selbst dann ist aus der Ferne grau der beherrschende Eindruck, denn unter fleckiger Röte schimmert die Haut bleich.

Nicht mehr alterslos feist ist sein flächiges Konterfei, wie viele Jahre lang. Sein Gesicht ist weggesackt. Schwere Augenlider, schwere Tränensäcke, schwere Wangen ziehen es herunter. Dazwischen haben sich Gräben eingefressen, die Mangel und Müdigkeit markieren. Wenn so etwas wie Empfinden sichtbar wird in dieser zerlebten Pausbäckigkeit, dann scheint es ängstliche Unruhe zu sein, Unsicherheit. Ein unfrohes Lachen hat sich verselbständigt, rutscht ihm plötzlich in die Mundwinkel, keckert tief in seiner Kehle, läßt ihn, sich selbst zunickend, im Satz stocken: Er kann es einfach nicht verstehen, daß er immer wieder erklären muß, wie die Welt wirklich ist. Ratlosigkeit, Resignation, ja Verzweiflung schlagen durch.

Was soll er denn bloß noch machen? Immer hat er recht gehabt. Stets zu spät, wenn überhaupt, hat er recht bekommen. Da kickst seine Stimme oft vor Empörung und wütender Ohnmacht. Er sieht eine andere Wirklichkeit als alle anderen, seine gläubigen Gefolgsleute ausgenommen. Das quält ihn. In kein Thema verbeißt er sich so hartnäckig wie in «Lebenslügen», «Wirklichkeitsverlust», «Realitätsverkennung», «Selbsttäuschungen». Aber es sind immer die anderen, die sich auf einer «mondbeschienenen Silberwiese» bewegen, «Traumtänzer», die sie sind.

Warum die Welt nicht jedem so deutlich ist wie ihm, beschäftigt ihn mit solcher Besessenheit, daß er das gerade angesprochene Thema darüber manchmal vergißt. Er redet mit einer seltsam interesselosen Flüchtigkeit. Als müßte er eher ein Tempo einhalten – er sprudelte schon, nachgezählt, 311 Silben in 20 Sekunden hervor – als Inhalte vermitteln. Dann wird er oft zu leise. Es scheint, als rede er mehr mit sich selbst als mit dem Publikum. Bis er dann plötzlich wieder Passagen gezielter Wut und Aufgeregtheit einschaltet. Dann springen seine wäßrigen Augen um, von verschwimmendem Fernblick auf wache Naheinstellung.

Sein Mißtrauen wird spürbar. Es ist immer da: in schnellen einschätzenden Blicken, in einer auch im Gespräch spürbaren fast animalischen Lauerhaltung. Man merkt, Franz Josef Strauß horcht gleichzeitig noch ein paar Antennen ab.

Es wird deutlich, daß dieser Mann keineswegs jener monolithische Block bayrischer Urwüchsigkeit ist, niemals gewesen ist, als der er in Bildern von Tanks oder Bollwerken im Bewußtsein der Deutschen lebt. Unstimmiges tritt stark hervor. Statisches und Dynamisches, Massiges und Graziles, Großspuriges und Kleinmütiges stehen seltsam ungemischt nebeneinander. Man muß ihn nur gehen sehen. Er marschiert ja auch nicht, wie das Klischee weismachen will, walzt oder schiebt sich schon gar nicht vorwärts. Vielmehr hastet er in weicher Eile, verfällt fast ständig in einen unprägnanten Trippeltrab. Sein Gang hat kein Gewicht.

Wenn Strauß sitzt, schieben seine Mannen immer einen Tisch zwischen ihn und das Publikum, denn seine Vierschrötigkeit läßt nach unten beträchtlich nach, seine Stiernackigkeit hat keinen körperlichen Unterbau. Da wirkt er überraschend zierlich, sitzt zumeist brav nach mädchenhafter Tanzstundenart mit nebeneinandergesetzten Beinen.

Er hat sich, seit er Ministerpräsident von Bayern ist, eine Huld- und Gnadenhaltung zugelegt. Wenn er mit jemandem redet, neigt er ihm sein Ohr. Dabei faltet er die Hände übereinander, während seine Augen sichernd durch die Umgebung flitzen. So ähnlich pflegte er sich aber auch als sittsamer Sohn zu seiner Mutter herabzubeugen, wie man auf Fotos sehen kann. Heute ist beides zugleich in seiner Haltung: Herablassung und frömmelnde Artigkeit. Neu sind diese Widersprüche nicht. Aber wie wenn mit wachsendem Alter die Koordination ausgeleiert ist, treten die disparaten Einzelheiten – einst zusammengehalten durch Vitalität und Tempo – jetzt verstärkt hervor. Denn das Tempo ist zerhackt, was einmal stürmischer Elan war, ist jetzt Hektik.

Seinem Nimbus tut das nichts. Der ist ungebrochen. Augenschein und Erwartung mögen weit auseinanderklaffen, was tut's – man muß sich eben auf einen «neuen Strauß» einstellen, einen «gewandelten». Längst ist die Selbsthypnose der meisten Straußbeobachter stärker als die Suggestivkraft ihres Riesen. Den «Staatsmann» Strauß wollen die Regierungsparteien also nun bekämpfen, sich politisch mit ihm auseinandersetzen. Als wäre es nicht 30 Jahre die Person des Bayern gewesen, die Unruhe gestiftet hat. «Strauß ist nicht wegen seiner Politik gefährlich», warnte 1962, nach der SPIEGEL-Affäre, der Tübinger Politologe Theodor Eschenburg, «sondern wegen seines persönlichen Verhaltens in der Politik.»

Ob 1962 oder 1980 – es gibt keine Strauß-Politik, die sich erfolgreich bekämpfen ließe. Es gibt nur einen Strauß, der Politik macht. Daß er stets seine eigenen Angelegenheiten als Sache der Allgemeinheit auszugeben verstand, hat ihn im Bewußtsein der Deutschen bis zur Unkenntlichkeit aufgeblasen. Als Märchenfigur wie als Märchenerzähler konnte er sich rationaler politischer Argumentation entziehen. Sein politisches Programm? «Unser Programm heißt Franz

Josef Strauß», beschrieb sein Generalsekretär einmal das bundespolitische Selbstverständnis der CSU. Man darf sicher sein, daß Edmund Stoiber die Auffassung seines Chefs korrekt wiedergegeben hat.

Franz Josef Strauß hat auch keine politischen Prinzipien. «Die muß man so hoch hängen, daß man leicht darunter durchkommt», spottet er. Kein Wunder, daß er für eine Präambel zum Unions-Wahlprogramm monatelang keine Zeit fand. Selbst in den Gründerzeiten der Union, als die Bereitschaft, neue Ziele und alte Bekenntnisse festzuschreiben, noch groß war, findet sich vom wortgewaltigen Historiker Strauß keine einzige konzeptionelle Zeile. Was braucht er mehr für seine Politik als die «Achtung vor dem Menschen als Ebenbild Gottes» und zur «Verantwortung für die Allgemeinheit und Nation» einen «sittlichen Auftrag»?

Politischer Grundsatz ist schon eher, was Strauß einmal, unter dem Deckmantel der Ironie, in Bonn vor bayrischen Touristen ausgeplaudert hat: «Wir sind ja so flexibel, daß wir sogar für wie gegen dieselbe Sache eintreten können, je nachdem es die politische Lage erfordert.» Was dennoch nach Konzeption aussieht im politischen Wirken des Politikers Strauß, ist Reaktion, zumeist Überreaktion, auf Konzepte, Ideen und Weltanschauungen anderer. Rationale Gründe dafür, daß er 1945 der CSU beigetreten ist, kann Strauß nicht nennen: Es war, sagt er, eine «instinktive Entscheidung, mich für die Union zu erklären». Keine Spur von unverrückbarem Weltbild. Der Unterschied zwischen christlicher und sozialistischer Sozialgesetzgebung ist ihm nach eigener Bekundung so groß wie der zwischen drei Mark und drei Mark fünfzig.

Instinkt, Witterung, Gespür – das ist das politische Rüstzeug dieses Politikers. Alles im Dienste eines einzigen Zieles: der eigenen Karriere.

Strauß, der Antikommunist? Strauß, der Antigewerkschafter? Strauß, der Antiintellektuelle, Antiliberale? Sollten diese Überzeugungsperlen im Hausschatz des linken Bewußtseins falsch sein? Keineswegs. Anti ist er immer. «Anti schlechthin», wie Willy Brandt sagt. Allein im Widerspruch nimmt er wenigstens halbwegs Konturen an.

Sonst ist er nur auf eine seichte Weise rechts, bedenkenloser in der Anwendung seiner politischen Mittel als die meisten anderen Politiker der Union, aber in den Inhalten kaum reaktionärer als sie. In seiner pragmatischen Hurtigkeit aber übertrifft er die anderen Unionschristen bei weitem. Er hat sich und der Union einen Rahmen zurechtgeschnitten, der ihm jeden Spielraum läßt. CDU und CSU sind nach seinen Worten «christlich-sozial, sie sind wertgebunden – liberal, sie sind modern-konservativ, sie sind geschichtlich geläutert national, und sie sind europäisch-fortschrittlich». Oder wie es Franz Josef Strauß seinen CSU-Freunden erläutert: «Nur die Unbeweglichkeit ist die Reaktion».

So hat er 30 Jahre lang Politik betrieben. Er war Atlantiker und Gaullist, mal setzte er sich mit den Sozialdemokraten in die Regierung, mal verteufelte er sie als Handlanger Moskaus. Er trat für die freie Marktwirtschaft ein und dagegen. («Das für frühere Perioden gültige ... Spiel der freien Kräfte ... ist für die zweite Phase der deutschen Nachkriegszeit nicht allein die gültige Formel.») Den Willy Brandt, den er heute verhöhnt, hat er einst bewundert: «Ich schätze ihn viel mehr, als er mir zutraut.» Das gilt auch für dessen Ostpolitik, an deren Erfolg ihn, so ein enger Mitarbeiter von damals, wohl vor allem gestört hat, daß nicht er die Unterschrift unter den Vertrag in Moskau setzte. Strauß, der heute so vehement der Bonner Koalition den Ausverkauf deutscher Rechtspositionen gegenüber dem Osten ankreidet, hat immerhin selbst zu Papier gebracht: «Das deutsche Volk darf seine Kräfte nicht im Streben nach einer nationalstaatlichen Restauration verzehren.» Andererseits hieß es dann allerdings: «Wer die Teilung Deutschlands hinnimmt, begeht Verrat, ja er ist Faschist, der sich mit Hitler-Stiefeln über den Willen des Volkes hinwegsetzt.»

Was immer Franz Josef Strauß aber fordert und betreibt, er tut es mit voller Kraft und Lautstärke und mit zweierlei Anspruch: Er ist auf seiten der Wahrheit, der moralischen, politischen, historischen, jeder nur möglichen, wie der Wahlkampf weisen wird: «Unser Problem ist die Durchsetzung der Wahrheit, und die Hoffnung der SPD ist die Verleugnung der Wahrheit.»

Vor allem gilt: Die Person Franz Josef Strauß ist der Mittelpunkt jeden Geschehens. Das einfache Geheimnis seiner Erfolge ist, daß Strauß sich das stets selbst einreden konnte. Schon 1965 wunderte sich die Schweizer «Weltwoche»: «In seiner Vorstellung muß eine Wunschwelt existieren, eine Welt, deren Fragen er selber stellen und selber beantworten kann.» Das hartnäckige Bestreben, dieser Wunschwelt widersprechende Realitäten zu beseitigen – wegzureden oder wegzuschaffen –, setzt seine Energien frei.

Für die Idee von seiner Welt hat Strauß weder Vorbilder noch Utopien. Vielmehr blickt er, sich sozusagen am eigenen Erfolg rückversichernd, für die Gestaltung der Zukunft in die Vergangenheit. Was ihm da genutzt hat, ist gut. Was ihm da gelungen ist, ist Muster. Was ihn da gefördert hat, muß bleiben. Von ungefähr kommen seine Rechthabereien nicht.

Daher rührt vor allem auch seine Verteidigung der Machtverhältnisse der 50er Jahre. Sie haben ihm den eigenen Aufstieg garantiert. Das ist seine Definition eines Sozialstaates: «Für uns heißt sozial nicht Gleichmacherei von oben nach unten, sondern Aufstieg von unten nach oben.» Alle Gegner dieses Systems erlebt Franz Josef Strauß als ganz persönliche Feinde. Sie bedeuten für ihn existentielle Bedrohung. Die Linken vor allem, die Systemveränderer und Umstürzler.

Da haben sich frühe Erfahrungen für immer festgesetzt. Die Revolution von 1918 habe er als Dreijähriger «unbewußt» mitgekriegt, sagt Strauß. Immer deutlicher hat das

Unbewußte inzwischen Gestalt angenommen: Wie die erschrockene Kleinbürgerwelt seiner Eltern sich in den Häusern verschanzte, während die Glocken Umsturz läuteten und der rote Mob durch die Straßen von München tobte, wird er nicht müde zu erzählen. Daß die «weißen» Truppen damals Ruhe wiederherstellten, hat ihm zu der lebenslangen Überzeugung verholfen, das Militär sei ein demokratischer Ordnungsfaktor. Generale wie der Spanier Franco und der Chilene Pinochet haben davon politisch profitiert.

Weniger auffällig, wenngleich kaum weniger intensiv und emotional hat Strauß zeitlebens aber auch jene bekämpft, die mit ererbten und unerwerbbaren Privilegien Aufstieg à la Strauß begrenzen: Adel, Großgrundbesitz und Großkapital, die Macht der Kirche. Die von Guttenbergs und von Weizsäckers haben es zu spüren bekommen, der klerikale Hundhammer-Flügel in der CSU nicht minder. An den Nerv dieses Ressentiments rührte einmal der einstige bayrische Minister in Bonn, Franz Heubl, als er begründete, warum nach seiner Ansicht der CSU-Chef nicht Ministerpräsident von Bayern werden könne: «Dazu braucht's einen Herrn. Und der Strauß ist kein Herr.»

Den Spielraum, den Strauß aus den Erfahrungen seines persönlichen Aufstieges für seine Politik abgesteckt hat, den zwischen den «Umstürzlern» und den geborenen Großkopfeten, teilt er mit der Mehrheit der Deutschen. Ihre Ängste um Sicherheit, Wohlstand, Ordnung, vermag er zu mobilisieren, ihre Hoffnung nach Eigentum und Aufstieg anzustacheln. Er versteht sich als ihr «Exponent», teilt mit ihnen das Gefühl, daß ihm fast immer Unrecht geschehen sei. So bewältigt er auch die Nazizeit. Er will nichts beschönigen, das direkt nicht, aber er will auch die Schuld der anderen erwähnen, kein «Jota» davon abstreichen.

Den Anspruch, die Wahrheit auf seiner Seite zu haben, untermauert er mit Scheinwahrheiten, die er sich aus der Geschichte holt. Er benutzt historische Ablauf- und Denkschemata als Munition für seine politischen Ziele. «Historische» Beispiele legitimieren ihn als Fachmann, schüchtern Widerspruch ein, täuschen Gesetzmäßigkeiten und Zwangsläufigkeiten vor.

Das Wichtigste ist ihm aufgegangen, seit sie ihn in Bonn am Rhein nicht mehr mitregieren lassen: daß nämlich Bonn doch Weimar ist. In zunehmendem Maße leitet Strauß seine historische Rolle («Von Deutschland retten, was noch zu retten ist») aus geklitterten Vergleichen mit dem Untergang der Deutschen Republik vor 1933 her.

Es fing damit an, daß er den Atomwaffensperrvertrag zu einem neuen Versailles aufblies, einem «von kosmischen Ausmaßen». Dann stempelte er die Diskussion um die sowjetischen Wiedervereinigungsangebote der frühen 50er Jahre zu einer «Versäumnis-Legende, die eine ähnlich vergiftende Rolle spielt wie die Dolchstoßlegende nach dem Ersten Weltkrieg». Seit Beginn der sozialliberalen Koalition hat sich das Weimarer Muster zu einem richtigen Zeitplan verdichtet, der Strauß politisch antreibt. Seine Weimarer Parallele beginnt mit einem «scheinbaren Aufstieg» der Wirtschaft, der von einer tiefgreifenden Wirtschaftskrise mit Arbeitslosigkeit und zunehmender Radikalisierung abgelöst wird.

Je nach Lage bezieht Strauß die Realitätsfetzen, die ihm Anzeichen der drohenden «Massenverelendung» im deutschen Überfluß-Staat von 1980 signalisieren, aus der «Staatsverschuldung» in Bonn oder der internationalen Situation. Darauf folgt für Strauß zwangsläufig die Zerstörung des Systems, die in der Bundesrepublik unter dem Stichwort «Demokratisierung der Gesellschaft» längst angelaufen ist und zu einem kommunistischen Zwangsstaat führen muß.

Schon 1972 im Wahlkampf sah Strauß im Bonner Staat die Unternehmer Judensterne tragen. Schon diese Wahl bezeichnete er als «die letzte freie».1976 gab es, konsequenterweise, für ihn keine normale Wahl mehr, waren die Bürger längst in ihrer freien Entscheidung behindert. Denn

Willy Brandts Regierungsantritt, das war «der Tag des Heils», Beginn eines «Tausendjährigen Reiches» der Sozialisten. Kein Wunder, daß es im vergangenen Jahr beim Kommunalwahlkampf in Essen aus ihm herausbrach, als er in den eierwerfenden Demonstranten wohl jenen «Terror des roten Pöbels» zu sehen glaubte, von dem er immer redet: «Ihr seid die besten Nazis, die es je gegeben hat.»

Daß dies nicht bloße Ausrutscher sind, ohne Beziehung zu einem festen Denksystem und Realitätsverständnis, läßt Strauß nahezu bei jedem öffentlichen Auftritt erkennen, wenn er sich mit Parallelen Sozis gleich Nazis anfeuert: Dann verdächtigt er Helmut Schmidt, Willy Brandt und Herbert Wehner, die «politische Ausmerzung aller nichtsozialistischen Kräfte» im Sinn zu haben. In unterschwelligen Zusammenhängen, nie ganz greifbar, aber in ihrer Eindeutigkeit bestürzend, beschuldigt er die Sozialisten, sie wollten «Endlösungen» herbeiführen.

Die versuchte Gleichsetzung von Sozialisten und Nationalsozialisten unter dem Deckmantel der Parole «Freiheit oder Kollektivismus» ist konsequenter Teil dieser Kampagne, die laut Strauß das entscheidende Thema der beiden letzten Jahrzehnte dieses Jahrtausends sein wird. Der Bayer: «Wir wollen nicht noch einmal erleben, daß wir später hören müssen, das haben wir nicht gewußt, das haben wir nicht gewollt.» Die Frage drängt sich auf, in welcher Welt der Strauß eigentlich lebt? Glaubt er das selbst?

Es ist unmöglich, die Welt des Franz Josef Strauß auseinanderzudividieren in Bestandteile, an die er glaubt, und solche, die er nur benutzt. Beides geht stets nahtlos ineinander über – seine Selbstsuggestionskraft und die Fähigkeit, sich Beweise aus der Wirklichkeit herauszubrechen und damit seine eigene Welt zu zementieren. Sein Bonn-Weimar-Bild steht nicht isoliert in der politischen Landschaft. In suggestiven Kurzschlüssen verdichtet er innen- und außenpolitische Situationsschilderungen zu einem weltpolitischen Katastrophenbild.

Während, laut Strauß, im Inneren der Republik die Linken das Volk durch geistige Zersetzung zermürben, treibt außen der Feind eine gewaltige militärische und politische Umzingelung voran. «Deutschland und Westeuropa werden eingekreist, von einer strategischen Zangenbewegung ohnegleichen umfaßt», schrieb Strauß schon 1968. Inzwischen sieht der Mann, der sich gern einen «in strategischen Großlinien denkenden Politiker» nennt, die Zange weiter ausgreifen: Von Afghanistan bis Südafrika, von Angola bis Kuba. Lateinamerika ist für Strauß ein Krisenherd mit Zeitzünder und langer Lunte. Die Welt verdankt es dem chilenischen General Pinochet, daß es dort noch nicht geknallt hat.

Es sind Feldherrenblicke, die von der Alpenhöhe über den Erdball schweifen. Schließlich hat schon ein Geschichtslehrer dem kleinen Strauß bescheinigt, er habe das Zeug zum General. So überträgt er denn die Schlachtenpläne Cäsars und Clausewitz' – mit Zangen, Flügeln, Offensiven und Einkreisungen – auf die Weltpolitik von heute. An jedem Akademiker-Stammtisch wird nach dem sechsten Bier der düstere Gang der Dinge ähnlich beschworen. Aber ist das zum Lachen? Es wäre vielleicht komisch, führe Franz Josef Strauß nicht zu Mao und Hua nicht zu ihm nach München, plauschte er nicht mit Breschnew und redete er sich nicht mit Kissinger den Kopf über Weltpolitik rot. In Südafrika und Chile, in Spanien und in der Türkei findet Strauß mit seinen obskuren weltpolitischen, welthistorischen Betrachtungen offene Ohren. Er sitzt nicht hinterm Bierkrug. Er will Kanzler werden.

Es lacht ihn ja auch keiner aus, vielmehr gilt Strauß heute bei vier von fünf Bundesbürgern als ein Mann, der die Dinge beim Namen nennt, «so wie sie sind» (Infratest). Denn Strauß hat, um die Grundmuster seines Denkens zu verschleiern, seine logischen Kurzschlüsse durch vage Verallgemeinerungen verhüllt. Er nebelt sich verbal ein. Unter großem Gelächter seiner Parteifreunde beschrieb er im vergangenen Jahr die Bonner Regierungspolitik als eine «des Schillerns, Schaukelns, Schwebens, Schwimmens und Schwätzens». Davon versteht er was. Das ist sein eigener Stil. «So wolkig wie möglich», weist er seine Mitarbeiter an, sollten sie seine Politik formulieren.

«Sphinxhafte Formulierungen» (Professor Alf Mintzel) kennzeichnen seine Texte. Benutzt er einen konkreten Ausdruck, verwischt er ihn sofort durch Zusätze wie «in weitester Auslegung» oder «auf der größtmöglichen Basis». Lieber verwendet er drei schwammige Begriffe als einen präzisen. «Wieselworte», nennt er diese Art von verblasener Sprache, wenn er sie bei seinen politischen Gegnern entdeckt. Präzise wird Franz Josef Strauß nur, wenn es gilt, sich eine Hintertür offenzuhalten.

Er verschleift jede Einschätzungsmöglichkeit, entwertet den überlieferten Sinngehalt von charakterisierenden Kennzeichnungen, indem er ihnen einen subjektiven Kontext gibt. Ein typischer Strauß-Satz: «Konservativ sein heißt, an der Spitze des Fortschritts marschieren.» Eine typische Strauß-Parole: «Roter Faschismus».

Auch gibt es in der Wortwelt des Franz Josef Strauß nichts Unbedeutendes. Immer ist alles epochal, säkular, historisch, schicksalhaft, fundamental, ob der Zweite Weltkrieg oder der 42. CSU-Parteitag. Am liebsten gründelt er: Dumpf hallen die Grunderwartungen und Grundrechte, Grundgefühle und Grundhaltungen in seiner Sprache. Neunmal in einer Minute beschwor er auf dem letzten CSU-Parteitag die Grundlagen, viermal waren sie gar «werthaft». Alles verwischt sich. Fakten, Meinungen. Halbwahrheiten. Geschichte und Gegenwart. Ernst und Spaß. Einen Überblick bekommt man erst durch das Detail, Kenntnis von Details legitimiert zugleich den Höhenflug.

Die Erde hat Strauß fest im Griff, sie schrumpft und dehnt sich nach seinem Belieben. Einerseits liegt jeder Konfliktpunkt gleich «vor der Haustür», ob Pakistan oder Südafrika, zugleich variiert das eigene «Vaterland» nach

Bedarf. Mal ist es Bayern, mal Europa, mal Deutschland. Und das in jeder Größe – bis zur Elbe, bis zur Oder, bis Königsberg. Wie der Zeus wirklich aussieht, der hinter solchen politischen Wolkengespinsten donnert, das wüßte man gern. Was treibt diesen Mann, daß er sich seine eigene Welt aus Worten bauen muß?

Die Bürger der Bundesrepublik halten Strauß für eine starke Führernatur, für energisch, durchsetzungsfähig, hart und kämpferisch. Und er selbst? Halbherzig distanziert er sich von den öffentlichen Legenden – «Ich bin kein Heiliger, aber auch kein Dämon» –, aber er hütet sich, ein anderes Bild dagegenzusetzen.

Dabei scheint es nur allzuoft, als beschreibe er sich ganz unverschleiert selber. «Ich bin ein Intellektueller», sagt er beispielsweise. Auch: «Ich bin ein Konservativer.» Er stellt sich als ein Radikaler vor, als Liberaler, als Christ, als Demokrat. Aber auch: «Ich bin ein Deutschnationaler und fordere bedingungslosen Gehorsam.» Historiker ist er, Philologe, Theoretiker, Analytiker, Politiker, Pragmatiker, alles nach eigener Aussage.

Was für ein Bild gibt das? Gar keins. Nicht einmal als unvollständiger Satz von Puzzleteilen will das ineinander passen. Der ist «alles, also nichts», pflegt Strauß in solchen Fällen über andere zu sagen. Um klarer zu sehen, muß man sich schon an seine Dementis und Negationen in eigener Sache halten. Ganz offenbar weiß Strauß – ob nun in seiner Politik oder über sich selbst – sehr viel genauer, was er nicht sein will, als was er ist.

«Ich bin doch kein Depp», sagt er. «Ich verliere nicht die Kontrolle.» «Ich bin doch nicht größenwahnsinnig.» «Ich leide nicht unter Verfolgungswahn.» «Ich bin kein Prozeßhansel.» «Ich bin kein Gefälligkeitshanswurst und kein Publikumsbajazzo.» «Ich bin doch nicht infantil.» «Ich bin doch nicht Iwan der Schreckliche.» «Ich bin kein Alkoholiker und kein Quartalssäufer.» «Ich heuchle nicht.» Das sind verräterische Verneinungen. Welche Ängste und

Selbstzweifel muß einer haben, der denkt, daß andere so von ihm denken? Ob ihm der Mensch viele Rätsel aufgebe, hat ihn einmal Walter Henkels gefragt. Strauß: «Unendlich viele. Ich mir selber auch.»

Aber immer geht bei solchen Gesprächen spätestens an dieser Stelle der Vorhang runter. Seine Menschenkenntnis, hat er oft geklagt, sei schwach entwickelt. Wie sollte es auch anders sein bei einem, der es so rigoros ablehnt, sich Klarheit über die eigene Person zu verschaffen? Nach außen jedenfalls rettet sich Strauß in die vorgeschobene Gewißheit: «Daß ich in einem gewissen Teil der ... Publizistik ... gründlich mißverstanden und verkannt worden bin.» Basta.

Wenn ihm gar jemand mit «Motivforschung psychoanalytischer Art» kommt, dann wird Franz Josef Strauß fuchsteufelswild. «Schlechthin dummes Geschwätz», faucht er dann, «purer Blödsinn». Denn der Mann, der sich wie kein anderer Bonner Politiker sorgt um die «Wiederherstellung eines normalen Geisteszustandes» im Lande, der wie niemand sonst seine Gegner als Irre, Narren, Geisteskranke und Hirngeschädigte verketzert, pathologische Vorstellungen und Gefühle bei ihnen vermutet, ihnen den Gang zum Psychiater nahelegt, ihnen Größen- und Verfolgungswahn nachsagt – dieser Mann hat mit «Seelenforschern» nichts im Sinn. «Tiefenpsychologische Forschung» hat für ihn angeblich «denselben Wahrheitsgehalt, wie wenn Sie aufs Oktoberfest gehen und sich von einer Wahrsagerin aus den Karten Ihre Zukunft ablesen lassen.»

Man muß nicht Psychoforscher sein, nicht einmal – wie Strauß laut «Bild» – Goethes «Faust» im Kopf haben, um das Gefühl zu bekommen, daß der Bayer zwei Seelen, ach, in seiner Brust trägt. Alle seine Mitarbeiter und Freunde berichten, oft mit verblüffender Selbstverständlichkeit, daß es «natürlich» zwei Sträuße gäbe.

Die offenkundigen Gegensätze des CSU-Chefs sind ungezählte Male beschrieben worden: hier der intellektuelle, dort der emotionale Strauß, der Zauderer und der Draufgänger, der charmante, gemütliche Strauß und der grobe, tückische Holzer. Daß in ihm ein permanentes Zwiegespräch abläuft, bleibt nicht sein Geheimnis. Wie Strauß mit sich ringt, sich ins Wort fällt, sich anfeuert und sich anzweifelt – wem wäre das nicht in jeder seiner öffentlichen Reden aufgefallen.

So weiß jeder Strauß-Kenner längst, daß die Einleitung, er wolle über irgend etwas nicht reden, der Auftakt zu längeren Ausführungen genau über dieses Thema ist. «Ich möchte dazu hier nicht Stellung nehmen», sagte er im Dezember im Bundestag, um fortzufahren: «Ich könnte es aber sehr wohl tun und werde es im Zusammenhang mit einer Bemerkung, Herr Bundeskanzler, die Sie über mich ... gemacht haben, kurz tun.» Nicht nur der verstorbene SPD-Wehrexperte Hans Merten hat die Erfahrung gemacht, daß man mit Franz Josef Strauß ganz ausgezeichnet verhandeln und diskutieren kann, daß es aber auf einmal, besonders, wenn weiteres Publikum sich einstellt, «dann plötzlich nicht mehr er ist, der redet, sondern es redet aus ihm.» Jeder, der mit ihm zu tun hatte, kennt das. Dann blickt Strauß, wie umgeschaltet, plötzlich durch seinen Gesprächspartner hindurch, antwortet auf Fragen, die er sich selber stellt, und verteidigt sich mit zunehmender Lautstärke und Leidenschaft.

Was da abläuft, hat Franz Josef Strauß einmal «Jasmin» angedeutet, als er von Träumen berichtete, die ihn heimsuchten, nachdem er sich 1968 das Rauchen abgewöhnt hatte. Da habe ihn im Traum ein «Mordszorn» auf sich selbst befallen, weil er rückfällig geworden sei. Strauß über sein geträumtes Erlebnis: «Ich sage mir: Du Scheißkerl hast es wieder nicht geschafft, bist wieder zu willensschwach gewesen, um das bißchen da durchzuhalten.»

Das also ist «ein Mensch mit seinem Widerspruch», als den sich Franz Josef Strauß mit einem Zitat von Conrad Ferdinand Meyer am häufigsten und zutreffendsten zu beschreiben pflegt: Der «Scheißkerl» hier und der «Primus» dort, jener lebenslange Klassenerste, als der sich der bayrische Aufsteiger von frühester Kindheit bewähren zu müssen glaubte. Wer kennt sie nicht, die beiden Stimmen in sich selbst. Die zwei Sträuße aber haben sich nie versöhnt, nie hat der Bayer so etwas wie ein inneres Gleichgewicht gefunden. Ruhe, Ausgeglichenheit, Gelassenheit sind Begriffe, die niemanden zur Beschreibung von Strauß in den Sinn kommen.

Eine Einheit seiner Person stellt Franz Josef Strauß immer erst rückwirkend her – durch Selbstzitate und Selbstinterpretationen seines widerspruchsvollen Verhaltens in der Vergangenheit. Der Bayer klittert nicht nur die Geschichte, er klittert auch sich selbst zusammen. Darum ist die Person Strauß wichtiger als seine Politik. Seine politischen Taten und Thesen sind nur Reflexe seiner inneren Spannungen, er degeneriert die Welt zum Projektionsfeld seines persönlichen Widerstreits. Alexander Mitscherlich hat das 1970 beschrieben, inzwischen kann es jeder sehen.

Wer aber meint, die Person Franz Josef Strauß sei eine Sache, seine Politik eine andere, und beides müsse voneinander getrennt gesehen werden, der verkennt – so hat der Gießener Psychoanalytiker Horst Eberhard Richter unlängst gewarnt –, «daß gerade ausgeprägte Persönlichkeiten stets aus innerer Konsequenz die Politik zu machen gedrängt sind, die zu ihrem Charakter paßt.» Das innere Ungleichgewicht eines Kandidaten für das Kanzleramt ist gewiß nicht dessen Privatangelegenheit. «Primus» zu sein, immer und überall der Erste, Beste und Größte, ist die selbstverordnete Lebensaufgabe des jetzigen Kanzlerkandidaten. Er hat das früh mit auf den Weg gekriegt.

Der Beste war Franz Josef Strauß schon, als er 1915 in der Schellingstraße 49 in München zur Welt kam – Mutters Bester und Vaters Bester. Denn nach zwei Töchtern hatten der Metzgermeister Franz Joseph Strauß und seine Frau, die Bauerstochter Walburga, endlich einen Erben für ihr Geschäft am kleinbürgerlichen Rand des Künstlerviertels Schwabing.

Strauß hat seine Jugend früher am liebsten totgeschwiegen. Noch heute redet er vorwiegend in allgemeinen Wendungen darüber, daß er aus «sozial bedrängten Verhältnissen» komme. Auf Zwischenrufe wie «Schlachter» reagiert er wütend. Ein Scheißkerl, wer ihn an den Mief der frühen Jahre erinnert. Schließlich hat er es – wie er jüngst in Passau prahlte – «durch Können, Fleiß und Leistung im Leben zu etwas gebracht». Als wenn das, in Passau oder irgendwo sonst, jemand angezweifelt hätte – außer vielleicht er selbst.

Schließlich ist sein Werdegang in mehreren abgesegneten Biographien festgeschrieben. Wie der geistliche Herr, Professor Johannes Zellinger, wie im Auftrage Gottes, dem Metzgermeister Strauß seinen Sohn für die höhere Bildung abschwatzte, wie der Junge diese im Grunde nie verhohlene Enttäuschung des Vaters mit Bestleistungen bezahlen mußte (ein Stil, den er heute an seine Kinder weitergibt), das gehört zu den festen Bestandteilen der Legende vom saftigen aber nahezu heiligen Franz Josef, mit der die CSU seit Jahren ihre Wahlkämpfe bestreitet.

Es ist eine Legende gegen den eigenen Zweifel. Zu deutlich hat Strauß wohl von seinen Mitschülern auf der Münchner Elite-Schule, dem Max-Gymnasium, seine gesellschaftliche Außenseiterrolle zu spüren bekommen. Und selbst wenn sie es ihm nicht zeigten, dann hat gewiß er gefühlt, daß Herkunft, Aussehen und Lebensstil ihn für einen Umgang von gleich zu gleich mit seiner neuen Umwelt disqualifizierten. Anerkennung konnte sich Strauß durch Leistung erwerben, Achtung und Liebe nicht. Da behalf er sich mit Anpassung, verschaffte sich Protektion durch besonders hingebungsvollen Dienst für seinen Förderer, Professor Zellinger, dem er bis zum Abitur ministrierte.

Fotos aus der Jugend und Jungmännerzeit zeigen einen Strauß mit glattem, ausdrucksarm-gefälligem Gesicht. Ludolf Herrmann hat das vor allem der katholischen Erziehung zugeschrieben, die den Verzicht auf eigenen Charakter, auf Spontaneität zugunsten von Konventionen fordert. Das deutliche Unverhältnis zu seiner Körperlichkeit rührt wohl aus dieser Zeit aufgezwungener Askese. Das Gesicht des jungen Strauß spiegelt aber überdies das Bestreben des Aufsteigers nach Anerkennung wider, der zu Hause und in seinem Werdegang gelernt hat, daß Ansehen etwas ist, was einem andere geben, wenn man es ihnen nur recht macht.

Der Karriere mag solche Einstellung förderlich sein, der Selbstachtung nicht – der «Scheißkerl» Strauß war immer dabei, wenn der «Primus» Erfolge errang. Eine selbstdestruktive, selbstbestrafende Haltung ist ihm zeitlebens eigen gewesen. Aber noch heute gibt es auch den damals gezüchteten artigen Strauß – ein auffälliger Kontrast zu dem politischen Bullerjan in der öffentlichen Arena. Der macht in Gesellschaft keine Verbeugung, sondern einen Diener. Der steht auf, wenn er gefragt wird, der ist auf linkisch-rührende Weise zuvorkommend als Gastgeber und gegenüber Damen.

Es war wohl auch diese stets auf vorgegebene Umstände reagierende, vorsichtige Anpasserhaltung, die Strauß durch Nazizeit und das Militär im Zweiten Weltkrieg geleitet hat. Er versuchte es seinem Hitler-feindlichen Vater recht zu machen, ohne seinem eigenen Ehrgeiz allzusehr zu schaden. Ihn als einen exponierten Nazi zu beschreiben, ist sicherlich so verfehlt wie als heimlichen Widerständler.

Sein Fortkommen sicherte dem jungen Strauß aber vor allem seine Intelligenz. Er war Primus von der ersten bis zur letzten Klasse, absolvierte das berühmte Max-Gymnasium mit dem besten Abiturnotendurchschnitt Bayerns, legte auch Referendar- und Assessor-Examina für das höhere Lehramt mit Bestnoten ab. Mit diesen Leistungszeugnissen legitimiert Franz Josef Strauß noch heute sein gesellschaftliches Mitspracherecht. Seiner selbst unsicher, wie er geblieben ist, streicht Franz Josef Strauß bis auf den heutigen Tag auch andere bürgerliche Statussymbole mit einer Aufdringlichkeit heraus, wie kaum ein anderer Bonner Politiker, obwohl doch fast alle einen ähnlichen gesellschaftlichen Hintergrund haben.

Niemand macht von seinem Doktor honoris causa so reichlichen und ungenierten Gebrauch wie Strauß. Von jedem in seiner Umgebung läßt er sich mit Herr Doktor anreden, am liebsten wäre er eben selbst Professor geworden. Nichts hat ihn so gewurmt bei der Zusammenarbeit mit Karl Schiller, als Plisch und Plum in der Großen Koalition, wie der Mangel an akademischer Gleichrangigkeit – Schiller war Professor und er nicht mal Doktor. Da sah er gleich seine Kompetenz in Frage gestellt: «Ich bin nicht der wirtschaftliche Halbtrottel, der sich neben dem Genie Schiller wie ein kleiner Bub ausnimmt, der mit der Blechtrommel neben der Militärkapelle herläuft.»

Seine Abhängigkeit von Titeln und Institutionen – das ist der Stoff, aus dem in Bonn und München die Anekdoten sind. Sie haben komische Züge. Ein Parteifreund erinnert sich, wie der CSU-Chef einmal aufrecht und stramm vor seinem Schreibtisch am Telefon gestanden ist. Hin und wieder nickte er in den Hörer: «Jawohl», sagte er, «dös mach ma. Ja. Wird gemacht.» Als er den Hörer aufgelegt hatte, schickte er noch eine letzte Verbeugung hinterher. Auf die erstaunte Frage des Augenzeugen, mit wem er denn da telefoniert habe, sagte Strauß bedeutungsvoll: «Kanzleramt, Wischnewski.» Lustig? Die Geschichte hat, wie ältere Strauß-Kenner sich aus dessen Bonner Zeit als Verteidigungsminister erinnern, schlimme Kehrseiten. Damals schurigelte er Polizisten, Flugkontrolleure und Staatsanwälte. Sein Anspruch: «Ich lasse mich doch als Minister nicht behandeln wie eine Marktfrau.»

Zivile Rangabzeichen sind für Strauß immer Erfolgssignale, von denen sich Vorrechte ableiten lassen. Deshalb muß er seine Bildung immer beweisen, würzt seine Rede mit lateinischen Zitaten und historischen Belegen – ein Neureicher der Bildung. Wenn Strauß davon spricht, daß er Historiker ist, dann pflegt er hinzuzufügen «mit Staatsexamen», manchmal sogar «mit mehreren Diplomexamen». Wenn er sich als Pilot vorstellt, dann sagt er stets «mit Instrumenten-Lizenz». Unvergessen ist die disqualifizierende Frage des heutigen Kanzlerkandidaten an einen Münchner Studenten: «Haben Sie überhaupt Abitur?» Immer aufs neue nervt er seine Mitarbeiter in der Münchner Regierung: «Seid's ihr überhaupt im Gymnasium gewesen?»

Keine Rede ohne lateinische Zitate, keine politische Aussage ohne historische Belegstelle. Im Gespräch mit dem Papst habe er «Irrtümern durch Verwendung der lateinischen Sprache vorgebeugt», tat er sich wichtig. Seine Pressekonferenzen sind manchmal nur noch Journalisten mit mindestens Kleinem Latinum verständlich, mit all ihren «mutatis mutandis» und «pacta sunt servanda». Seit seinem nachgeholten Kurzstudium der Volkswirtschaft in Innsbruck, das er nicht beendete, würzt er seine Reden außerdem mit volkswirtschaftlichen Fachtermini. Strauß: «Das Problem der costs-effectiveness, der höchsten Kostenergiebigkeit ... das Kostenoptimum ist doch der Punkt, wo sich die Stückkostenkurve mit der Grenzkostenkurve schneidet.»

Am nachdrücklichsten hat Strauß seine Selbstbestätigung durch Gelderwerb betrieben. Schon als Student hatte er 2000,– Mark zusammengespart. Heute wird sein Vermögen auf mehrere Millionen geschätzt. Wenn er als junger Bundestagsabgeordneter vom Rhein nach München zurückfuhr, pflegte er seinen Kollegen genüßlich seine prall gefüllte Geldtasche zu zeigen. Er ließ sich seine Diäten bar auszahlen. Er mußte sehen und zeigen können, wieviel er wert war.

Seine besten Freunde sind nicht Politiker oder Studienkollegen, es sind Selfmade-Millionäre wie er. Aufsteiger, die ihr Glück zu Lebzeiten und in dieser Republik gemacht haben. Sie haben mehr als er, erkennen ihn aber doch als den Primus an: Der «Wienerwald»-Hühnerbrater Friedrich Jahn, der ihm nach gelernter Kellnerart noch den Stuhl mit der Serviette säubert, der Anzeigen-Aquisiteur Walter

Schöll, der Hotel- und Kaufhauskönig Jost Hurler, der Wurstfabrikant Josef Merz. Sie können alles kaufen, was in dieser Welt für Geld zu haben ist und Ansehen signalisiert: Jagdgebiete, Luxusquartiere, Flugzeuge, Frauen. Und er, Franz Josef, gehört dazu.

Titel, formale Bildung, Geld – so grotesk diese bürgerlichen Erfolgsabzeichen manchmal in seine welthistorische Selbststilisierung hineinragen, so hartnäckig klammert er sich daran. Noch als Kanzlerkandidat kann er unvermittelt und ganz ernsthaft sagen: «Ich, wann ich gewollt hätt, ich könnt jetzt Stadtschulrat von München sein.» Gewiß, sein privates Leben kennt Luxus, ist mit Extravaganzen vertraut, vom Urlaub auf der Luxusyacht bis zur Elefantensafari. Aber das bleibt doch gehobener Neckermann-Reisestil.

Im Grunde ist sein Leben bieder geblieben, auch wenn Strauß die Heirat mit Marianne Zwicknagl, Tochter des Brauereibesitzers aus Rott am Inn, in bayrischen Augen eine Portion bürgerlichen Landadel eingetragen hat. Umgangston und heimische Umwelt mit gestickten Kissen, Zinnbechern und Geweihen ist so spießig geblieben, wie die Ausflüge daraus. Seine Sexaffären, seine Alkoholexzesse, alle genüßlich kolportiert, haben ihn nie zum Playboy gemacht – nur zum Biedermann auf Abwegen.

Es ist keineswegs bloße Unkultur, wie manche glauben, die den Bayern instinktiv veranlaßt, sich an seine Bürgerlichkeit zu klammern. Er braucht die festen Umrisse, die sichere Umgangs- und Bezugswelt als Fluchtburg in der Welt der Politik, die er durchaus als «Wagnis», ja, «Abenteuer» empfindet – nicht erst seit der SPIEGEL-Affäre.

Welcher Teufel aber hat ihn geritten, diesen sicheren Boden überhaupt zu verlassen und sich in die Politik zu wagen? Er hat, Franz Josef Strauß sagt es inzwischen mit gutturaler Routine, «nie beschlossen, Politiker zu werden.» Die Aussage darf man glauben. Einmal ist er, wie Millionen andere, mit Kriegsende einfach auf neue Bahnen geraten. Zum anderen hat er wohl ganz selten in seinem Leben etwas «beschlossen».

Denn sehr im Gegensatz zu seinem landläufigen Hoppla-jetzt-komm-ich-Image ist Franz Josef Strauß kein entscheidungsfreudiger Mann, eher ein Zauderer. «Er ist der am wenigsten spontane Mensch, den ich kenne», sagt seine Frau Marianne. Auch ist er keiner, der gern Verantwortung übernimmt. Um etwas zu erreichen, reagiert er auf Gelegenheiten, manipuliert an Umständen herum, sägt an den Stühlen anderer, biegt solange Situationen zurecht, bis ihm Entscheidungen zufallen. Oder er schiebt andere vor, für ihn Weichen zu stellen, manchmal nützt er einfach nur die Lage. Dann kann er sagen: «Es hat sich so gefügt», oder: «Es war mehr Zufall als Planung.» Franz Josef Strauß, man sieht es ihm an, steckt den Hals nicht heraus.

Auch für seine Kanzlerkandidatur hat er ja nicht mehr getan, als die Konkurrenten Kohl und Albrecht aus dem Wege zu räumen. Als damit – wie natürlich erwünscht – die Entscheidung auf ihn zukam, bedurfte es der gemeinsamen Anstrengung seiner Freunde Zimmermann, Stoiber, Tandler und auch wohl des «Welt»-Chefredakteurs Peter Boenisch, um ihn zum Antreten zu bewegen. Jetzt jammert er, daß er in eine «Zwangslage» geraten sei, «Konstellationen» hätten ihn zu diesem Schritt genötigt.

Daß Franz Josef Strauß Politiker wurde, ist also «eigentlich mehr von selbst gekommen». Bei Kriegsende fiel der Oberleutnant der Artillerie mit seinen selbst ausgestellten Entlassungspapieren – mit denen er einem Richter wie Hans Filbinger besser nicht unter die Augen getreten wäre – im heimischen Bayern den Amerikanern in die Hände. Die freuten sich, daß er halbwegs des Englischen mächtig war, und schickten ihn als Dolmetscher und Gehilfen zum Landrat von Schongau. Da begann der bis dahin unpolitische Strauß sich für örtliche Aufstiegsmöglichkeiten zu interessieren, beteiligte sich als Mitglied Nummer zwei an der lokalen Gründung der CSU und ließ bald Intelligenz, Wendigkeit und Redekraft merken. Eine «adlige Dame» empfahl ihn dann dem Münchner Parteioberen Josef «Ochsensepp» Müller, wie der sich erinnert. Schon bei der ersten Begegnung befand Müller: «Den nimmst du, der ist außerordentlich geeignet.»

Sein sammelndes Hirn trug wesentlich zu dieser Eignung bei. Strauß imponierte seinen Parteifreunden nicht nur mit seinem gespeicherten Detailwissen, er vergaß auch keine Einzelheiten im persönlichen Ränkespiel. Noch heute tippt er sich manchmal an den Kopf und feixt: «Hier liegen meine Akten.» Auch schien dieser Computer niemals auszufallen. Strauß mochte physisch oder psychisch noch so marode sein, sein Gehirn nahm nach Angaben von Freund und Feind zuverlässig auf und sonderte Informationen ab. «Der konnte sogar besoffen unter dem Tisch liegen, sein Kopf tickte noch», schwärmt ein langjähriger Mitarbeiter, «das ist, als ob sein Hirn ein Eigenleben führt.» So will es sein Mythos.

Mindestens ebenso wichtig wurde für Strauß seine Volksrednerbegabung. Er redet drastisch und plastisch. Noch immer vermag es Franz Josef Strauß wie kaum jemand sonst in der Bundesrepublik, komplizierte Zusammenhänge in griffige Bilder zu bringen, mit einer saftigen aufrüttelnden Diktion die Zuhörer emotional zu packen. Zudem half ihm seine Anpassungsfähigkeit. Auf ländlichen Wahlveranstaltungen redete er betulich, in krachledernem Dialekt. Mittelständische Versammlungen beglückte er mit platten Phrasen und Witzchen. Vor gebildeten Gremien bediente er sich einer aufgeputzten, mit Zitaten gespickten Akademikersprache, gewürzt mit folkloristischen Einsprengseln. Die Kombination von Intelligenz, Gedächtnis und Sprachmächtigkeit, verbunden mit seinem offenbar stets wachem Gefühl, sich selbst verteidigen zu müssen, machten ihn bald zu einem gefürchteten und bewunderten Debattenredner.

Ein unbändiges physisches Stehvermögen befähigte ihn überdies, Tag und Nacht präsent zu sein. Selbst nach schweren Freß- und Trinkgelagen – und die waren stets üblich im Leben des Bayern – war Franz Josef Strauß sofort wieder auf den Beinen, wenn er gebraucht wurde. Daß er freilich jemals besonders fleißig gewesen sei – ein Gerücht, das seine Mitarbeiter gern verbreiten –, hat er selbst dementiert.

Sein wichtigstes Kapital aber war sein im eigenen Aufstieg geschulter Blick für Situationen, die er nutzen, und für Schwächen anderer, die er ausschlachten konnte. Sein feines Gespür für Stimmungen und Atmosphäre, für Gefahren und Krisen signalisierte ihm früh Ansatzpunkte. Das machte ihn bald und bis heute nach den übereinstimmenden Urteilen nahezu aller politischen Freunde und Gegner zu einem der einfühlsamsten Analytiker, die es in Bonn gibt. Was er aus seinen Analysen für Schlußfolgerungen zieht, ist eine andere Sache.

So ausgerüstet, konnte Strauß sich schnell in der Politik nach oben spielen. Er war jüngstes Mitglied des Frankfurter Wirtschaftsrates, einer der jüngsten Abgeordneten in Bonn. Mit 38 Jahren wurde er dann auch jüngster Minister im Kabinett Adenauer, erst ohne Ressort, dann Atomminister, schließlich Verteidigungsminister. Daß diese Blitzkarriere Franz Josef Strauß einmal als jüngsten Kanzler, nach Adenauer und Erhard, ins Palais Schaumburg führen würde, galt bei allen politischen Köpfen der Republik Anfang der 60er Jahre als ausgemacht.

Damals begründete Strauß die Legende, von der er heute lebt. Er verschaffte sich den Ruf eines zwar rücksichtslosen aber effektiven Vollblutpolitikers. Er war aggressiv, ehrgeizig, geschickt, galt als tatkräftig, selbstbewußt, entscheidungsfreudig und mutig. Alle sahen in ihm, wie Adenauer, einen «ganzen Kerl».

Kein Wunder. Für einen Mann wie Strauß, einen, der mit allen Mitteln zur Selbsterhaltung im Leben erster sein muß und der sich stets so bedroht und gefährdet fühlt, daß er sich keinen Augenblick ein Nachlassen von selbstverteidigender Aufmerksamkeit erlauben kann, war die Politik ein dankbares und erfolgversprechendes Betätigungsfeld. Politische Tätigkeit sicherte ihm ein hohes Maß an öffentlicher Aufmerksamkeit und, bei Erfolg, Selbstwertbestätigung. Franz Josef Strauß begann vor allem seine öffentlichen Auftritte zu genießen. Zunächst konnte er seinen Erfolg kaum glauben. «Habe ich gefallen?» erkundigte er sich nach seinen Anfangsvorstellungen, «habe ich wirklich gefallen?» Bald maß er den Rang eines Politikers vor allem an seiner Zugkraft als Wahlredner.

Daß er in 130 Versammlungen zweieinhalb Millionen Zuhörer lockte, ist für Strauß heute ein Argument, das Kritik an Inhalten seiner Rede verbietet. Wie ein Popstar protzt er mit seiner öffentlichen Anziehungskraft – um so mehr, je verunsicherter er sich fühlt. Politiker dagegen, die nur in einem «Hinterhof eines Dorfwirtshauses die Hälfte vollkriegen, wenn's reden», oder solche, die ihr Publikum «in einem Campinganhänger unterbringen» können, die sind für Franz Josef Strauß undiskutabel. Die Neigung, Politik als eine Folge von Haupt- und Staatsaktionen zu betreiben, hat Franz Josef Strauß stets dazu verleitet, seinen Terminkalender mit zum Teil unsinnigen öffentlichen Auftritten zu überlasten. Kritiker, vor allem im eigenen Lager, vergessen, was solche Auftritte Strauß bringen. Als Mittelpunkt von Tschingderassassa und Wirbel, Unterwerfungsgesten und Lobpreisungen, Fernsehkameras und Fotoblitzen – wie sollte Franz Josef Strauß da an seiner Bedeutung zweifeln? Das Schöne an der Politik ist ja, daß Strauß schon ein Echo hat, wenn er nichts tut, sondern nur redet. Selbst wenn er nicht redet, sind das in der Presse News.

So ist die große Faszination des Franz Josef Strauß mit der Presse zu erklären, sein süchtiger Haß auf die Fabrikanten seines öffentlichen Bildes. Er ist nur etwas, wenn die Journalisten über ihn schreiben oder ihn im Fernsehen vorführen. Weil das aber nicht sein darf, ist er vor allem das Gegenteil von dem, was sie schildern. Strauß dementiert alles, bestreitet alles. Was immer über ihn öffentlich verbreitet wird, ist «Unfug». Aber er liest jede Zeile mit gieriger Aufmerksamkeit.

Verleger wie Rudolf Augstein, Axel Springer und Franz Burda hält er, so seine engsten Freunde, ernsthaft für weit einflußreicher und mächtiger als sich selbst. Nur so ist auch zu verstehen, daß er sich einerseits bei seinen politischen Gegnern in der Presse immer wieder einzuschmeicheln versucht, daß er mit ihnen «Deals» machen möchte. Andererseits versucht er sie stets einzuschüchtern, unter Druck zu setzen, vor Gericht zu zerren. Der Primus Strauß will ein schmeichelhaftes Bild von sich, ein gutes Zeugnis, das er dem eigenen Scheißkerl vorhalten kann, der ihn – wie aus seinen übertriebenen Dementis erkennbar – so mies macht, wie es kein Journalist vermöchte.

Nur zu natürlich, daß er sich sein eigenes Blatt leistet, den «Bayernkurier». Da ist er stets der Größte, hat immer recht. Daß er den Redakteuren gerne Schreibanweisungen gibt, weiß man nicht erst seit dem mysteriös abgehörten Telefongespräch mit seinem Chefredakteur Scharnagl. Bis in kleinste Nuancen der Diktion mischt er sich in die Redaktionsarbeit, ein kleinlicher Oberlehrer. Franz Josef Strauß muß seine Welt unter Kontrolle haben, muß sie notfalls so machen, wie er sie haben will. Hier liegt wohl die Wurzel dessen, was seine Gegner Machtbesessenheit nennen.

Die politische Karriere mit ihren öffentlichen Ämtern bietet ihm vorzügliche Gelegenheit, solche Kontrollpositionen legitim zu besetzen. Er bestreitet das. Es sei «eine völlig falsche Vorstellung zu glauben, daß man oben auf der Leiter viel Macht habe». Er sieht seine Macht «mehr im Einfluß meiner Persönlichkeit», nicht «in der administrativen Position». Eben darum geht es. Politische Siege bedeuten für Strauß Zuwachs an existentieller Sicherheit. Je höher er steigt, desto mehr Informationen über die Welt besitzt er, desto besser kann er sie sich zu eigen machen. Er kann die «Gabe des Wortes» richtig in der politischen Arena einsetzen – seine Beschreibung von Macht. Und je höher er steigt, desto mehr Gelegenheit hat er auch, mit mißliebigen oder unpassenden Realitäten zugleich die eigenen Selbstzweifel zu unterdrücken. Daß er sein Amt als Verteidigungsminister mißbrauchte, um den SPIEGEL mit angemaßten Polizeirechten fertigzumachen, erscheint geradezu zwangsläufig.

Daß er über diese Affäre gestürzt ist, hat ihn aber nicht gebrochen oder grundlegend verändert, nur vorsichtiger gemacht, noch mißtrauischer. Sein Sturz mußte ihm eher als Bestätigung denn als Überraschung erscheinen. Hatte er nicht zeitlebens erfahren, daß er «oben» nicht erwünscht ist? Hatte nicht der eigene Scheißkerl wieder einmal gesiegt? Er war es längst gewohnt, sich von solchen Widerständen nicht unterkriegen zu lassen. Längst auch hatte er gelernt, die Ursachen von Niederlagen, von denen er nie eine vergißt – noch nach 40 Jahren kann er sich minutenlang über eine in seinen Augen unberechtigte «Zwei» im Sportunterricht erregen –, außer sich zu suchen. Die anderen sind schuld, das «Kesseltreiben» gegen ihn, der SPIEGEL, «die Gestapo im Deutschland unserer Tage».

Das ist seine politische Lieblingsrolle: Er ist ein Opfer. Verfolger sind immer hinter ihm her. Aber er gibt nicht auf. Diese Fiktion hat ihn am politischen Leben erhalten. Es ist nicht eine Rolle, die er spielt, es ist eine, die er lebt. Schließlich verfolgt er sich ja unentwegt selbst. Aber diese Haltung bindet Gefolgschaft. Sein Durchhaltevermögen, sein Überlebenswille ruft die emotionale Solidarität aller Opfer des Landes wach. Sein Behauptungswille wird zum Markenzeichen, prägt seinen Nimbus.

Strauß pflegt mit lustvoller Wehleidigkeit alles, was er für sein Handicap hält: Herkunft aus dem Volk und aus Bayern, sein Aussehen und seine angebliche Karrierebehinderung in der Union als Mitglied der kleinen CSU. Und mit nimmermüdem Einfallsreichtum erfindet er Namen und Verteufelungsformen für die Verfolger, die mit ihm, dem «Exponenten», auch jeden guten Deutschen als Feind betrachten.

Dunkle Mächte sind da am Werk und geheime Drahtzieher. Große und kleine Brunnenvergifter, Verleumder, Hetzer, Giftköche, Dreckschleuderer und viele, viele andere stellen ihm nach. Daß die Verleumdungskampagnen gegen ihn total sind, der Rufmord perfekt, steht für ihn außer Frage. Er glaubt es und er nutzt es. Nur undeutlich werden die konkreten Umrisse seiner Feinde sichtbar, er läßt es lieber bei Andeutungen, dennoch wird klar, wo die Front verläuft.

Da arbeiten starke Teile von Presse, Funk und Fernsehen Hand in Hand mit «linksradikalen Organisationen», die wiederum bis weit in die SPD reichen, zusammen mit der überwiegenden Mehrheit der Gewerkschaften, beamteten Drahtziehern in der Regierung und Kreisen im verbündeten und neutralen Ausland, «bis in die Regierungszentralen hinein», wie ein Strauß-Mitarbeiter erfuhr. Koordiniert, geleitet und mit Material angeheizt aber wird das Ganze wie eh und je in Moskau. Daß Moskau hinter allen Verschwörungen steckt, weiß Franz Josef Strauß seit den 50er Jahren, als Waldemar von Knoeringen, damals stellvertretender SPD-Vorsitzender, ihn einmal «Parteifeind Nummer eins» genannt hatte. So ähnlich, entdeckte Strauß, sagte es auch der Sowjetpolitiker Mikojan. Die Fakten lagen für ihn auf der Hand. Die Spur hat er seither nie aufgegeben. «Ich», sagt Strauß heute wie vor 25 Jahren, «bin der vom Osten meistgehaßte Mann».

So denkt Franz Josef Strauß wirklich. Mit seiner Kurzschlußlogik, die Dinge und Akteure in der Welt nur in direktem Zusammenhang mit der eigenen Person begreift, kann er zwei und zwei zusammenzählen, wo andere Äpfel und Birnen sehen. Widersprüche in der Realität – wie etwa sein ausgedehntes Gespräch mit Breschnew, seine Anbiederei an die chinesischen Kommunisten – stören nur denjenigen, der nicht weiß, wie die Dinge wirklich zusammenhängen, die «ganze Wahrheit» nicht kennt wie er.

Strauß hat eine private Definition von Wahrhaftigkeit entwickelt: «Lüge heißt, in Kenntnis der Wahrheit – also bewußt – die Unwahrheit sagen.» Das tut er nicht. Er gibt nur «nach dem jeweiligen Stand seiner Erkenntnis» das wieder, «was er weiß». Freunde sind immer wieder verblüfft, wie er ohne Not und aus dem Handgelenk ganze Geschichten erfindet und als Wahrheit ausgibt.

Gegen die unheilvolle Verschwörung, die Strauß gegen sich wirken sieht, ist Widerstand, Kampf und Gegenkonspiration nicht nur erlaubt, sondern geradezu Pflicht. Strauß schlägt zurück, «eiskalt», wie er angibt. Er ist ein Musterexemplar der «verfolgenden Unschuld» (Karl Kraus).

In Versammlungen nutzt er Zwischenrufe oder gibt sie sich selbst, um sich in Wut zu steigern. Mit wilder Stimme schmettert er dann Anklagen und Denunziationen in den Saal, reizt zu direkter Attacke auf einzelne – «der da mit dem gelben Hemd, raus, schmeißt den raus» – oder verbreitet eine allgemeine Aggressionsstimmung, die sich in Tätlichkeiten entlädt: «Fegt zum Teufel, die Deutschland wieder in ein Abenteuer und in eine Katastrophe treiben wollen.» Da setzt es dann Prügel. Immer ist die Reaktion einkalkuliert, immer sind erweiternde extreme Schlußfolgerungen gewollt. Immer aber auch sind seine eigenen Gefühle der Wut und der Angst echt.

Sie drängen sich bis in Bereiche der Intellektualität hinein. Einen «erbarmungslosen Theoretiker» nennt Strauß sich, einen «grausamen Analytiker». Er diskutiert auch, wie er selbst eingestanden hat, mit der Wut des Verfolgers. Er setzt nach, bis er seinen Gegner «festgenagelt hat» – «so oder so». Es gibt keinen Lebensbereich des Bayern, in dem dieses Verhaltensmuster nicht durchschlägt. So jagt Franz Josef Strauß beispielsweise auch, wie die CSU-Postillen stolz verbreiten. Ihm liege nicht an romantischer Waldstimmung, er will «den perfekten Schuß». Wen wundert, daß er ein Waffennarr ist, daß der Ehrensheriff von Dallas/Texas seine Smith & Wesson im Hosenbund und seine abgesägte Schrotflinte im Auto mitführt. Ganghofer, Karl May und Mario Puzo («Der Pate») lassen grüßen.

Schutzbedürfnis, Selbstverteidigung, Angriff – wo verlaufen da Grenzen? Nicht erst seit Einzelheiten über die mehr oder weniger getarnte Standgerichtsforderung des CSU-Chefs im Krisenstab gegen Terroristen bekanntwurden, beschäftigt diese Frage die Öffentlichkeit. «Wer so spricht, der schießt auch», hatte der Altliberale Reinhold Maier schon 1958 im Bundestag über den Aufrüster Franz Josef Strauß gesagt. Was würde er erst sagen, wenn er ihn zur Terroristenhatz über den wehrhaften Staat hätte reden hören: «Unser Rechtsstaat muß endlich Zähne bekommen, und der Rechtsstaat muß zubeißen, wenn es notwendig ist, seine Gegner unschädlich zu machen.»

Franz Josef Strauß ist, fürwahr, ein wehrhafter Demokrat. Ein Demokrat, der unermüdlich seine legitimierenden Nachweise herzählt, sogar vor den Terror-Juristen der Universität in Chiles Hauptstadt Santiago: als Landrat, als Abgeordneter im Frankfurter Wirtschaftsrat und im Deutschen Bundestag, als Minister in vier verschiedenen Ressorts der Bundesregierung, als Vorsitzender einer demokratischen Partei habe er dem demokratischen Staat gedient. In der Tat ist das, so wie Franz Josef Strauß strukturiert ist, eine beachtliche Anpassungsleistung gewesen, die er in diesen 30 Jahren gebracht hat – trotz allem. Denn in den demokratischen Gremien hat er ja, wie Rolf Zundel vermerkt, tatsächlich «fast so» agiert, wie alle anderen in Bonn. Fast.

Dabei ist er trotz zahlloser Affären und Skandale ein ehrenwerter Mann geblieben. Paradoxerweise hat ihm bei der Einhaltung demokratischer Spielregeln stets geholfen, daß er die demokratischen Grundtugenden fürchtet: die offene Auseinandersetzung, die Austragung von Konflikten. Strauß kann schon das Wort Konflikt nicht leiden, er ersetzt es durch ein anderes und behauptet: «Ich war noch nie ein Mann der Konfrontation.» Nein, das ist er nicht, nicht von gleich zu gleich.

Mit Gegnern kann Strauß nur umgehen, indem er sie degradiert, entmenschlicht. Er macht sie zu Ratten, Schmeißfliegen und jaulenden Hunden, zu Tieren, «auf die die Anwendung der für Menschen gemachten Gesetze nicht möglich ist». Oder er erklärt sie zu geistig Behinderten, zu «Trägern von Gehirnprothesen», zu Rauschgiftsüchtigen. Im Parlament ist er vorsichtig, da hat er in seiner ganzen Laufbahn nur zwei Ordnungsrufe einstecken müssen. Aber auch hier dringt über Vokabular und Diktion seine Unfähigkeit durch, Andersdenkende als gleichberechtigt zu tolerieren. Er kennt nur Sieg oder Niederlage, Freunde oder Feinde. Seine Argumente schlagen den Gegner, sein Witz verletzt ihn. Unfreiwillig hat das «Mittelstandsmagazin» den sogenannten Humor des Kandidaten Strauß in einer ernst gemeinten Würdigung enttarnt: «Dieses Angriffsmittel versteht beißender als alle polemischen Rammschläge zu sezieren und läßt doch keine verbrannte Erde zurück.»

Toleranz, Offenheit, Ausgleich sind Haltungen, die Franz Josef Strauß im Wesen fremd sind. Kompromisse, als deren schneller Meister er in Bonn gilt, ärgern ihn in Wahrheit, wurmen ihn noch nach Jahren. Denn für ihn sind das im besten Falle vermiedene Niederlagen, im schlimmsten Falle verschenkte Siege. Kompromißfähig ist er ja nicht mal mit sich selbst.

Für Strauß gibt es nur oben und unten. Seine politische Laufbahn hat ihm dazu verholfen, zumeist oben zu sein. Zum Volk, aus dessen Tiefe er nach eigenen Worten kommt, steigt er huldvoll herab. Oder er solidarisiert sich «unten» mit ihm gegen jene, die ihn auf dem eigenen Weg nach oben behindern. So ist er in Bayern dieser Tage oft seine eigene Opposition, liest die Beschwerden des Volkes mit stundenlangem Behagen, um seinen Ministern eins auszuwischen. Das sichert dann wiederum seine Herrscherstellung. Meist aber fühlt er sich seiner Umwelt überlegen, zeigt es ihr: als Lehrer oder Boss, als Retter mit monarchischer oder gottähnlicher Pose: «Aus den bayrischen Bergen wird die Rettung kommen», hat Strauß verheißen, «wenn die Verflachung der Politik beginnt.»

Leicht erliegt der Versuchung zur Karikatur, wer abschildert, wie die Obrigkeitsgelüste des Franz Josef Strauß in Bayern Gestalt annehmen. Der selige Abgeordnete Filser des Ludwig Thoma scheint seinen Stil geradezu aufzunötigen, will man die Feldgottesdienste und Huldigungsfeste beschreiben, zu denen die CSU in Bayern den Strauß-Kult aufbläst. Aber das verharmlost. SPD-Politiker wie Hans-Jochen Vogel oder Willy Brandt ärgern sich im Grunde darüber, wenn sie der Verlockung erliegen, Strauß als «Alpen-Churchill» oder «Voralpen-Ajatollah» zu verspotten. «Dann ist man im Grunde schon aufgesessen», sagt Vogel. Indem der Strauß Franz Josef aber mit den Augen zwinkert, bald er den Herrscher herauskehrt: «Wo ist denn das Franz-Josef-Land?» – muß einer noch nicht denken, das sei Spaß. Ergebenheit und Untertanen-Servilität läßt er nicht nur zu. Er ermutigt sie. Sie bestätigen seine Grandeur.

Seinen bayrischen Regierungsstil beschreibt er als eine Mischung von Heinrich VIII. und Ludwig XIV. Das ist natürlich ironisch gemeint. Aber daß sich für 1980 der Haushalt für «repräsentative Verpflichtungen» in München um 80 Prozent auf 1,7 Millionen Mark erhöht, (Nordrhein-Westfalen: 300000 Mark), das ist Tatsache. Über «meine Vorgänger, die Wittelsbacher», redet Franz Josef Strauß, versteht sich, nur im Spaß. Aber daß er sein Konterfei gleich 10000mal in Silber schlagen und die Münzen als Ehrungen verteilen läßt, das geschieht im Ernst.

Er nennt sich mal «Franz Josef der Zweite» und mal «Franz Josef der andere». Sein Flugzeug heißt er «Franz Josef Airline». Das ist natürlich alles nur Ulk. Aber wie er seinem Staatsgast Hua das Gästebuch der bayrischen Regierung vorführt, darin blätternd seine bedeutenden Besucher aufzählt wie ein Briefmarkensammler seine Raritäten, das hat nicht den Hauch von distanzierender Ironie. Es ist schon «sein» Staat, dieses Bayern. Schließlich ist Franz Josef Strauß, so seine Frau Marianne, «zum Herrschen geboren, zum Dienen erzogen».

Seine Späße über die eigene Selbstherrlichkeit sind hybrid, mehr noch, wenn er vor Publikum mit seiner Gottähnlichkeit kokettiert. Gern erzählt er etwa den Witz von dem Astronauten, der im Weltall angeblich Gott zu Gesicht bekommen haben will. Strauß: «Na, der sah mir doch ähnlich?»

Daß sein Geist über den Bonnern Wassern schwebt, sein Schatten über dem SPD-Parteitag liegt – Strauß erklärt es mit Genuß. Woran sich das Volk bei der Schweinsleder- und Golddruck-Ausgabe eines Strauß-Bildbandes erinnert fühlen soll, hat der bayrische Schriftsteller Georg Lohmeier erbittert registriert: «Das ist doch sonst nur der Bibel vorbehalten.»

Franz Josef, König und Gott – ganz von ungefähr kommen die Ergebenheitsadressen seiner Umgebung bestimmt nicht. Es klingt nicht allzu scherzhaft, wenn seine Vasallen seine Allmacht, Allwissenheit, Allgegenwart beschwören. «Gib uns Hoffnung, Aussicht, Chance», bittet Landtagspräsident Franz Heubl pathetisch. «Sag uns auch weiterhin, wie es geht, damit wir es tun, jetzt und für alle Zeit», heißt das bei Alfons Goppel. «Der Mensch denkt, Franz Josef lenkt», steuert Ex-Landtagspräsident Hanauer bei. Sie können sich aber auf ihn verlassen. Er ist bei ihnen: «Fürchtet euch nicht», tröstet der Chef seine eigene Mannschaft auf einem CSU-Parteitag, und nochmals: «Fürchtet euch nicht.»

Wie ironisch-bayrisch das auch immer gemeint sein sollte (es klingt übrigens nur geschrieben nach Ironie, tatsächlich ist es bloß peinlich), es spiegelt doch wahrheitsgetreu den Geist von Herrschaft und Unterwürfigkeit, der «Chef» und Truppe verbindet. Strauß behandelt seine Mitarbeiter wie Schranzen, teilt sie ein in «Arschlöcher» und «Oberarschlöcher», und so kriechen sie auch.

Sein Generalsekretär Edmund Stoiber, den er in Präsidiumssitzungen Edmund nennt, worauf der mit Herr Ministerpräsident antwortet, bedient ihn auf Reisen wie ein Kammerdiener. Manches könne man von ihm erwarten, sagt er, «aber Sie werden nicht erleben, daß ich mich von Strauß in irgendeiner Weise absetze». CSU-Abgeordnete im Landtag von München kanzelt er ab als «fett, faul und auf Feuerwehrfesten». Die Macher der CSU-Landesgruppe in Bonn brüllt er am Telefon zusammen, daß sie den Hörer weit vom Ohr weghalten.

Seine Mitstreiter nehmen es aber keineswegs krumm, im Gegenteil. Sie sind Geist von seinem Geist, teilen seine Weltsicht und sein Mißtrauen, die meisten sind längst bar jeder Eigenpersönlichkeit. Das hat natürlich Vorteile – jeder, der in seinem Schatten dienert, ist ein kleiner Strauß nach außen. Überdies können sie «durch Anpassung viel bei ihm erreichen», wie einer sagt. Da absoluter Gleichklang mit dem Boss das Hauptkriterium der Zugehörigkeit zum inneren Kreis um Strauß ist, verwundert es nicht, wie viele obskure «Spezln» dort Unterschlupf finden und gefunden haben.

Alle in seiner männerbündlerischen Umgebung sind voll des Lobes, wie «menschlich» ihr Boss bei aller Gottähnlichkeit doch sei. Und das ist wahr – wenn seine Mitarbeiter spuren, verbreitet Strauß Kumpanen-Gemütlichkeit um sich. Auch gegenüber Außenstehenden gebietet der Bayer über einen saugenden Charme, dem man sich schwer entzieht. Die Sprache nennt solche Ausstrahlung verräterisch gewinnend.

Es ist vor allem die bayrisch-barocke Färbung, in die Strauß seinen Stil kleidet, die selbst unverhüllt autokratische Züge erträglicher zu machen scheint. Der bayrische Bundestagsabgeordnete Franz Xaver Unertl hat sich schon 1963 Gedanken gemacht, was eigentlich geschehen wäre, «hätte Franz Josef Strauß seinen Geburtsschein in Düsseldorf bekommen». Seine Folgerung: Ihm wäre vieles, wenn nicht alles, erspart geblieben. Wahr ist wohl: Strauß hätte längst von der politischen Bühne der Bundesrepublik abtreten müssen, hüllte er nicht jede Entgleisung ein in eine weißblaue Flagge.

Als bayrischer Gaudi-Bursch hat der Unions-Politiker

nicht nur im übrigen Bundesgebiet eine Toleranzbreite wie kein anderer. In Bayern besitzt er vor allem eine verläßliche politische Basis. Prompt pflegen seine Landsleute mit ihm aufzuheulen und sich kollektiv geprügelt zu fühlen, sobald Franz Josef Strauß im preußischen Bonn Niederlagen erleidet. CSU-Faltblatt: «Bayern ist oft Zielscheibe ungerechtfertigter Kritik.»

Die Opferhaltung mit der sich Strauß reflexartig vor Kritik zu schützen pflegt, wird von seinen Landsleuten als Stammesart gepflegt. Daß die Bayern sich schon seit dem Mittelalter als zu kurz gekommen betrachten, daß sie sich in der Bundesrepublik Deutschland als provinziell veralbert fühlen, dies alles ist vielfach in der Literatur beschrieben und entspricht bajuwarischem Selbstverständnis. Deshalb wurde Strauß gerade immer dann in Bayern gewählt, wenn er in Bonn durchgefallen war. Keine Frage, Franz Josef Strauß ist ein Bajuware, «echter Sohn meiner Heimat», wie er selbst sagt. In seiner Wohnung am Tegernsee etwa kann er so vollständig in ein dumpfes Heimatgefühl versinken, daß niemand auf die Idee käme, dieser Gaudi-Bursch und Bierdimpfe wolle Kanzler der Bundesrepublik Deutschland werden.

Es mag auch sein, daß seine Vorliebe für Äußerlichkeiten, seine farbigen Auftritte und polternden Reden, daß sein großzügiger Umgang mit der Wahrheit und seine Prozeßhanseleien, daß alles das und noch viel mehr ohne seine bayrische Herkunft nicht denkbar wäre. Wahr ist aber auch, daß Franz Josef Strauß sich aus Rautenmustern ein Mäntelchen gehäkelt hat, mit dem er seine unberechenbare Umtriebigkeit anheimelnd zu drapieren pflegt. «Saupreiß, bayerischer», spottet der Münchner Schriftsteller Eugen Oker.

Nach diesem Schema, das auch sein Biograph Hans Klein benutzt, sind Intelligenz, Bildung und Erfahrung ganz unverwechselbare persönliche Merkmale des Franz Josef Strauß. Fragwürdige Züge dagegen, die auch die biographischen Herrgott-Schnitzer nicht weghobeln können, laufen unter bayrische Stammeseigenschaften. Klein zitiert den Historiker Benno Hubensteiner, der über die Urvölkerschaften Bayerns berichtet, sie hätten «Lust am Auftrumpfen, Rankeln und Raufen», seien jähzornig, aufwenderisch, eigensinnig und beharrend. Dafür kann er also nicht, der Franz Josef, das hat er mitgekriegt. Nur Franz Heubl hat diese nützliche Form der Persönlichkeitsspaltung nicht gesehen. Er sieht Strauß als einen Altbayern wie andere auch – «vital, brutal, sentimental».

Nie hat Strauß selbst den geringsten Zweifel daran gelassen, daß er sich als Bayer allein unzureichend beschrieben sieht. Stets redet der bayrische Ministerpräsident herablassend und voller Verachtung über die bayrische Politik. Er verhöhnt ihre provinzlerische Enge und ihre Neigung zu klerikaler Engstirnigkeit. Die Regierung in München, bevor er ihren Vorsitz übernahm, nannte er ein «Operettenkabinett». Doch seit Franz Josef Strauß Kandidat der Union für das Bonner Kanzleramt ist, scheint er den wärmenden Schutz seiner Landsleute stärker zu suchen als je zuvor. Er drückt sich vor Bonn.

Trotz dringlicher Ermahnungen seiner Freunde, auch seiner Frau, vergräbt er sich in den Kleinkram der bayrischen Staatsführung. Seinen besiegten Konkurrenten Albrecht, der im vergangenen Jahr an die Isar gekommen war, verblüffte er mit detaillierten Schilderungen über das bürokratische Gezerre, das den Bau einer Kühlanlage für die Küche eines Bayreuther Krankenhauses begleitete.

Wie eh und je zensiert Strauß handschriftlich den «Bayernkurier», versieht er Pressemitteilungen der Landtagsfraktion mit Anmerkungen wie «Ausdruck» und «falsch», verändert er eigenhändig Ausdrücke wie «besonders» in «insbesondere», verwandelt Fremdwörter wie «explosiv» in «sprengstoffartig». Strauß flüchtet sich in Routine. Die lange geforderte Chance, endlich an die Spitze in Bonn gelangen zu können, hat ihn gelähmt, nicht beflügelt. So herzhaft er jedem seiner Konkurrenten zuvor die eigenen Möglichkeiten verbaut hat, so halbherzig macht er jetzt von seinen Gebrauch. Franz Josef Strauß, der Kandidat, ist nur noch ein Schatten seiner selbst, lebt nur noch davon, daß der Märchenglanz der Vergangenheit die Realität überdeckt.

Denn die Mechanismen, mit denen Franz Josef Strauß zeitlebens Krisen zu bewältigen pflegte, versagen ihm in seiner Kandidatenrolle den Dienst. Er sieht sich in der Tat in einer «Zwangslage» – eine Einschätzung, die seine Unions-Freunde ärgert. Immer hat er Kräfte vor allem in der Niederlage mobilisiert. Jetzt ist er, zumindest in der Union, der Sieger. Stets war er als Opfer am stärksten, wessen Opfer aber kann der Herausforderer sein?

Angst und Hoffnung, die Gefühle, die ihn selbst bewegten und mit denen er Gefolgschaft zu mobilisieren wußte, taugen nicht in der Situation einer echten Krise – es sei denn, er wolle selbst verantwortlich Auswege aufzeigen, aber das hat Strauß nie gemacht. Deshalb ist Franz Josef Strauß so moderat dieser Tage. Schürt er die Angst, rufen die Menschen womöglich nach dem starken Mann. Und das ist allemal, selbst für viele traditionelle Unions-Wähler, wenn nicht gar für Strauß selbst, Helmut Schmidt. Für ihn selbst fällt da jedenfalls nichts ab, er weiß es: «Kassandra wählt man nicht.» Und welche Hoffnung wollte er verkaufen?

Die fahrige Erbitterung, mit der Franz Josef Strauß diese Einsichten zu verdrängen sucht, andere Realitäten beschwört, sich in die Vergangenheit monologisiert, sich selbst bestätigt, wie richtig er liegen muß, weil er in seiner «begrenzten Genialität» immer richtig gelegen hat – das alles hat fast gespenstische Züge.

Franz Josef Strauß war nie souverän, dazu hat er stets zu abhängig von seinen Kontrahenten Anti-Politik gemacht. Aber seit seiner Kandidatur verliert er sich in jede Situation. Um Herr der Lage zu sein, muß er sie inszenieren wie seine Fernsehauftritte mit Professoren, die ihm Stichworte liefern für unkonzentrierte rechthaberische Monologe. Ob in Rom vor der Presse oder in Bochum vor Wählern, wann immer Franz Josef Strauß darüber höhnt, daß Bürokraten sich vom Hundertsten ins Tausendste verlieren, verliert er sich auch. Mokiert er sich über Kleinkariertes, wird er kleinkariert. Seine Debatten im bayrischen Landtag gleichen Zänkereien.

In seiner jüngsten Aschermittwochsrede in Passau sprang er in drei Minuten zwischen neun verschiedenen Themen hin und her – von Afrika auf Kernenergie, von kostenwirksamen Maßnahmen im Unionswahlprogramm auf die Nato, vom Rentenbetrug auf Afghanistan. Nach diesem Muster – hüpfend von einer vorgeformten Floskel zur anderen – improvisierte er fast drei mühsame Stunden lang. Die Disziplin und Übersicht, sich am 120-Seiten-Manuskript entlangzuhangeln, brachte er nicht auf. Statt über den Bau von 47 Munitionsbunkern bei Erlangen Auskunft zu geben, verwickelt er sich im bayrischen Landtag in eine anmaßende Vorlesung über Nato-Strategie und die «Schwelle für den Einsatz taktisch-nuklearer Waffen». Statt im März in Washington den Staatsmann herauszukehren, verlor er sich in läppische Wahlnörgeleien an Helmut Schmidt.

Im Bundestag kann er sich gerade noch über 28 Seiten mühsam an den Text seines vorbereiteten 60-Seiten-Manuskripts zum Kanzleretat halten, dann schweift er ab und breitet sich so intensiv über den Airbus aus, daß Herbert Wehner fragt, ob er denn nun wohl zu einem anderen Punkt des Haushaltes spreche. Vergangenheit überwältigt ihn unentwegt. «Denken Sie an meine Rede 1970 ... Denken Sie daran, daß ich schon 1973 ...» ärgert er Journalisten, die Steuerpläne für 1980 haben wollen. Seine Rechthaberei grenze inzwischen an Altersstarrsinn, meint Hermann Höcherl.

Die einstige Schlagfertigkeit des Bayern ist zur Reproduktion von Stereotypen verkümmert. Daß manche Argumente vertreten, wie andere Leute sich die Füße, daß es nachts kälter sei als draußen – wer kriegt das nicht unentwegt zu hören. «Immer dasselbe», höhnte ein bayrischer SPD-Abgeordneter unlängst, als Strauß im Maximilianeum seine beiden Lieblingssprichwörter wieder einmal hervorkramte: «Auch hier sitzen Sie nicht nur im Glashaus und werfen mit Steinen. Man müßte eher sagen: Im Hause des Gehenkten soll man vom Strick nicht reden.»

Müdigkeit wird deutlich. In einer großen westlichen Botschaft in Bonn war der Bayer unlängst beim Kaffee für Seine Exzellenz nicht mehr ansprechbar. In der Fernsehdiskussion mit Parteivorsitzenden vergangenes Jahr wirkte er fahrig, unkonzentriert und schläfrig. Er trinkt zuviel. Schon Adenauer hatte Strauß geraten: «Trinken Sie nie nach Mitternacht. Wenn man nach Mitternacht trinkt, dann sagt man Sachen, die man später bereut.» Er hat sich nie daran gehalten. Jetzt sind seine Freunde so alarmiert, daß sein Bewunderer Golo Mann öffentlich warnt: «Er hat einen reichen Geist, nur zuviel trinken darf er nicht.»

Er ißt auch zu reichlich. Schon früher hat er verraten: «Meine Frau sagt immer, wenn ich mich ärgere, dann esse ich zuviel. Also fresse ich, wenigstens zum Teil, den Ärger als Ärger, aber auch hochangereichert durch Kalorien in mich herein.» Heute hat er 40 Pfund Übergewicht. Gelegentliche Abmagerungskuren helfen nur kurz.

Seine Frau Marianne, Freunde sagen es, und man sieht es, sorgt sich um seine Gesundheit. Sein Blutdruck ist zu hoch. Frau Strauß achtet auf Essen, Trinken und Umgang. Zu Hause hat sie, die er «Mami» nennt, stets das Sagen gehabt, da war sie immer «Regierungschef», wie er der «Bild»-Zeitung verriet. «Ja, zu Hause ist er sanft wie ein Lamm», ergänzt Frau Strauß, während er nickt. Jetzt hat Marianne Strauß auch bei öffentlichen Auftritten immer häufiger die Regie. Sie unterbricht ihn energisch, wenn er sich in Gesprächen verzettelt, dirigiert ihn zu anderen Wartenden, bestimmt, wann fotografiert wird und wann geschwiegen.

Am liebsten macht sich der Kandidat von allem davon. Immer schon war Dr. Franz Josef Kimble auf Achse, schneller als jeder andere Bonner Politiker, zu Lande, zu Wasser und in der Luft: mit achtgängigen Rennrädern, schweren Krädern, hochgetrimmten Autos, auf Bobs und Wasserskiern in den Ferien, heute vor allem im selbstgelenkten Turboprop-Flugzeug: ein Vollgaspolitiker. Immer war seine Motorik seltsam ungezielt, heute sieht sie wie Selbstzweck aus. Was bedeutet dem CSU-Chef schon ein schneller Hüpfer «nur für 24 Stunden» an den Kongo. Alltag, das heißt für ihn: München, Frankfurt, Hannover, München zwischen Frühstück und Schlummertrunk. Nicht einer, mindestens drei, oft unkoordinierte Terminkalender halten ihn in Trab. Feierabend? Der treibt ihn erst recht an. Da hastet er durch Nacht und Wind über die Alpen, um eben mal aus der Münchner Staatskanzlei zu einem Drink in «Harry's Bar» in Venedig vorbeizugucken oder sich im Restaurant «Dodici Apostoli» von Verona zum Spaghetti-Schmaus einzufinden.

Der Himmel und seine engsten Freunde wissen: Franz Josef Strauß ist mehr Pilot und Chauffeur dieser Tage als irgend etwas sonst. «Der schläft doch kaum noch im eigenen Bett», klagt ein Mitarbeiter. Natürlich gibt er vor, dem rasenden Geschehen nachzueilen: «Wir haben keine Verschnaufpause... Wir sind im Wettlauf mit der Zeit.» Aber in Wahrheit tritt er mit Höchstgeschwindigkeit auf der Stelle. Willy Brandt hat einmal gesagt, man könne sich immer darauf verlassen, daß sich Franz Josef Strauß in entscheidenden Augenblicken selbst ein Bein stellte. Er tut es wieder. Er fällt nur nicht, weil er sich nicht vorwärts bewegt.

Seine politischen Beiträge sind fast nur noch Spiegelfechtereien. Redet er wirklich über die Regierungspolitik, wenn er sie charakterisiert als «Verdrängung der Probleme durch forsche Redensarten» und tadelt wegen ihrer «Verwendung inhaltsleerer Formeln»? Und wer ist wohl wirklich der Mann, den Strauß mit so liebevoller Hingabe beschimpft, als wär's ein Stück von ihm? Was dem Bayern zu seinem Hauptgegner alles einfällt, zu diesem Mann mit dem auswechselbaren Gedächtnis und den autoritären Allüren, das mutet sonderbar vertraut an.

Nur um die Aufrechterhaltung der eigenen politischen Lebenslüge geht es dem, sagt Strauß. Er ist von Macht besessen und voll von großschnäuziger Verantwortungslosigkeit. Skrupellos ist er im politischen Kampf, von unkontrollierter Ausdrucksweise, die über Maßlosigkeit bis zur Rüpelhaftigkeit reicht, dabei von einer naiven Selbstentschuldigungsfähigkeit, die bis zur Selbstbemitleidung geht. Größenwahnsinnig ist er in den Augen des CSU-Chefs, unbeherrscht, ungereimt. Er täuscht, wo die Wahrheit unbequem ist; verbirgt, wo Offenlegung notwendig wäre. Je nach Bedarf und Umgebung wechselt er seine politische Hautfarbe wie ein Chamäleon. Er redet schneller, als er denkt. Er zeigt ein erschreckendes Defizit an demokratischer Substanz.

Ahnt man nicht, wer hier gemeint ist? Bedarf es noch des Hinweises, daß jener Mann seine Umgebung behandelt wie Cassius Clay: Er ist der Größte? Braucht es noch des subtilen Vorwurfs, dieser von Strauß unentwegt attackierte Gegner sei im D-Zug-Tempo durchs nationalökonomische Studium gesaust und im gleichen Tempo an der Kinderstube vorbei? Muß der Bayer noch hinzufügen, daß dieser Mann seine historische Stunde verpaßt hat, sich von der Vergangenheit nicht freischwimmen kann? Jener Mann darf nicht Kanzler sein, sagt Franz Josef Strauß. Er nennt ihn Helmut Schmidt.

4

Dirk Koch

Strauß – das Sicherheitsrisiko

Außenpolitik manifestiert sich für Franz Josef Strauß, sei es für den ehemaligen Verteidigungsminister, den nach der SPIEGEL-Affäre abgehalfterten Unionspolitiker oder für den bayrischen Ministerpräsidenten in einer öffentliche Interessen und persönliche Besessenheit vermischenden Melange. Sie zu beschreiben, hat der SPIEGEL in der Vergangenheit unzählige Seiten Papier bedruckt. Sich heute bei der Beurteilung des Kanzlerkandidaten der Union allein auf sie zu berufen, hieße leichtfertig die Phalanx seiner Wahl- und Pflichtverteidiger herausfordern. Strauß von gestern – Schnee von gestern, wäre ihr Argument; und in der Tat muß einem Mann, der durchs Fegefeuer einer jahrelangen Verbannung aus hohen Ämtern in Bonn gegangen ist, zumindest zugute gehalten werden, er habe sich in der Zeit politischer Nachreife in der Provinz geändert, sei besonnener, persönlich zurückhaltender, bescheidener – schlicht staatsmännisch geworden.

Wer mithin dem Kanzlerkandidaten der Union 1980 vorhalten will, er sei auf dem Gebiet der Außenpolitik, jenem Terrain, das zu beherrschen Strauß jedem Mitkonkurrenten abspricht und sich allein zutraut, ein Sicherheitsrisiko, kann sich nicht allein auf die affärenreiche Vergangenheit des Bayern berufen. Es gilt zu belegen, daß jene blinde Kommunistenfurcht, die schon den Verteidigungsminister in den 50er und Anfang der 60er Jahre umgetrieben hat, auch den Bewerber ums höchste Regierungsamt 1980 – trotz der sammetpfötigen Gegenbeteuerungen – noch immer blind macht für eine differenziertere Beurteilung der

Kommunistenfeinde in Europa und Übersee. Es gilt zu analysieren, wo Strauß seine rechten Kampfgefährten sucht, wenn er manisch getrieben zum chilenischen Diktator Pinochet, zu den Rassisten Südafrikas reist, wenn er nach den versprengten Resten der gestürzten Diktaturen in Griechenland, Spanien und Portugal fahndet.

Daß dabei ans Licht kommt, seine Jagd auf Kommunisten, Radikale, Volksfrontverdächtige und Linksliberale lasse ihn die taktische Vorsicht im Umgang mit den zwielichtigen Verwesern der griechischen Obristen und der iberischen Diktatoren vergessen, mag noch hingehen bei einem Temperament, dem einst der Kollege aus der Großen Koalition, Karl Schiller, den «Auerhahn-Effekt» gutgebracht hatte. Jenes eigenartige zoologische Phänomen, das den Auerhahn-Mann auf dem Höhepunkt der Balz taub werden und ihn die drohenden Gefahren überhören läßt. Schwerer wiegt, daß ihn die Nähe jener politischen Leichen von gestern und Totengräber von heute verleitet zu bekennen, in welchen Reihen seine wahren Freunde zu finden sind.

Es ist jener Clan rechts vom Konservativen, der innenpolitisch einst von der NPD vertreten wurde, inzwischen vom rechten Unionsflügel geschluckt worden ist und den Strauß, soweit er ihn in Europa, Lateinamerika und Afrika aufzuspüren vermag, seiner Union als Verbündete anbändigen möchte. Wer seine Freunde jenseits der Grenzen kennt, kann ihm jene Mimikry nicht abkaufen, mit deren Hilfe er sich beim Näherrücken des Wahltages in einen oppositionellen Helmut Schmidt zu verwandeln sucht. Doch es sind nicht die alten Strauß-Züge, die unter der etwas zu dick aufgetragenen und mit jeder Gesichtsregung wieder abblätternden Schminke des Staatsschauspielers hervorlugen, es sind die Züge von Strauß '80, die Züge des wahren und einzigen Strauß – wie er war, wie er ist, wie er sein wird.

Jenes Strauß, den das Fell juckt, wenn er nur das dünne Pfeifen des Jets hört, der ihn vom heimischen Schreibtisch mit den trockenen Sachzwängen weglockt zum Wolkenschieben ohne Obligo. Mit dem Segen der CSU-eigenen Hanns-Seidel-Stiftung im Rücken, einem Bündel Spendengeld in der Brieftasche und der Aussicht auf ein Ambiente im Kreis jener politischen Neffen, die dem christsozialen Paten aus dem Abendland nicht zu widersprechen wagen. Es war nicht der alte FJS aus den roaring fifties, der als Co-Pilot der zweimotorigen Privatmaschine des Arztes Eduard Zwick aus Bad Füssing Kurs Süd, Richtung Spanien davonflog, es war der Franz Josef Strauß des Jahres 1977.

Der CSU-Vorsitzende, in Hemdsärmeln, wie immer wenn er am Knüppel sitzt, griff in seine Aktenmappe und zog ein prall gefülltes hellbraunes Briefkuvert hervor. Er reichte den Umschlag nach hinten zu Dieter Huber, seinem außenpolitischen Referenten aus der Münchner Parteizentrale. Den Inhalt, hunderttausend Mark, solle Huber in Verwahr nehmen und stets griffbereit halten.

Franz Josef Strauß war wieder mal unterwegs auf seinem Kreuzzug gegen die rote Gefahr. Huber tat, wie ihm geheißen. Ob beim Empfang der deutschen Botschaft zu Madrid, ob bei der Königs-Audienz im Palais des Juan Carlos, der CSU-Mitarbeiter hatte das Geld während des offiziellen Besuchs von Franz Josef Strauß auf der Iberischen Halbinsel Anfang 1977 immer in der Aktentasche und wartete auf den Zahlungs-Befehl. Zunächst vergebens.

Dann begab sich Strauß nach Málaga, zu seinem Duzfreund Juan Hoffmann, deutscher Honorar-Generalkonsul. Eine knappe Woche lang wollte der Bayer, so die parteiamtliche Version, auf der weitläufigen Hazienda des schwerreichen Hoffmann ausspannen. Die Sicherheitsbegleiter wurden fortgeschickt, Flugzeugeigner Zwick in einem Hotel in Torremolinos einquartiert. Nur Strauß und sein Huber waren auf Hoffmanns Landgut zu Gast. Der CSU-Chef – wie üblich, wenn er beim Generalkonsul weilt – in einem älteren Gästehaus unterhalb des an einem Hang gelegenen Hauptgebäudes, Huber in einem neugebauten Bungalow darüber. Das Anwesen, umfriedet von einer hohen Mauer, war der ideale Ort für vertrauliche Treffen.

Als erster kam Federico Silva Muñoz, einst Minister unter Diktator Franco, jetzt Anführer der reaktionären Splitterpartei Acción Democrática Española (ADE). Strauß begrüßte den Spanier überschwenglich. Die beiden kennen sich gut. Schon aus jenen Tagen, als Strauß des öfteren dem Franco-Regime seine Aufwartung machte. Gastgeber Hoffmann hatte das Abendessen anrichten lassen. Zur Tafel im hinteren Teil der geräumigen Wohnhalle, abgetrennt durch ein schmiedeeisernes Gitter, führen einige Stufen hinauf. Nach vorne geht der Blick durch das große Fenster auf Park und Schwimmbad.

Die Herren diskutierten – Konsul Hoffmann machte den Dolmetsch – die verworrene Lage in Spanien nach Francos Tod, kurz vor den ersten Wahlen. Silva, im dunklen Maßanzug, kleinwüchsig, die grausilbrigen Haare gefettet und sorgfältig gekämmt, Hornbrille mit starken Gläsern, rieb sich beim Sprechen die Hände oder kreuzte sie vor der Brust. Die Priestergesten haben dem Nationalkatholiken den Spitznamen «serpiente evangélica» (fromme Schlange) eingebracht. Silva beklagte die Vielfalt der politischen Parteien und Gruppen im demokratischen Spanien, eine starke Hand müsse her. Die Zukunft sei düster, Arbeitslosigkeit breite sich aus, die Inflation mache Riesensprünge, im Land herrsche «Weltuntergangsstimmung». Die Leute dächten nicht mehr ans Sparen, sie gäben all ihr Geld aus. Und die Kommunisten lauerten nur darauf loszuschlagen. Sogar einen neuen Bürgerkrieg hielt der Franco-Getreue für möglich. «Die großen Schlachten der Geschichte», so seine Weisheit, «haben fast immer an den gleichen Orten stattgefunden.» Er wolle versuchen zu retten, was zu retten sei, und die Rechte sammeln.

Die neue Bewegung – sieben Rechtsparteien, darunter die ADE des Silva, hatten sich kurz zuvor in der «Alianza Popular» zusammengeschlossen – könne das Vordringen der Marxisten verhindern und Spanien für die westliche Welt retten. Die Kommunistische Partei dürfe auf keinen Fall zu den Wahlen zugelassen werden. Natürlich, fügt Silva hinzu, brauche er Unterstützung, vor allem finanzielle Hilfe. Der Einsatz aber werde sich lohnen: Dreißig bis vierzig Prozent der Wählerstimmen für die Rechte seien drin.

Strauß war angetan. So sah er die Dinge auch, der Spanier sprach ihm aus dem Herzen. Der Weg zur Demokratie in Spanien gleiche einer «äußerst gefährlichen Gratwanderung». Verschlechtere sich die wirtschaftliche Lage weiter, nutze dies nur den Kommunisten bei ihrer Wühlarbeit. Der Bayer geriet in Fahrt: Der gesamte Mittelmeerraum und damit ganz Europa seien in größter Gefahr, den Kommunisten in die Hände zu fallen. Carrillo in Spanien, Berlinguer in Italien, Marchais in Frankreich – keinem dieser KP-Führer sei zu trauen. Das Gerede vom selbständigen Euro-Kommunismus – alles Humbug. Die kommunistischen Parteien in Europa, so Strauß, «das sind die Wallfahrtskirchen, die Kathedrale steht in Moskau». Schwarz in schwarz malte der Deutsche dann dem Spanier aus, welches Unheil von Jugoslawien aus drohe. Wenn Tito sterbe, breche der jugoslawische Staat mit Sicherheit auseinander. Moskaus fünfte Kolonne werde dafür schon sorgen. Dann stehe die Sowjetunion an der Adria – gegenüber die ungeschützte Küste Italiens, die Südflanke der Nato weit offen. Dann komme alles ins Rollen.

Der Generalkonsul hatte inzwischen die Tafel aufgehoben. Strauß, Huber, Silva und Hoffmann machten es sich am Kamin in der Halle bequem. Strauß hatte wenig getrunken. So sehr fühlte der Bayer sich unter engen Freunden, daß er jede Zurückhaltung aufgab: Notfalls müsse in Spanien die Armee an die Macht. In die neue Verfassung solle, so der CSU-Vorsitzende, ein Passus aufgenommen werden, daß bei Versagen der Regierung den Militärs die Staatsführung zu übertragen sei. Ähnliche Bestimmungen gebe es in Chile, Portugal und der Türkei.

Strauß war gut präpariert. In einem Lagebericht vom 14.

Juni 1976 hatte der frühere Spanien-Repräsentant der CSU-eigenen Hanns-Seidel-Stiftung, Georg von Gaupp-Berghausen, der Armee eine besondere Rolle zugewiesen: «Die Aufgabe des Heeres ist die einer bewaffneten Gewerkschaft für die Freiheit. Hier hat vielleicht auf der Iberischen Halbinsel eine für ganz Europa neue entscheidende Entwicklung begonnen, die diesen Eckpfeiler Europas auch zu einem neuen Eckpfeiler der Freiheit werden läßt.» Das Sechs-Seiten-Papier trägt oben auf dem ersten Blatt einen Schrägstrich in blauem Filzstift – so wie ihn der CSU-Vorsitzende üblicherweise macht, wenn er heikle Papiere abzeichnet, auf die er nicht seine Paraphe «St» samt jeweiligem Datum setzen mag.

Jahrzehntelang hatte Spanien unter der Diktatur des Generalissimus Franco gelitten. Und als dann das Land behutsam begann, sich endlich in eine Demokratie zu wandeln, da kam aus Bayern der Vorsitzende der CSU daher und empfahl, für alle Fälle ein Militärregime in der Verfassung zu verankern. Verfassungskonform sollte eine Herrschaft der Armee schon sein, den Anschein der Rechtmäßigkeit hat Strauß stets gewahrt sehen wollen.

Vor gut drei Jahren redete der heutige Kanzlerkandidat der Union der «bewaffneten Gewerkschaft für die Freiheit» das Wort, weil er Spanien, unter Franco als Eckpfeiler der Freiheit gepriesen, vor den Kommunisten gerettet sehen wollte. Daß der «Bayernkurier» dem sterbenden Diktator nachtrauerte und von der «beklommenen Stille» phantasierte, die sich in Madrid beim Tode des Caudillo ausgebreitet hätte, paßt in Straußens Weltbild.

Das also ist die wahre Überzeugung des Mannes, der in Bonn die Macht übernehmen will: In zahlreichen Ländern des Westens, die sich mit der Demokratie schwertun, wäre die Militärherrschaft die bessere Lösung, würden die Generale eher für Ruhe und Ordnung sorgen. Das Feindbild wäre wieder fixiert; die Kommunisten, die es innerhalb und außerhalb abzuwehren gilt, rechtfertigen allemal scharfes

Durchgreifen. Strauß hält die Demokratie mit all ihren Mängeln für lebensgefährlich schwach, kaum geeignet, auf Dauer gegen den Kommunismus zu bestehen. Daß Demokratie nicht viel taugt, führte er erst im Januar 1980 im Bundestag am Beispiel der USA vor. Geradezu bewundernd sprach er da von der sowjetischen «großartig angelegten ... globalen Machtstrategie, der gegenüber die Vereinigten Staaten von Amerika im äußersten Fall von Präsidentenwahl zu Präsidentenwahl, das heißt, wenn die Folgen der einen Wahl überwunden sind und der Vorschatten der nächsten Wahl noch nicht wieder zu stark wird, dann gelegentlich eine kurzatmige, hektische Gegenstrategie entwickeln».

Seine Skepsis gegenüber den Schwächen der Demokratie wurzelt tief. Wenn sich Strauß zur Demokratie bekennt, dann wünscht er sie sich als «kämpferische Demokratie». Nur ja nicht soll sie von jener weinerlichen Art sein, die er bei den Amerikanern sieht, «die immer noch mit ihren Passionsspielen als Folge des Vietnam-Albtraums und des Watergate-Komplexes beschäftigt sind».

Dagegen macht ein «knallharter Soldat» wie Chiles Augusto Pinochet eine ganz andere Figur. Kaum hatte Strauß 1977 der Militärregierung in Santiago seine Aufwartung gemacht, interpretierte das chilenische Außenministerium die Sprüche des deutschen Besuchers, «daß er ... keinerlei Zweifel daran habe, daß Chile ein demokratisches Land ist, zu dem man in den letzten vier Jahren noch die fundamentalen Konzepte der deutschen Demokratie hinzugefügt hat: Disziplin, Respekt und Arbeitseifer».

Strauß machte sich nicht einmal die Mühe, seine Sympathien für herrschende Militärs zu verbergen. Die Putsch-Obristen in Griechenland hatten sein Wohlwollen, weil sie stramm antikommunistisch waren. Selbst als die Junta gestürzt war, hielt der Bayer zu ihr. Bei einem Treffen mit dem neuen griechischen Ministerpräsidenten Konstantin Karamanlis warnte der CSU-Boss vor strafrechtlicher Verfolgung der Obristen, weil so nur unnötig neue Wunden gerissen würden.

Chiles Pinochet kommt in Straußens Sicht das historische Verdienst zu, mit dem Sturz des Marxisten Salvador Allende den südamerikanischen Subkontinent vor den Kommunisten gerettet zu haben. Die seien, dank Pinochet, «hundert Meter vor dem Ziel» gescheitert. Bezeichnend, daß er Pinochets Truppen mit den Militärs verglich, die nach dem Ersten Weltkrieg in Deutschland auf ihre Art für Ordnung sorgten. So wie 1919 nach den Putschversuchen in der Heimat, erzählte der Reisende, sei auch in Chile jeder, der mit einer Waffe in der Hand angetroffen worden sei, sofort erschossen worden.

Bei solchen Verdiensten um die Freiheit war Strauß nur zu leicht bereit, über die Schönheitsfehler des Generalsregimes hinwegzusehen. Es sei «autoritär, nicht totalitär». Und es würde nicht mehr «wahllos gemordet und gefoltert». Immerhin räumte Strauß ein, beim Umsturz 1973 sei es «nicht freundlich zugegangen». Aber was soll's: «Wenn die Militärs eingreifen, ist das etwas anderes, als wenn die Franziskaner Suppe verteilen.» Und wenn die Menschenrechtsverstöße seiner Verbündeten im weltweiten Kampf gegen die Kommunisten noch so haarsträubend sind, Strauß verschließt die Augen. Zaires Präsident Mobutu herrscht mit brutalem Terror in dem zentralafrikanischen Staat, aber er steht für Strauß auf der richtigen Seite, beim Westen. Und wenn Mobutu 2000 seiner Gegner durch das Versprechen einer Generalamnestie ins Land lockt und schon beim Überschreiten der Grenze umbringen läßt, dann hat Strauß dafür nur die Bemerkung übrig: «Ich kenne die Fehler, die gemacht worden sind.»

Der Antikommunismus macht den Kanzlerkandidaten blind für eine sich wandelnde Welt, verführt ihn zu krassen Fehlurteilen. Jahre hindurch hat Strauß auf die weißen Rassisten und ihre schwarzen Vasallen in Rhodesien gesetzt, für ihn ein Bollwerk des freien Westens im südlichen Afrika. Mitte 1978 noch prophezeite Strauß, der sich für einen Afrika-Kenner hält, «daß die Anführer der sogenannten Patriotischen Front, Mugabe oder Nkomo, nicht darum kämpfen, bei einer freien Wahl in Rhodesien zugelassen zu werden. Sie wollen überhaupt keine freie Wahl, weil sie genau wissen, daß eine haushohe Mehrheit der Schwarzen hinter Bischof Muzorewa, Reverend Sithole und Chief Chirau steht.» Heute regieren Premier Mugabe und sein Innenminister Nkomo in Salisbury, nach einem überwältigenden Wahlsieg.

Die Neigung des Bayern, die Welt in Gut und Böse aufzuteilen, in Feinde und Freunde, reichte vielleicht noch zu Zeiten des Kalten Krieges gerade hin, um Außenpolitik im Schatten der Amerikaner zu betreiben. Strauß aber ist nicht fähig und nicht bereit, die Schablonen von vorgestern aus der Hand zu legen. Strauß ist ein Politiker der Vergangenheit. Seine Hilfsaktion für die Rechtsextremen in Spanien hat es einmal mehr belegt. Er setzt auf Kräfte, die ihre Zukunft hinter sich haben.

Damals im Hause Hoffmann, spät in der Nacht, Silva schickte sich zum Aufbruch an, winkte Strauß seinen Begleiter Huber zu sich und flüsterte, er solle jetzt von dem Geld 50000 Mark herausholen; aber so vorsichtig, daß Silva nicht sehen könne, ob noch mehr Geld im Koffer sei. Huber trat beiseite, stellte sich in eine Ecke neben den Eßtisch, hinter dem Schmiedeeisen-Gitter, klappte seine Tasche auf, öffnete das Kuvert, zählte hundert der 500-Mark-Banknoten ab, schloß den Koffer und drückte dann dem Chef das gebündelte Bare unauffällig in die Hand. Strauß reichte das Geld feierlich dem Spanier, der sich hocherfreut bedankte und die Scheine in seine Brieftasche steckte. Dies sei selbstverständlich erst der Anfang, sagte Strauß, weitere Hilfszahlungen würden folgen.

Die nächste Rate kam sofort. Während Huber an seiner Tasche gefingert hatte, war auch Strauß beiseite getreten, hatte sein Scheckheft gezogen und einen blauen Euroscheck über 50000 Mark, als Barscheck, ausgefüllt. Ein wenig ratlos erkundigte sich Silva, wie denn die Einlösung vonstatten gehe. Hoffmann sagte Beistand zu, falls es

Schwierigkeiten gebe. Er brauche aber unbedingt, so Strauß, irgendeine Quittung für die 100000 Mark. Die müsse nicht von Silva sein, auch nicht seinen Namen tragen. Den Beleg könne ein anderer ausstellen, nur die Summe müsse stimmen. Silva fragte, ob er sich gleich hinsetzen und den Empfang bestätigen solle. Strauß winkte ab, so eilig sei das nicht. Die Quittung könne später Hoffmann gegeben werden.

Silva war nicht der einzige Gesinnungsfreund, dem der CSU-Mann unter die Arme griff. Strauß streute Hunderttausende unter den spanischen Ultrarechten aus; seine Großzügigkeit stand in seltsamem Gegensatz zu den offiziellen Klagen der CSU, daß bei ihr stets Ebbe in der Kasse sei. Mindestens 160000 Mark (4829071 Peseten) flossen ausweislich einer Bestätigung der Banco Pastor Madrid vom 4. Juli 1977 an Manuel Fraga Iribarne, damals ein weiterer Hoffnungsträger der Reaktion. Das Geld an Fraga lief über Antonio Abeijón Veloso, einen engen Fraga-Vertrauten, der auch 1976 als Ehrengast am CSU-Parteitag teilgenommen hatte.

Fraga gehörte zu den herausragenden Figuren der «Alianza Popular»; von 1962 bis 1969 war er Informationsminister unter Franco. Zwar arbeitete er ein neues, liberales Pressegesetz aus, wendete es aber dann so streng an, daß die Presse in Spanien unter ihm mehr zensiert und geknebelt wurde als zuvor: Er verhängte 381 Strafen gegen Zeitungen und Zeitschriften, ließ die Abendzeitung «Madrid» vorübergehend schließen und entzog zahlreichen Journalisten, auch Auslandskorrespondenten, die Akkreditierung. Im Ministerrat stimmte Fraga 1963 für die Hinrichtung des Kommunistenführers Julián Grimau, die weltweite Proteste gegen das Franco-Regime auslöste. Fraga flog schließlich aus dem Franco-Kabinett, nachdem er 1969 die Verstrickung seiner Regierung in den «Matesa»-Skandal enthüllt hatte; damals waren mit Wissen des spanischen Kabinetts mehr als 500 Millionen Mark Staatsgelder für Exportschwindel verwandt worden.

In der ersten Regierung nach Franco wurde Fraga Innenminister und ging wieder nach altem Muster vor: Erst liberalisierte er das Versammlungs- und Demonstrationsrecht, dann handhabte er es so eng, daß sich nichts änderte. Als Innenminister war er verantwortlich für das Massaker 1976 in Vitoria im Baskenland, wo die Polizei auf streikende Arbeiter schoß – fünf Tote, zahlreiche Verletzte. Nach einem halben Jahr trat Fraga ab. Seither ermunterte er die Militärs zur Opposition gegen den reformerischen Regierungschef Adolfo Suárez.

Einen anderen, den er mit Geldgaben bedachte, kannte der CSU-Vorsitzende bis dahin nicht einmal: Cruz Martínez Esteruelas, Präsident der rechtskonservativen Union des Spanischen Volkes (UDPE), einer weiteren Splittergruppe der «Alianza Popular». Juan Hoffmann hatte ihn dem Wohltäter aus dem fernen Bayernland zugeführt. Martínez Esteruelas war Planungs-, dann Erziehungsminister unter Franco. Als Minister war er mitverantwortlich für die Todesurteile gegen fünf militante Regimegegner im September 1975.

Beim Treff in Málaga fuhr Strauß mit dem Spanier zum Mittagessen in die Berge, in ein Landgasthaus. Zurück auf der Hazienda, lief wieder das gleiche Ritual ab: Huber, der Mann mit dem Koffer, rückte die restlichen 50000 Mark heraus, Strauß schrieb wieder einen Scheck in gleicher Höhe. Der Empfänger hatte offenkundig nicht mit so viel Geld gerechnet; seine Freude zeigte es. Auch Martínez Esteruelas brauchte die Quittung nicht selbst auszustellen. Das könne ein anderer machen, so Strauß. Hoffmann solle die Belege sammeln und an Huber in die CSU-Landesleitung schicken.

Der ganze Aufwand war für die Katz. Die von Strauß mitfinanzierte Rechte schnitt bei den Wahlen im Juni 1977 enttäuschend ab. Die «Alianza Popular» erreichte statt der angestrebten 100 Parlamentssitze nur 16 und blieb unter zehn Prozent der Wählerstimmen. Die Kommunisten erreichten vier Mandate mehr. Und bei der nächsten Parlamentswahl im März 1979 schließlich verlor die wieder zersplitterte Rechte weiter an Rückhalt – sie brachte es nur auf zehn Abgeordnete.

Auch im Nachbarland Portugal war Strauß als Gönner der Rechten tätig. Seine Vorliebe für Militärs als Garanten von Ruhe und Ordnung fand der CSU-Boss in Kaulza de Arriaga bestätigt, dem früheren Oberbefehlshaber der portugiesischen Truppen in der Afrikakolonie Mosambik. Seit der Revolution gegen das Regime Salazar/Caetano versuchte der General, eine rechte Sammlungsbewegung um sich zu scharen, als Bollwerk gegen die Roten.

Vorher, in Mosambik, hatte sich Kaulza einen blutigen Namen gemacht: Als Oberbefehlshaber war er verantwortlich für das Massaker portugiesischer Kolonialtruppen in dem Dorf Wiriyamu, unweit des Cabora-Bassa-Staudammes. Kaulzas Elite-Soldaten metzelten dort 1972 die gesamte Zivilbevölkerung nieder, etwa 400 Männer, Frauen und Kinder, und verbrannten das Dorf, um die Spuren zu verwischen. Nach dem Blutbad wurde Kaulza aus Mosambik abgezogen und 1974 – in Portugal hatten linke Offiziere geputscht – ins Gefängnis gesteckt. Nach seiner Entlassung gründete der Militär zusammen mit einer kleinen Gruppe rechtsradikaler Gesinnungsgenossen den «Movimento Independente para a Reconstrução Nacional» (MIRN), die Unabhängige Bewegung für den Nationalen Wiederaufbau. Tatkräftiger Förderer des MIRN: Franz Josef Strauß.

Im Sommer 1978 klagte Kaulza einem Besucher, dem fließend portugiesisch sprechenden Partei-Referenten Huber, der MIRN stecke in finanziellen Schwierigkeiten. Das Geld, das er bisher aus der CSU erhalten habe, sei eine große Hilfe gewesen. Dann bat Kaulza den Deutschen, seinem Chef doch bitte dringlich mitzuteilen, er möge auch den Rest seiner materiellen Zusagen möglichst bald erfüllen. Die letzte Zahlung muß Kaulza 1979 erhalten haben. Denn er schreibt am 8. Februar 1979 dem «Dear Minister Strauss», er sei in der vergangenen Woche in Paris gewesen und habe erfahren, daß Strauß freundlicherweise den letzten Teil seines festen Versprechens eingelöst habe: «I was in Paris last week, and learned that you had kindly materialized the latter part of your firm promise.» Kaulza bedankte sich überschwenglich: «Let me express my thanks and my deep appreciation.»

So ist er, der Kanzlerkandidat der Unionsparteien: ein militanter Sowjetfresser, seit Jahr und Tag umgetrieben von der Furcht, das Abendland sei drauf und dran, von den Russen und ihren fünften Kolonnen geschluckt zu werden. Er hat sich nicht gewandelt, seit den Hoch-Zeiten des Kalten Krieges. Die letzte Dekade der Entspannung und des Ausgleichs auch mit den Nachbarn im Osten hat ihn nicht umdenken lassen, auch wenn er beteuert, er werde nach einem Wahlsieg die Ostverträge einhalten («pacta sunt servanda»).

Strauß ist verfolgt von übersteigerter Angst vor roter Gefahr. Der CSU-Mann 1952: «Die Russen sind das einzige Volk in der Geschichte dieser Welt, das sich in seiner Politik immer Zeit gelassen und alle Ziele auf lange Sicht und bis heute mit Erfolg verfolgt hat ... Das Fernziel ist immer das gleiche ...: Über die Zersplitterung Europas zur Bolschewisierung Europas.» Strauß 1968: «Deutschland und Westeuropa werden eingekreist, von einer strategischen Zangenbewegung ohnegleichen umfaßt.» Strauß 1980: «Die Sicherheit und die Lebensfähigkeit Europas ist heute in dem Raume von Afghanistan bis zum südlichen Afrika in Mitleidenschaft gezogen, betroffen und gefährdet.»

Permanent in Panik, wird er nicht müde, vor der Kriegsgefahr zu warnen, die aus Moskau drohe. Strauß auf dem CSU-Parteitag im September 1979: «Ich habe mehrmals gesagt, daß ich die Absichten der heutigen Sowjet-Führung nicht als auf eine große militärische Auseinandersetzung mit dem Westen abzielend beurteile, daß man aber fragen muß, ob das bei dem in absehbarer Zeit stattfindenden Führungswechsel im Kreml genauso bleiben wird.»

Inzwischen hat er auch unter den Regierenden des Westens nur noch Weichlinge und Anpasser ausgemacht. US-Präsident Jimmy Carter erntete für den neuen Konfrontationskurs gegenüber den Sowjets, der eigentlich nach Straußens Herzen sein müßte, kein Lob; statt dessen hielt ihm der Bayer zur Verblüffung der Christenunion die Fehler der Vergangenheit vor: Produktionsstopp für den B-1-Bomber, Verzicht auf die Neutronenwaffe, Einstellung der Waffenlieferungen für die Türkei und Pakistan.

Unberechenbar, wie er ist, knüpfte sich Strauß auch noch den zweitwichtigsten Bonner Verbündeten, Frankreich, vor. Die behutsamen Formulierungen im Kommuniqué des letzten deutsch-französischen Gipfeltreffens zur sowjetischen Invasion in Afghanistan sah Strauß an der «Grenze des Törichten». Dieses Urteil fällte er sechs Tage vor einem offiziellen Besuch in Paris. Kein Wunder, daß der französische Staatspräsident Valéry Giscard d'Estaing keine Lust mehr hatte, den Mann aus Bayern zu empfangen. Den Schmidt-Freund Giscard hatte der CSU-Chef schon 1976 abgeschrieben und auf die Ultras gesetzt. Damals lobte er Jacques Chirac in seiner «Wienerwald»-Rede: «Herr Chirac ist die letzte Hoffnung.» Und: «Die Volksfront kommt von Süden und von Westen. Vielleicht hätten wir sie noch verhindern können.»

Seine blinde Angst, von Kommunisten umzingelt zu werden, macht Strauß heute wie eh zum Sicherheitsrisiko, für die Deutschen und für die andren. Wenn er den Versuch fortsetzen sollte, den Westen auf Scharfmacher-Kurs zu zwingen, wäre es nicht allein mit der Entspannung in Europa vorbei, wäre auch Europa wieder Krisenherd. Schlimmer – der Zusammenhalt der Allianz müßte bröckeln. Die Deutschen würden sich selbst isolieren, wenn ein Kanzler Strauß zum Kreuzzug gegen Moskau aufriefe. In Paris jedenfalls fände er damit keinen Rückhalt. Die Franzosen werden nicht Strauß zuliebe plötzlich aufhören, ihre möglichst ideologiefreie und eigenständige Außenpolitik zu treiben.

Und die Amerikaner sind interessiert, ist der Präsidentenwahlkampf einmal vorbei, den Dialog über Rüstungsbeschränkung mit den Sowjets wiederaufzunehmen. Hinzu kommt, daß Strauß – so ein Amerika-Experte der CDU/CSU-Fraktion – «seine Kontakte zu den USA sträflich vernachlässigt» hat. Zu Jimmy Carter ist der Kontakt des Kandidaten eher verklemmt: Im März des Wahljahres 1980 als zweiter hinter Kanzler Helmut Schmidt beim US-Präsidenten zu Besuch, wirkte der bayerische Löwe am Arm des US-Fans Walther Leisler Kiep bitterböse, gehetzt, ängstlich gar.

Der Kandidat handelt nur konsequent, wenn er für eine Außenpolitik nach seinem Geschmack Verbündete dort sucht, wo allein schon stramm rechte Gesinnung eine antisowjetische Politik selbstverständlich macht. Den Abwehrkampf gegen die Sowjets und ihre Partner versucht Strauß weltweit zu organisieren, ob im Griechenland der Obristen, in Chile, in Rhodesien oder Südafrika, ob in Zaire, Saudi-Arabien oder in Rotchina. Stets geht es gegen «die nahtlose Kombination», so der Kanzler-Aspirant im Bundestag, «von großrussischem Imperialismus und weltrevolutionärer Zielsetzung des Kreml». Sollte Strauß Kanzler werden, wird Schluß sein auch mit den Resten der Entspannungspolitik, die ihm ohnehin die ganze Zeit über als Vehikel der bolschewistischen Weltrevolution verdächtig war. Selbst wenn er wollte, er hätte es sehr schwer, Partner jenes Breschnew zu werden, mit dem er sich sittsam auf dem Anstandssofa des Bonner Staatsschlosses Gymnich hatte fotografieren lassen.

Unvergessen bleibt, wie 1959 den Bundesminister für Verteidigung Strauß bei einem Besuch des Strategischen Bomberkommandos in Nebraska beim Anblick des roten Telefons ein Machtrausch übermannte: «Die strategische Luftflotte der USA hat eine Feuerkraft, die schon jetzt ausreicht, um einen strategischen Raum wie den der Sowjetunion mehrmals zu vernichten.»

Mit aller Macht wollte Strauß damals selber den Finger mit an den Atomdrücker bekommen. Er mißtraute der amerikanischen Nukleargarantie und wollte den Sowjets mit einem eigenen Atomschwert drohen können. Immer wieder forderte er die atomare Emanzipation für die Deutschen: «Je eher die politische Gemeinschaft Europas zustande kommt, auch wenn ihr nicht sofort alle europäischen Staaten angehören», so der Bayer 1963 vor der CSU-Landesversammlung, «desto eher wird Gleichberechtigung auch auf dem Gebiete der Atomstreitkräfte zur Wirklichkeit werden.» Die Deutschen dürften nicht länger das «Fußvolk der amerikanischen Atomritter» bleiben. Strauß setzte immerhin die Ausrüstung der Bundeswehr mit atomaren Trägerwaffen durch, stets in der Hoffnung, die Verfügungsgewalt über die Sprengköpfe werde mit der Zeit den Deutschen auch noch zuwachsen. Er hoffte vergebens.

Entsprechend heftig hatte der CSU-Vorsitzende auch den Atomwaffensperrvertrag attackiert, durch den die Supermächte eine weitere Verbreitung nuklearer Waffen in der Welt verhindern und zugleich ihre atomaren Monopole festigen wollten. Strauß 1966: Mit einem Sperrvertrag würden «die entscheidenden Voraussetzungen für eine Selbstverteidigung Europas auf der Basis einer späteren europäischen Atommacht zunichte gemacht». Im Jahr darauf polterte er in Bonn vor dem britischen Premier Harold Wilson gegen die Vergewaltigung der «atomaren Habenichtse» und verglich das Abkommen mit dem antideutschen Friedensdiktat nach dem Ersten Weltkrieg. «Das ist ein neues Versailles, und zwar eines von kosmischen Ausmaßen.»

1973 dann warnte er vor der Ratifizierung in einem Brief an die CDU/CSU-Bundestagsabgeordneten, es handele «sich um eine höchst konkrete Begünstigung des sowjetischen Einflusses auf den westlichen Machtbereich». Doch all sein Mahnen war vergebens, die Bonner Regierung ratifizierte den Vertrag, und Strauß, der Oppositionspolitiker, konnte es nicht verhindern. So blieb ihm nur, seinen Kampf gegen die Sowjets auf eigene Faust fortzuführen.

Strauß stützt sich dabei auf ein enges Geflecht meist geheimgehaltener Beziehungen zu den Mächtigen in rechten Freundesstaaten. Was Rang und Namen hat, trifft sich zuweilen in sorgfältig vorbereiteten Konferenzen. Da geht es dann um Waffenlieferungen, um subversiven Kampf gegen die Kommunisten, um Rohstoffsicherung und Gelder an westlich orientierte Regierungen der Dritten Welt. Das alles geschieht hinter dem Rücken der Bonner Außenpolitiker und läuft ihren Bemühungen zuwider, den Nord-Süd-Konflikt zu entschärfen oder den Ost-West-Gegensatz nicht in die Dritte Welt hineinzutragen.

Für seine Aktivitäten steht Strauß, dem «Politiker im Weltmaßstab» (CSU-Landesgruppenchef Friedrich Zimmermann), ein eigener Apparat zur Verfügung: Berater in der Zentrale, Residenten der Hanns-Seidel-Stiftung überall in der Welt. Die halten den regelmäßigen Kontakt zu den Gesinnungsfreunden und arrangieren diskrete Zusammenkünfte wie vor drei Jahren das Treffen mit italienischen Neofaschisten, den Erben des Duce Mussolini.

In Italien hatte sich von der neofaschistischen Partei «Movimento Sociale Italiano» (MSI) eine Gruppe abgespalten, mit 17 Parlaments-Abgeordneten und acht Senatoren, die sich zwar selbst für gemäßigt halten, tatsächlich aber den alten Kurs steuern. Am 12. Februar 1977 gründete die Splittergruppe die Partei «Democrazia Nazionale». Strauß war zur Stelle.

Am Morgen jenes Tages führte der römische Vertreter der Hanns-Seidel-Stiftung, Joachim Schilling, dem CSU-Vorsitzenden zwei Herren an den Frühstückstisch im Hotel Hassler: Francesco Cavaletti, außenpolitischer Mitarbeiter in der rechtsradikalen Zeitschrift «Il Borghese», und Senator Mario Tedeschi, Herausgeber des Blattes. Im römischen Parlamentshandbuch bekennt sich Tedeschi offen zu seiner faschistischen Vergangenheit: einst bei der Zeitung «Roma Fascista» aktiv, dann «Mitkämpfer der Sozialen Republik». Das bedeutet: Tedeschi war Mussolini bis zuletzt treu und machte in der «Italienischen Sozialen Republik» von Salò am Gardasee mit, wo der schon entmachtete Diktator noch einmal von Hitlers Gnaden herrschen durfte.

Cavaletti und Tedeschi versuchten erst gar nicht, ihren Absprung von der MSI mit einer ideologischen Läuterung zu begründen. Das sei, so die beiden in aller Offenheit, ein taktisches Manöver gewesen. Die in Rom regierende «Democrazia Cristiana», die einen offenen Pakt mit den MSI-Faschisten scheue, habe zur Abspaltung geraten. Dann gebe es die Chance, bei der nächsten Wahl eine Koalition zu bilden.

Altfaschist Tedeschi bat Strauß um Hilfe. Der Bayer war bereit. Als Sympathiebeweis stellte er den CSU-Auslandsreferenten Huber ab, als Ehrengast beim Gründungskongreß der «Democrazia Nazionale» zu fungieren. Strauß versprach, mit der «Democrazia Nazionale» in Kontakt zu bleiben. Zum Verbindungsmann wurde Schilling von der Seidel-Stiftung ernannt.

Und auch zu ideeller Unterstützung fand sich der Parteivorsitzende bereit. Noch im Frühstücksraum gab Strauß eine Erklärung zugunsten der Ultras ab: «Es ist unnatürlich und gefährlich, wenn man auf der einen Seite die Kommunisten im Bereich der demokratischen Parteien akzeptiert, andererseits die demokratische Rechte diskriminiert. Das Problem des Jahrhunderts ist die Abwehr des Kollektivismus, ob er nun von rechts oder links kommt.» Wieder umsonst: 1979 erlitt die «Democrazia Nazionale» bei den Wahlen eine klägliche Niederlage. Sie schied aus dem Parlament aus.

Doch solche Mißerfolge hielten den Meister aus München nicht ab, weiter mit Extremisten das Geschäft zu suchen – sogar mit solchen, vor denen seinen Christenfreunden angst und bange wird.

Diskret wie immer, bestellte Strauß Alparslan Türkeş zum Rendezvous, den Führer der türkischen «Partei der Nationalistischen Bewegung» (MHP) und deren Jugendorganisation, der berüchtigten «Grauen Wölfe». Denen werden Hunderte politische Morde und andere Gewalttaten in der Türkei, aber auch in der Bundesrepublik angelastet.

Türkeş, der mit seiner MHP die derzeit regierende konservative Gerechtigkeitspartei des Süleyman Demirel stützt, hatte im Oktober 1978 auf einer Dortmunder Großkundgebung vor Gastarbeitern gegen den damals noch amtierenden sozialdemokratischen Ministerpräsidenten Bülent Ecevit gehetzt: «Marionette der Kommunisten» und «Liliputaner», der «ausradiert» werden müsse; und: «Die zur Versklavung unserer Bevölkerung in unsere Reihen geschmuggelten Diener der Ausbeuter und Moskauer Hunde, Kommunisten und Spalter haben in der Türkei kein Lebensrecht.»

Der CDU/CSU-Fraktionschef Helmut Kohl weigerte sich, den demagogischen Türkeş in Bonn zu empfangen. Darüber beschwerte sich einer der Türkeş-Helfer, Murat Bayrak, in einem Brief an Franz Josef Strauß:

> Etwa eine Woche vor dem Eintreff des Vorsitzenden der Nationalen Bewegungspartei (M. H. P.) Herrn Türkesch in Deutschland habe ich gemeint, daß es für Herrn Dr. Kohl als Vorsitzenden der CDU sowie für Sie interessant wäre, den Herrn Türkesch persönlich kennen zu lernen; und bei dieser Gelegenheit die Meinung des Herrn Türkesch über aktuelle und lebenswichtige Probleme wie Nato, EG sowie immer größer werdenden sowjetischen Einfluß wie Gefahr zu erfahren.
>
> Um ein Gespräch mit Herrn Dr. Kohl und Herrn Türkesch zustande zu bringen habe ich telefonischen Kontakt mit Herrn Dr. Wegener aufgenommen, welcher sich als Leiter der Abteilung für die ausländischen Beziehungen der CDU ausgab. Herr Dr. Wegener antwortete mir am Telefon, daß Herr Dr. Kohl grundsätzlich ein Gepräch mit Herrn Türkesch ablehne. Habe mich im Laufe des Telefonats bemüht ihm zu erklären, daß meines Erachtens nach nicht im Interesse der CDU, Deutschland und freier Welt sei so krasse Prinzipien zu besitzen; außerdem es nicht richtig sei, daß ein Vorsitzender einer großen deutschen nichtsozialistischen Partei seine Meinung über ausländische Parteien und dessen Vorsitzenden durch sozialistische

> Meinungsindustrie formen zu lassen und danach zu handeln. Scheinbar waren ihm diese meine Bemerkungen nicht angenehm, sonst könnte ich mir sein unhöfliches Verhalten nicht erklären, daß er einfach mit Wut den Hörer auflegte.

Der Mann, der sich anschickt, Kanzler in Bonn zu werden, hatte Kohls Skrupel nicht. Am 28. April 1978 gewährte Strauß dem Rechtsradikalen in München eine Audienz, ging es doch wieder einmal um den gemeinsamen Kampf gegen den russischen Feind. Mit Datum vom 2. Mai 1978 dankte Türkeş für die höfliche Aufnahme:

> Wenn wir noch nicht alle Probleme, die unsere beiden Länder betreffen, besprechen konnten, so glaube ich doch, daß Ihnen mein zentrales Anliegen in einer Stunde großer Gefahr für mein Land deutlich geworden ist: die Türkei befindet sich in einer akuten großen Gefahr.
>
> Diese Gefahr ist in großen mit der Tatsache bezeichnet, daß zum erstenmal in der Geschichte der Türkei der sowjetische Generalstabschef in die Türkei kommen konnte und zwar nicht zu einem Höflichkeitsbesuch, sondern zur Einleitung einer Entwicklung, die das Ende der Türkei im westlichen Bündnis bedeuten kann.

Franz Josef Strauß, ein Jahr vor seiner Kanzlerkandidatur, der «Staatsmann Strauß», wie die «FAZ» wunschdenkt, «der seine Skandale hinter sich hat und dem mit irgendwelchen Enthüllungen nicht mehr beizukommen ist»? Wer die großen, lufterschütternden Sprüche des Entspannungspolitikers Strauß hinterfragt, wer Ziele und Zwecke des großen Weltreisenden nachvollzieht, wer nachprüft, mit wem er umgeht, stößt sehr rasch auf den alten Strauß. Auf den Kalten Krieger, den altbackene Furcht vor russischer Einkreisung und marxistischer Weltrevolution umtreibt und der sich in obskuren Zirkeln rechtsgewirkter Sammlungsbewegungen herumtreibt.

Doch man ist nicht mehr so potent wie früher. Dem Bayern gebricht es an Einfluß, an Mitteln und am Apparat. So müssen es denn hin und wieder umgeleitete Firmenspenden tun, Second-hand-Agenten und abgetakelte Sendboten aus der Kreuther Küche. Auf der Bühne Auftritt des Helmut-Schmidt-Darstellers Strauß; hinter der Bühne Franz Josef sein Milljöh.

Bei seiner Passion (Strauß: «Ich komme aus Bayern und bin ein Politiker ... und ich bin seit 30 Jahren in der Politik außerhalb oder überhalb oder jenseits des bayerischen Rahmens auch tätig») ist der Bayer auf Hintergrundinformationen angewiesen, und an die ist zunehmend schwerer zu kommen für einen, der so lange in Bonn aus der Macht ist.

Die große Zeit der CSU-Seilschaften im Bundesnachrichtendienst (BND), die gegen die Sozialliberalen und für den christsozialen Führer aus Bayern anschafften, scheint endgültig vorbei – spätestens seit in Pullach Klaus Kinkel, der enge Vertraute des FDP-Vorsitzenden Hans-Dietrich Genscher, den General Wessel als Präsidenten abgelöst hat. In einem elfseitigen Vermerk ohne Autorenangabe, den CSU-Generalsekretär Edmund Stoiber am 27. Dezember 1978 vom Parteivorsitzenden mit Laufzettel zugestellt erhielt, ist das Elend der Unionschristen aufgeschrieben. Zum Chef-Wechsel beim BND («Der Kinkel-Coup des Regimes») heißt es da: «In der Außen-, Verteidigungs- und großen Wirtschaftspolitik wird die Opposition nun endgültig blind und taub gemacht, hoffnungslos von angeblich realistischen Fakten, über die die Koalition verfügt, überrollt. CDU/CSU können bestenfalls auf Umwegen einige Informationen von ausländischen Freunden erhalten, die allerdings nicht den repräsentativen Aussagewert haben wie die Lagebeurteilungen von Kinkel.»

Über den Verfasser der Denkschrift rätselten Mitglieder der CSU-Landesleitung: Ist es ein versprengter CSU-Sympathisant im BND, oder hat Strauß selber, wie er es zuweilen bei ihn besonders interessierenden Fragen tut, den Text diktiert? Der Duktus riecht nach O-Ton Strauß:

> Man muß Wessel gewisse mildernde Umstände für seine Amtsführung zubilligen, erhielt er doch damals als Vizepräsident und

dazu als Leiter einer der vier Hauptabteilungen sehr bald zwei SPD-Apparatschiks aus der Bonner Baracke aufgedrückt. Als völlige Laien im ND-Geschäft spielten sie zwar zunächst keine wesentliche Rolle. Wessel meinte optimistisch, sie umerziehen zu können, wenn sie erst einmal mit dem Sachzwang der in Pullach einlaufenden und aufgearbeiteten Realitäten konfrontiert würden.

Diese Erwartung zerstob aber schlagartig nach der Machtübernahme der Viererbande Brandt, Ehmke, Bahr und Wehner, zu deren Mitspielern damals noch Wienand und Leo Bauer gehörten. Bei den nun erfolgenden Eingriffen in den BND-Betrieb, die radikalster Art waren, hätte Wessel beweisen können und müssen, daß mehr in ihm an Charakter und Zielstrebigkeit im Interesse seine Aufgabe steckte, als er zeigte. Aber er kapitulierte vor der Horde roter Proleten, die nun seine Vorgesetzten waren, in der schwächlichen Selbsttäuschung, daß er durchhalten und Loyalität zeigen müsse, um so noch mehr Schaden zu verhüten ...

Die persönliche Chancenbeurteilung im Blick zurück, die der neue BND-Präsident (Wessel, d. Red.) für seine Eigenbehauptung und die Unversehrtheit des «Dienstes» anstellte, war jedoch grundverkehrt. So unterlag er sofort den Zumutungen Ehmkes und dessen Kamarilla-Assistenten Bahr und Bauer sowie dem schmierigen Charme der sich zunächst devot gebärdenden Infiltranten, die man ihm aus St. Pauli nach Pullach ins innerste Gefüge eingeschoben hatte ...

Der «Dienst» hatte gefälligst Bestätigungen für die Wunschbild-Visionen von Brandt/Bahr/Scheel zu liefern. Auch sollten da nicht Fakten präsentiert werden, durch die Wehners taktische Manipulationen ausgeleuchtet und vielleicht sogar die schlafmützige Opposition aufgeweckt wurde. Speziell gegenüber einer noch nicht gebändigten Kapazität der Springer-Presse wurden die Schotten dicht gemacht. Sickerte doch etwas durch, wurden Repressalien gegen die Journalisten und ihre mutmaßlichen Informanten eingeleitet. Maulkorb, Peitsche und Diffamierung wurden zu Instrumenten des Brandt-Regimes, dessen Unmutswellen selbstverständlich auch den BND nicht verschonten ...

Und nun zu Kinkel. Außer persönlicher Cleverness und dem Wohlwollen Genschers, der Duldung Schmidt/Schülers bringt er nichts mit außer Fachunkenntnis. Angeblich bezog er gewisse Einführungen in die Materie im Innenministerium und im Auswärtigen Amt. Da können seine Richtfiguren doch nur Nollau und Wessel/Blötz gewesen sein.

Außerdem hatte er als Stabsbürokrat mit Menschen keinen Umgang, sondern nur mit Papier. Seine Begegnungen mit ausländischen Diplomaten als Genscherbegleiter kann man wohl weder als Führungserfahrung noch als Erkenntnisanreicherung rechnen.

Sollte es zutreffen, daß er für Genscher die Tendenzen für dessen Verhandlungen programmierte, dann läßt sich viel Schlimmes befürchten. Verschenk-Agent ist noch die mildeste Qualifikation – und mit Blick auf die Haltung des deutschen Außenministers in Südafrika ergeben sich grausige Ausblicke für Kinkels zukünftige Beratungen als Entscheidungshelfer ...

Jetzt übernimmt er also erst einmal den Laden in Pullach. Ein im inneren Gefüge zutiefst verunsichertes Geschäft. Mehr noch als bisher schon wird die Masse der Experten routinemäßig Behördendienst nach Vorschrift machen. Das Betriebsklima ist dabei wie in der Ostzone. So wie dort die Bevölkerung, sind in Pullach Beamte, Offiziere bis zur letzten Sekretärin gegen die Leitung eingestellt. Da man aber wehrlos ausgeliefert ist, paßt man sich an.

Motto: «Was immer wir tun, ist sinnlos, aber es ist nun mal unsere Existenzgrundlage – und wenn wir durchhalten, bekommen wir Pension. Widerspruch wird auch zu vollendetem Blödsinn nicht geäußert, denn das wäre hinderlich für die Karriere.»

In dieser immer mehr abstumpfenden Masse perlen nun Aufsteiger mit Parteibuch hoch. Zu den SPD-Genossen gesellen sich jetzt die Judos. Der neue Präsident, wie schon vorher der Vize, sind Beweis genug, wie hoch man ohne Sachverstand klettern kann ...

Für die bevorstehenden Wahlen, besonders für Europa und zum Bundestag, wird nun auch Pullach die Propagandamunition nach SPD/FDP-Geschmack liefern.

Die Wahlen werden starke außen- und wirtschaftspolitische Schwerpunkte haben ... Die Entwicklungen im Iran, in Nahost, China, in den USA sind unberechenbar. Was aber auch immer geschieht, Pullach wird dazu Lagebilder liefern, die stets die Wunschbild-Visionen von Brandt-Genscher-Schmidt flankieren.

Das Presseamt wird assistieren und die durch News-Filterung und KGB-Desinformazia beeinflußten Medien den Wählermassen ein solches Lagebild offerieren, daß zumindest die CDU mit den ihr verbleibenden kleinkarierten Protesten zur Innen- und Sozialpolitik hoffnungslos abgeschlagen wird.

In der Außen-, Verteidigungs- und großen Wirtschaftspolitik

wird die Opposition nun endgültig blind und taub gemacht, hoffnungslos von angeblich realistischen Fakten, über die die Koalition verfügt, überrollt. CDU/CSU können bestenfalls auf Umwegen einige Informationen von ausländischen Freunden erhalten, die allerdings nicht den repräsentativen Aussagewert haben wie die Lagebeurteilungen von Kinkel. Er wird wissen, wie er dosieren und formulieren muß, denn ihm werden bestes Einfühlungsvermögen in Mediennotwendigkeiten und gut geschmierte Kontakte zu Multiplikatoren nachgesagt.

Abgedeckt wird dieser zukünftige faule Zauber durch den Parlamentarischen Kontrollausschuß für die ND, in dem die Koalition gleichfalls mit erdrückender Mehrheit sitzt. Eine Überprüfung der realen Nachrichten, die in Pullach immer noch automatisch einlaufen, und im Vergleich dazu der weitergeleiteten Extrakte wäre erstrebenswert, um regulieren zu können.

Dazu müßten aber Repräsentanten der Opposition die Berechtigung erhalten, bis in die mittlere BND-Ebene hinein prüfen zu können. Dazu bedarf es des Einsatzes eines CDU-nahen versierten Spitzenmannes in der BND-Leitung oder der Aufstockung des parlamentarischen Ausschusses für die ND durch einen Vertreter der Länder und der dort stärksten Partei, so daß wieder ein angemessenes Kräfteverhältnis erreicht wird. Da im Ausschuß auch indirekt die Landesämter für Verfassungsschutz mit beachtet werden, ist solch ein Ansinnen vertretbar.

Der CSU-Chef versucht schon seit längerem, dem Informationsnotstand abzuhelfen – durch Kontakte zu «ausländischen Freunden» aus diversen Geheimdiensten. So hält Strauß engste Verbindung zum Comte Alexandre de Marenches, dem Chef der französischen Auslandsspionage (SDECE). Mal besucht er de Marenches in dessen Pariser Hauptquartier in der «Caserne des Tourelles», mal kommt der Graf, konspirativ, wie es sich gehört, zu Strauß aufs Zimmer im Hotel Le Bristol.

Comte de Marenches, im Zweiten Weltkrieg Adjutant des Marschalls Alphonse Juin an der Seite Charles de Gaulles, hat stets, auch als er noch nicht zum Geheimdienst zählte, die Öffentlichkeit gescheut. So viel ist bekannt: Der 1,90 Meter große Adelige ist ein Erzkonservativer, ein eingefleischter Anti-Kommunist – ein Mann also ganz nach dem Geschmack des Kanzlerkandidaten der Union. Vom Comte läßt sich Strauß denn auch gerne in die Weltlage einweisen. An Hand seines Kartenmaterials erläutert der Franzose dem Deutschen, wo in Afrika oder Asien die Sowjets auf dem Vormarsch sind.

Manchmal begegnen sich der Franzose und der Bayer auch zufällig anderswo – wie im Februar 1977 in Madrid im Vorzimmer des spanischen Königs. Als Strauß von der Audienz bei Juan Carlos kam, wartete dort de Marenches in Begleitung eines engen Freundes: des österreichischen Kaiser-Sohnes und einflußreichen Strauß-Beraters Otto von Habsburg. Schien der Habsburger eher peinlich berührt, daß ihn der CSU-Chef in der Gesellschaft des Geheimdienstlers antraf, war Strauß im Gegenteil angenehm überrascht, de Marenches zu sehen.

Auch mit anderen Top-Agenten, darunter dem ägyptischen Geheimdienst-Chef, spricht Strauß gerne; er pflegt den Umgang mit den Geheimen, wo immer sich Gelegenheit bietet.

Am 13. Februar 1979 schrieb der CSU-Bundestagsabgeordnete Hans Graf Huyn in einem Brief – «persönlich, vertraulich» – an den «sehr verehrten, lieben Herrn Strauß»: «Außerdem möchte ich Sie informieren, daß ich soeben die Mitteilung aus Riyadh erhalten habe, daß der Prinz Turki ben Faisal, Chef des saudischen Nachrichtendienstes und Bruder des Außenministers, zugesagt hat, zur Sitzung des Cercle nach Wildbad Kreuth zu kommen. Ich glaube, daß seine Teilnahme angesichts der Situation im Mittleren Osten von besonderem Interesse sein wird. Mit Filzstift notierte Strauß am Rand: «Sehr aufschlußreich! TV.» Das Kürzel steht beim CSU-Chef für «Terminvormerkung»; im Falle des Saudi-Prinzen sollte sein Büro einen besonderen Termin verabreden.

Jener «Cercle», den Huyn in seinem Schreiben erwähnt, läuft in der CSU-Zentrale unter «vertraulich», heißt vollständig «Cercle Violet», und nur Eingeweihte wissen, was sich dahinter verbirgt.

Ein-, zweimal im Jahr trifft sich ein Kreis rechtsstehender Politiker mal in Madrid, mal in Wildbad Kreuth, dann wieder in Washington oder in Bonn, nach Art einer geheimen Bruderschaft. Franz Josef Bach, Ex-Botschafter und Strauß-Vertrauter, der bei der Organisation der Zusammenkünfte hilft, will weder über die Mitglieder noch über deren politischen Standort etwas verraten: «Ich bin nicht befugt, dazu etwas zu sagen.» In diesem Zirkel trifft der Kanzlerkandidat seine rechtsextremen Freunde wie den Spanier Federico Silva Muñoz oder den Ultra Kaulza de Arriaga. Der portugiesische Putsch-General António de Spínola war dabei, Geheimdienstler gaben sich die Ehre, selbst David Rockefeller und Henry Kissinger erwiesen dem Cercle Reverenz. Palavert wird stets über dasselbe Thema: Wie sind die Russen kleinzukriegen, wie läßt sich die rote Gefahr bannen?

In der geschlossenen Gesellschaft geht der Sinn für Realitäten und die Fähigkeit zu abgewogener Analyse nur allzu leicht verloren. Hier bestärken sich Strauß und Kissinger in ihrer Überzeugung, schon bald werde ganz Europa an Sozialisten oder Kommunisten fallen. Nur entschlossener Widerstand könne noch verhindern, daß die schlappe alte Welt zum westlichen Glacis der Sowjetunion werde.

«Cercle Violet» heißt der Verein bei der CSU nach dem Pariser Anwalt Jean Violet, ebenfalls einer der Organisatoren. Der Name des Franzosen hat in Bonn keinen guten Klang. Empfohlen von Franz Josef Strauß, hatte Jean Violet 1964 als Anwalt in Begleitung von Antoine Pinay, Ministerpräsident der Vierten Französischen Republik, im Bundesfinanzministerium Wiedergutmachungsgelder in Millionenhöhe eintreiben wollen. Die Unterlagen für die Forderungen – es ging um angebliche Metall-Lieferungen an die Deutschen während der Frankreichbesetzung – waren gefälscht. Der Schwindel flog auf. Strauß aber hatte vorab dazu geraten zu zahlen, im Interesse der deutsch-französischen Freundschaft.

Bei seiner Auslandsarbeit verläßt sich der CSU-Vorsitzende nicht allein auf Geheimdienstkontakte und Gesinnungsgenossen in aller Welt. Er stützt sich auch auf einen Apparat linientreuer Funktionäre: die parteieigene Hanns-Seidel-Stiftung.

Seit 1977 verfügt die Stiftung über wesentlich mehr Geld – ein Preis, den die CDU der bayrischen Schwesterpartei für die Revision des Kreuther Beschlusses über die Auflösung der Bonner Fraktionsgemeinschaft zahlen mußte. Strauß zwang damals die CDU-Schwesterpartei, der CSU-Stiftung erheblich mehr Steuergelder als bis dahin zu überlassen. Standen der Stiftung 1977 aus Steuergeldern lediglich 1,9 Millionen zur Verfügung, so stieg die Förderung 1980 schon auf 13 Millionen Mark. Die Verpflichtungsermächtigungen des Bundes gegenüber der Stiftung kletterten im selben Zeitraum von 3,8 Millionen auf 15,5 Millionen Mark.

Verbesserte Auslandsarbeit schien dringend geboten. In einem Schreiben an den Chef der Bonner CSU-Landesgruppe, Friedrich Zimmermann, vom 5. Februar 1977 hatte der CSU-Bundestagsabgeordnete Franz Ludwig Graf Stauffenberg geklagt: «Wenn führende Vertreter der Union ins Ausland fahren, mangelt es häufig auch an ausreichenden Kontakten zu Kreisen außerhalb des politischen Establishments (Presse, Wirtschaft, Gewerkschaft, Universitäten etc.). Es ist dabei zu erinnern, daß sich Willy Brandt und Helmut Schmidt ihr Renommee im Inland zum guten Teil mit Hilfe einer wohlwollenden (und sorgfältig gepflegten) Auslandspresse aufgebaut haben.»

Zum wichtigsten außenpolitischen Berater der Stiftung stieg der Kaisersohn Otto von Habsburg auf, der in der Vergangenheit vor allem durch markige Ratschläge etwas außerhalb der Verfassung aufgefallen ist. So empfahl der 1978 nach Bayern eingedeutschte Österreicher, bei einer nuklearen Erpressung durch Terroristen den Staatsnotstand auszurufen und einen Diktator auf Zeit zu ernennen, damit «ein einziger Finger am Abzug» sei.

Strauß nahm Hoheit stets in Schutz. Als Habsburg gegen den Widerstand weiter Teile der CSU für das Europaparlament kandidieren wollte, warf der Parteivorsitzende sich auf einer Sitzung des CSU-Präsidiums am 11. Dezember 1978 für seinen Mann in die Bresche. Auszug aus dem Sitzungsprotokoll:

> Landesvorsitzender Ministerpräsident Dr. Franz Josef Strauß: ... Darf ich einige Bemerkungen machen, zuerst an die Adresse meines Freundes Stoiber. Ich erfahr natürlich ungern aus der Zeitung, daß der Generalsekretär gegen die Kandidatur von Otto von Habsburg ist, wie heute dem «Münchner Merkur» zu entnehmen ist. Das ist ausgesprochen zweckschädlich. Wem gegenüber hast du das gesagt?
>
> Generalsekretär Dr. Edmund Stoiber: Das war ein erstes Vorstellungsgespräch mit den Journalisten, das Tandler auch immer gemacht hat, im Hirschgarten, ein Gespräch von 2, 3 Stunden, mehr persönlicher Art. Man ist davon ausgegangen, daß das, was da gesagt wird, nicht in die Zeitung kommt.
>
> Landesvorsitzender: Darf ich etwas sagen! Gebt doch endlich den dämlichen Aberglauben auf, daß es im Gespräch mit Journalisten etwas Geheimes gibt. Ihr seid doch keine Anfänger, die noch in der Küche gewaschen werden. Was die an Hintergrund erfahren, ist für sie news. Wir kriegen dadurch eine höchst unerfreuliche Reaktion. Deren Grund ist Vertrauensseligkeit und Unbeherrschtheit.

Solange in den ehemaligen Kronländern der Habsburg-Monarchie Spanien und Portugal noch Diktatoren herrschten, war der letzte Kaisersproß in Madrid und Lissabon ein nützlicher Interessenvertreter seines Schutzherrn Strauß. Doch als sich auf der Iberischen Halbinsel demokratische Regierungen durchgesetzt hatten, durften Habsburgs alte Freunde nicht mehr unbedingt auch Straußens Spezis bleiben – wenigstens nach außen.

Im Jahre 1978 bekam Strauß Krach mit den portugiesischen Christdemokraten (CDS) des Professors Diogo Freitas do Amaral, der seit langem freundschaftlich mit Helmut Kohls CDU und deren Konrad-Adenauer-Stiftung verbunden ist. Zwar war der CSU-Vorsitzende im Frühjahr 1976 auf einem CDS-Kongreß im Badeort Póvoa de Varzim als Gastredner aufgetreten. Doch handfeste Hilfe gibt er lieber Kaulza de Arriaga.

Im Sommer 1978 beklagte sich Amaral in einem Brief bei Strauß, seine Partei gerate in Portugal ins Zwielicht, weil die CSU nicht nur mit dem gemäßigten CDS, sondern auch mit Rechtsradikalen wie Kaulza sympathisiere. Der CDS-Professor stieß sich besonders an den Aktivitäten der Hanns-Seidel-Stiftung. Zu jener Zeit war Otto von Habsburg gerade dabei, in Konkurrenz zur Adenauer-Stiftung ein Projekt aufzuziehen – unter dem dehnbaren Etikett «Erwachsenenbildung». Um dafür Gelder aus dem Etat des Bundesministers für wirtschaftliche Zusammenarbeit (BMZ) lockermachen zu können, mußte die Stiftung einen portugiesischen Partner finden – ein Weg, über den Strauß mit Leichtigkeit auch Steuergelder in die Kassen der portugiesischen Rechten hätte leiten können. Bildungsseminare lassen sich immer organisieren, und über zwölf Prozent der Projektsumme braucht der Veranstalter dem Ministerium ohnehin keine Rechenschaft zu geben.

Schon nach kurzer Zeit, so erinnert sich der ehemalige CSU-Auslandsreferent Huber, meldete Habsburg Erfolg: elf Namen angeblich honoriger Christdemokraten, zwar nicht vom CDU-verbundenen CDS, in der Mehrzahl aber von anderen, nicht rechtsradikalen Christen-Gruppierungen. Doch als sich auf den Amaral-Protest hin Stiftungschef Fritz Pirkl zusammen mit Huber und dem außenpolitischen Institutsleiter der Stiftung, Reinhard Gepperth, im Sommer 1978 die neuen Partner genauer ansah, merkte er schnell, daß Otto von Habsburg seine Kreuther Auftraggeber falsch informiert hatte – wahrscheinlich im guten Glauben, Franz Josef Strauß einen Gefallen zu tun. Daß der Coup aufflog, hatte Habsburg den eigenmächtigen Recherchen des Referenten Huber zu verdanken.

Der Gründungsakt für den neuen «Elferrat» war schon angesetzt, nach einem Abendessen sollte die Pirkl-Delegation gemeinsam mit den Portugiesen ein Papier unterzeichnen. Beim Stehempfang horchte Huber die Herren noch ein wenig aus, und siehe da: Die politische Vita der Senhores entsprach nicht ganz den Schilderungen Otto von Habsburgs. Sieben oder acht der Portugiesen, erinnert sich Huber, erwiesen sich keineswegs als gemäßigte Christdemokraten, sondern gehörten dem «Movimento Independente para a Reconstrução Nacional» (MIRN) Kaulzas an. Zwei weitere, empfohlen vom Herzog von Braganza, einem entfernten Habsburg-Verwandten, waren Monarchisten. Chef sollte Selveno Selvério Marques sein, ein alter Kaulza-Getreuer aus Afrika-Zeiten. Dort hatte er sich stets an das Motto gehalten: «Ohne die Pide geht hier nichts.» Die Pide war Salazars berüchtigte politische Polizei.

Huber meldete Pirkl das Resultat seiner Aperitif-Recherchen, und der Stiftungspräsident weigerte sich, die Gründungsurkunde zu unterzeichnen. Zu Hause in München fertigte Huber für Strauß einen langen Vermerk über Habsburgs Märchen an. Folge: Huber wurde die Zuständigkeit für die Seidel-Geschäfte in Portugal entzogen, um MIRN-Chef Kaulza de Arriaga kümmerte sich Strauß fortan selber – direkt, ohne Umweg über die Kasse der Stiftung und ohne den Promoter Otto von Habsburg.

Durch Rückschläge unbeirrt, suchte der CSU-Vorsitzende nach immer neuen Wegen, um den Kampf der Rechten in aller Welt gegen die Kommunisten zu finanzieren.

Aus Venezuela überbrachte Huber im Frühjahr 1978 einen Hilferuf der dortigen Christdemokraten (Copei). Sie brauchten Geld für ihren Wahlkampf gegen die regierenden Sozialdemokraten des Carlos Andrés Pérez. Mit der traditionell guten Unterstützung durch die CDU und deren Adenauer-Stiftung klappte es nicht mehr so recht, seit Helmut Kohl und sein Generalsekretär Heiner Geißler die Partei führten. In Caracas setzten die Schwarzen daher auf

Strauß. Der zeigte sich erkenntlich. Die deutsche Industrie, so schlug er vor, solle zahlen – vor allem jene Konzerne, die, wie Siemens, AEG, Bosch und KWU in Venezuela gute Geschäfte machen, könnten gefälligst Wahlkampfspenden direkt an die Copei überweisen.

Gemeinsam mit Edmund Moser, dem heute in der Nähe von München lebenden langjährigen Repräsentanten der Adenauer-Stiftung in Caracas, erstellte Huber eine Liste möglicher Spender. Strauß selbst wählte schließlich 15 bis 20 Firmen-Adressen aus. Auf zwei Seiten erläuterte der Bayer den Industriellen, warum es auch für ihre Geschäfte gut sei, die Roten in Venezuela abzulösen. Als Kontaktmann benannte er seinen Referenten Huber.

Am 8. August 1978 meldete sich der – inzwischen ausgeschiedene – Vorstandsvorsitzende des Elektrokonzerns AEG, Walter Cipa. Der Manager wollte wissen, wie er seinen Obolus loswerden könne. An die Copei direkt zahlen wollte er nicht. Er schlug statt dessen vor, 50000 Mark an eine Adresse zu überweisen, die für Spenden an die CSU stets offene Konten hat: Die Bayerische Staatsbürgerliche Vereinigung e. V. in der Münchner Prannerstraße 1. Gerold Tandler, damals noch CSU-Generalsekretär, war einverstanden, ein wenig vorschnell, wie sich herausstellen sollte. Cipa schickte noch am selben Tag einen Brief an Strauß samt Überweisung, «die selbsterläuternd ist».

Erläutert wurde auf der Quittung jedoch nur eine Manipulation. Statt den wirklichen Verwendungszweck – Hilfe für die Copei – anzugeben, schrieb Cipa auf die Zahlungsbenachrichtigung: «Spende ist für die CSU bestimmt und hier zweckgebunden für die Auslandsarbeit der CSU und spezifisch für Bildungsfragen im Ausland.» Der AEG-Chef hatte damit einen ordentlichen Spendenbeleg, in der CSU jedoch gab es anschließend Ärger. Zwar bedankte sich Strauß schon am 11. September «für die großzügige Spende» zugunsten der Auslandsarbeit der CSU. Aber dann begann in München ein monatelanges Feilschen, was mit den

50000 Mark auf Konto 208261 der Bayerischen Vereinsbank geschehen solle.

Inzwischen nämlich war der Fall des Bonner Fliesenfabrikanten Nikolaus Fasolt, damals Präsident des Bundesverbandes der Deutschen Industrie, publik geworden. Fasolt hatte – als Honorar für Gutachten getarnt – Spenden an die CDU auf das Konto einer Europäischen Unternehmensberatungs-Anstalt in Liechtenstein überwiesen. Tandler-Nachfolger Edmund Stoiber fürchtete Schwierigkeiten mit dem Fiskus. Keinesfalls dürfe das Cipa-Geld, so seine Order, auf einem Konto der CSU oder der Seidel-Stiftung erscheinen. Eine direkte Überweisung vom Konto der Staatsbürgerlichen Vereinigung an die Copei oder auf das von der Copei akzeptierte Konto Nr. 338 673 beim Schweizerischen Bankverein in Zürich, Inhaber Gerold Moser, Bruder von Edmund Moser, wiederum lehnte der Geschäftsführer der Staatsbürgerlichen Vereinigung, Wilken von Reden, ab. Ihm erschien es zu riskant, in seiner Buchführung einen Eingangsbeleg für die CSU und einen Ausgangsbeleg für die Copei oder Gerold Moser zu haben.

Stoiber kam, erinnert sich Huber, schließlich auf den Gedanken, die 50000 Mark einfach zu behalten, Cipa habe eine Quittung, die Copei wisse nichts von der AEG-Spende, und Geld könne die CSU immer gebrauchen. Doch Huber hatte die Venezolaner schon vom AEG-Segen unterrichtet. So verfielen die weißblauen Finanzakrobaten schließlich darauf, sein Konto als Durchgangsstation für das AEG-Geld zu benutzen. Stoibers Argument: Der Auslandsreferent sei Privatperson, das Finanzamt werde ihn kaum überprüfen. Die Staatsbürgerliche Vereinigung war aus dem Schneider: Das Geld wurde an eine CSU-Adresse überwiesen. Und die CSU war ihre Sorgen los. Die 50000 Mark hatten keines ihrer Konten gestreift. Am 10. Januar 1979 wurden auf Hubers Konto 50000 Mark gutgeschrieben. Verwendungszweck: «Bekannt». Am 16. Januar bestätigte Gerold Moser, den Betrag «durch Scheck (Nr.

4017437041) für Auslandsarbeit in Südamerika erhalten» zu haben.

Die außenpolitischen Aktivitäten der Strauß-Truppe hatten inzwischen auch Bundestagsabgeordnete der CSU beunruhigt, vor allem jene, die ihrerseits gern näher beim Vorsitzenden sein möchten. Sie stört, wie sehr Strauß auf die Stiftung und auf ihren Direktor, seinen Duzfreund Siegfried Lengl, hört.

CSU-MdB Hans («Johnny») Klein schwärzte die Stiftung beim Parteichef mit Brief vom 8. Juni 1978 an: «Um die Hanns-Seidel-Stiftung ist es nicht so gut bestellt wie Ihnen offenbar von interessierter Seite erklärt wird ... Angesichts Ihrer persönlichen internationalen Wirkungsmöglichkeiten, angesichts der klaren außenpolitischen Linie der CSU und angesichts der als Folge der Kreuther Beschlüsse ermöglichten weltweiten Aktivitäten der Hanns-Seidel-Stiftung halte ich Führungsspitze und organisatorische Kraft der Stiftung für unzulänglich.» Klein machte sich dann dafür stark, eine «Deutsche Afrika Stiftung» zu gründen, an der neben der Hanns-Seidel-Stiftung auch die CDU-eigene Konrad-Adenauer-Stiftung beteiligt sein sollte.

Strauß lehnte ab. Auf dem Klein-Brief notierte er – nach dem Kürzel «edb» (für: Erhalt dankend bestätigen) und den doppelt gekreuzten Strichen (für: Antwort will der Chef selbst unterschreiben) – einige Anweisungen für die Mitarbeiter, die ihm einen Entwurf ausarbeiten sollten: «Durch die Afrikastiftung darf die Arbeit d. CSU in anderen afrikanischen Ländern nicht beeinträchtigt oder unter die Kontrolle d. CDU gebracht werden – deshalb Einschränkung. D. Mudge (gemeint war Dirk Mudge, der weiße Chef der von der CSU unterstützten ‹Demokratischen Turnhallen-Allianz›, DTA, in Namibia) hat sich bitterlich beklagt, daß er von der CDU überhaupt keine Hilfe habe. Der Vorfall im Bundeshausrestaurant, ‹HSS macht nur Scheiße, Scheiße und nochmals Scheiße ...› war sicher nicht hilfreich.» In dem von Strauß unterzeichneten Antwortbrief heißt es dazu: «Der kürzliche Vorfall im Restaurant des Bundeshauses, wo die Auslandsarbeit der Hanns-Seidel-Stiftung mit teils unflätigen Angriffen herabgesetzt wurde, war für eine kollegiale Zusammenarbeit zwischen CDU und CSU und zwischen den beiden Stiftungen sicher nicht hilfreich.»

Andere beurteilten die Arbeit der Hanns-Seidel-Stiftung positiver – der amerikanische Geheimdienst CIA. Entsprechende Hinweise finden sich in einem Papier vom 23. März 1979, das nach Ansicht von Insidern der CSU-Landesleitung aus dem BND stammt. Der CSU-Vorsitzende muß das Dokument für wichtig gehalten haben: Es trägt seinen handschriftlichen Vermerk «GS/BK/HSS» – Chiffre für die Anweisung, das Strauß-Büro solle das Papier an den Generalsekretär, den «Bayernkurier» und die Hanns-Seidel-Stiftung weiterleiten; was am 27. März 1979 geschah. Wortlaut:

> 1. Zunächst vereinzelt auftretende Hinweise über CIA-Erkundungsschwerpunkte in Richtung Bundesrepublik Deutschland haben sich in jüngster Zeit dahin verdichtet, daß die Konrad-Adenauer-Stiftung, vor allem aber die Hanns-Seidel-Stiftung (Friedrich-Naumann-Stiftung und Friedrich-Ebert-Stiftung wurden bisher nicht genannt) beim amerikanischen Dienst operatives Interesse gefunden haben.
>
> 2. Dem HSS-Interesse liegt Andeutungen zufolge die Vermutung der CIA-Führung zugrunde, daß diese besonders sowohl auslandsnachrichtendienstlich als auch in der Durchführung quasi-diplomatischer oder versteckter Maßnahmen (covert actions) unmittelbar für den bayerischen Ministerpräsidenten tätig sei.
>
> Anscheinend geht CIA von der Annahme aus, daß einige der HSS-Repräsentanten im Ausland «parteieigene Informationsgeber» seien, die sich «von BND-Residenten lediglich durch einen geringeren Grad typisch nachrichtendienstlicher Ausbildung unterscheiden». Diese «para-ND-mäßige» und «covert action»-Tätigkeit (politische und finanzielle Einflußnahmen, «parteinützliche Geschäftsvermittlungen bis hin zum Waffenhandel») ordnet CIA der HSS insbesondere in folgenden Län-

dern zu: zunächst Namibia, Zaire und Nigeria, dann Marokko, Togo; Griechenland, Portugal, Türkei; Manila, Hongkong/Peking; Jordanien und Saudi-Arabien; schließlich USA selber und «Süd-Amerika». Bei den «Geschäftsvermittlungen» werden angebliche HSS-Verflechtungen mit MBB, Krauss-Maffei, Air-Bus Industries sowie Handelsunternehmungen auf dem Lebensmittel- und Pharmazie-Sektor unterstellt.

3. Allem weiteren Anschein nach rechnet CIA auch mit einem systematischen ND-Ansatz von MfS und KGB gegen HSS-Repräsentanten (und ihre Büros) im Ausland und sieht auf diesem Terrain demnach eine möglicherweise ergiebige Tip-Basis der eigenen, gegen die Ost-Dienste gerichteten Counter-Intelligence.

In der Passage über «para-ND-mäßige» und «covert action»-Tätigkeit der Stiftung in fremden Ländern hat Strauß auf dem Dokument einige der angeführten Länder und Städte mit Filzstift unterstrichen: Nigeria, Türkei, Manila, Hongkong, Jordanien und Saudi-Arabien. Die CIA hatte den richtigen Riecher: Es ging auch um Waffen.

Am 16. Oktober 1976 hatte Strauß in einem Hinterzimmer des Münchner Bierlokals «Franziskaner» den schwarzen Guerilla-Führer Holden Roberto, Anführer der westlich orientierten FNLA in Angola empfangen. Strauß brachte den CDU-Bundestagsabgeordneten Werner Marx mit. Holden Roberto beklagte sich, der Westen lasse ihn im Stich. Mobutu Sésé Séko, Diktator in Zaire und Strauß-Freund («cher ami»), habe ihn obendrein betrogen. Waffenlieferungen, die Henry Kissinger der FNLA versprochen habe und die über Zaire nach Angola geschmuggelt werden sollten, seien von Mobutu für die eigene Armee kassiert worden. Auch habe Kissinger viel mehr versprochen, als von den USA tatsächlich nach Zaire geliefert worden sei.

Strauß verteidigte seinen «Cercle»-Bruder: Kissinger habe schon gewollt. Der amerikanische Kongreß aber, seit Vietnam bei der Lieferung von Waffen in Spannungsgebiete äußerst zurückhaltend, habe ihn nicht gelassen. Da nahm Holden Roberto den CSU-Vorsitzenden selbst an:

Auch die Deutschen, jammerte der Schwarze, hätten ihm Versprechungen gemacht, sie aber nicht erfüllt. Strauß, sichtlich verlegen, mochte vor Zeugen nicht weiterreden. Ja, ja, er wisse schon Bescheid. Und brach die Unterhaltung ab.

Friedliche Aktivitäten des militanten Strauß, Versuche gar, Fühler auch in andere politische Lager vorzustrecken, mißlingen. Der deutsche Rechte trifft weder Form noch Ton.

Im Mai 1977 saß der reisefreudige Strauß zusammen mit Anwar el-Sadat in der großen Empfangshalle der Sommerresidenz des ägyptischen Staatspräsidenten in Alexandria. Verdeckt machte sich ein arabischer Protokollant Notizen. Die beiden sprachen englisch miteinander, Strauß war wieder bei seinem Lieblingsthema: der sowjetischen Bedrohung vom Nahen Osten bis ins südliche Afrika. Höflich hörte der Präsident zu, dann horchte er auf. Der Besucher aus Bayern bot an, zur Lösung der Nahostkrise beizutragen. Die in den Konflikt verwickelten Parteien, so Strauß, müßten zu Friedensgesprächen an einem neutralen Ort zusammengebracht werden. Er wisse auch schon wo. Und er wolle, mit seinen guten Beziehungen zu Israel und den gemäßigten Arabern, gerne der Vermittler sein. Sadat nahm das Angebot zur Kenntnis.

Insgesamt dreimal reiste Franz Josef Strauß 1977 in den Nahen Osten. Die letzte Visite, gleich im Anschluß an einen Abstecher nach Saudi-Arabien, führte ihn im November nach Syrien und Jordanien. Auslandsreferent Huber hatte Auftrag, den Besuch vorzubereiten.

Kurz vor Hubers Abflug gab ihm der Chef noch am Telefon eine letzte Instruktion: Er solle versuchen, für Strauß in Syrien ein Treffen mit PLO-Chef Jassir Arafat zu arrangieren. Er wollte just jenen Mann sehen, den er sonst als «Terroristenchef» zu titulieren pflegt. Der verdutzte Huber fragte, wie er das denn machen solle, er habe doch zu Angehörigen der Palästinensischen Befreiungsorganisation keinerlei Kontakt. In Damaskus sei er nur mit syrischen

Protokolleuten verabredet. Ob er die ansprechen solle? Strauß war einverstanden. Doch dürfe Huber sein Anliegen auf keinen Fall vor Zeugen vorbringen, sondern müsse sich an einen Beamten von hohem Rang wenden.

Der Emissär tat, wie ihm geheißen. Am Ende einer Besprechung über das Strauß-Programm bat er den stellvertretenden syrischen Protokollchef auf ein Wort unter vier Augen. Die anderen Herren verließen den Raum. Noch vorsichtiger als von Strauß befohlen fragte der CSU-Mann den Araber, ob er ihn wohl mit einflußreichen Vertretern der PLO zusammenbringen könne. Er habe denen etwas zu übermitteln. Das, antwortete der Syrer, lasse sich machen.

Schon wenig später kam der Beamte in Hubers Quartier, ein Gästehaus der Regierung. In seiner Begleitung zwei Herren, die er als Vertraute Arafats vorstellte. Jetzt erst rückte der Strauß-Bote mit seinem Anliegen heraus: Sein Chef wolle insgeheim in Syrien mit Arafat zusammentreffen. Die beiden Palästinenser nahmen den Strauß-Wunsch ohne Kommentar zur Kenntnis und versprachen, alles getreulich zu übermitteln.

Kaum in Damaskus gelandet, zog Strauß seinen Huber beiseite: Wie die Sache mit Arafat stehe? Der Gehilfe erstattete Bericht und empfahl abzuwarten. Ungeduldig erkundigte sich der CSU-Vorsitzende noch mehrmals während des Besuchs, ob denn endlich Nachricht von der PLO da sei. Jedesmal fragte Huber bei seinem syrischen Protokollmann nach, jedesmal zuckte der die Achseln. Beim Abschied dann bedauerte der Syrer: Arafat wollte sich nicht mit Strauß treffen.

Enttäuscht gab der Bayer seinem aus dem diplomatischen Dienst übergewechselten Referenten die Schuld. Er sei ein «AA-Heini», könne nur protokollarische Mätzchen machen. Für delikatere Aufgaben sei er ungeeignet. Doch Strauß gab die Hoffnung noch nicht auf. In Jordanien wich er vom vorweg festgelegten Programm ab und besuchte, um seinen guten Willen zu demonstrieren, ein Palästinenserlager in der Nähe der Hauptstadt Amman. Ein Großteil der Delegationsmitglieder blieb zurück – aus Angst, wie Strauß sich während der Hinfahrt mokierte. Bei der Rückkehr, nach kurzem Besuch in den Baracken, war er weniger guter Laune. Begleitende Journalisten hatten ihm erzählt, in dem Lager seien Baader-Meinhof-Terroristen ausgebildet worden. Huber erkundigte sich bei den Jordaniern, ob das stimme. Die Gastgeber drucksten herum und sagten unbestimmt: Ja, früher sei da wohl mal was gewesen.

Erfolglos blieb auch der Versuch des freischaffenden Außenpolitikers aus München, anschließend an seine Nahost-Visite gleich bei Jimmy Carter vorzusprechen. Er habe, so ließ er im Weißen Haus melden, dem Präsidenten wichtige persönliche Botschaften seiner Gesprächspartner, des jordanischen Königs Hussein und des syrischen Präsidenten Assad, zu überbringen. Aber Carter war für Strauß nicht zu sprechen.

Aus der Traum des Bayern, sich dem überraschten deutschen Volk als Friedensstifter einen Platz an der Seite von Willy Brandt zu sichern, der 1971 für seine Ostpolitik den Friedensnobelpreis erhalten hatte. Allen Ernstes hatte Strauß kurz nach der enttäuschenden Niederlage der Unionsparteien bei den Bundestagswahlen 1976 geglaubt, er könne im Nahen Osten den Vermittler spielen. Was noch niemandem gelungen war, das wollte er schaffen. Und alle Welt sollte endlich sehen, was in ihm steckt.

Der Ort der Friedenskonferenz sollte, so hatte Huber gehört, in Bayern liegen: in Wildbad Kreuth, dem Hauptquartier der CSU-eigenen Hanns-Seidel-Stiftung. Und als der Ausrutscher auf dem unsicheren Gelände in Feindesland bekannt wurde, raste die Dementiermaschine. Den SPIEGEL, der versehentlich die Hanns-Seidel-Stiftung als vergeblichen Vermittler an Arafat zitiert hatte, überzog das Kreuther Institut mit einer Gegendarstellung, so als ob es den Bayern niemals gelüstet habe, den PLO-Chef zu treffen. Als die dilettantischen Friedensstiftungspläne und Arafats Desinteresse an dem deutschen Rechten dann doch publik wurden, erklärte die CSU in einer Pressemitteilung: «Die Behauptung des früheren CSU-Mitarbeiters ... er sei von Strauß beauftragt worden, Kontakt zu Arafat zu knüpfen, ist frei erfunden. Bei dem Besuch des CSU-Vorsitzenden 1977 in Syrien *sei von syrischer Seite* der Vorschlag gekommen, ein Treffen zwischen Strauß und dem Chef der Terroristenorganisation ‹PLO› zu arrangieren. Der CSU-Vorsitzende hat seinerzeit den syrischen Vorschlag strikt abgelehnt. Dies kann heute von syrischer Seite her bestätigt werden.»

Zehn Tage später, am 16. März 1980, stimmte die Syrien-Lesart nicht mehr. Die Christsozialen schoben ein neues Dementi nach: Nicht die Syrer, sondern Auslandsreferent Huber selbst solle das Treffen vorgeschlagen haben. Der CSU-Bundestagsabgeordnete Hans Klein, im Bonner Wahlkampfbüro von Strauß für Information zuständig: «Es war im Gegenteil damals der wichtigtuerische Ex-Mitarbeiter der CSU-Landesleitung, Dieter Huber, der eine derartige Kontaktaufnahme vorschlug. Franz Josef Strauß hatte ihm aber umgehend jegliche Aktivitäten in dieser Richtung untersagt.» Ihren eigenen Widerspruch aufzulösen, hat sich die CSU noch nicht bemüht. Es gäbe da nur eine Möglichkeit: Huber ist Syrer.

Oder aber die: Der ertappte Strauß suchte sich um jeden Preis aus der Wahrheit zu mogeln, wie damals in der Fibag- und in der SPIEGEL-Affäre. Frage ist nur, wie eine Bundesrepublik im kommenden Jahrzehnt angespannter außenpolitischer Beziehungen mit einem Strauß fertig werden soll, dessen Beziehung zu den Ultrarechten offenbar über-, sein Verhältnis zur Wahrheit offenbar unterentwikkelt ist.

5
«Wer mir Lüge vorwirft...» Eine Dokumentation zur SPIEGEL- und Fibag-Affäre

Franz Josef Strauß pflegte Umgang mit Ultrarechten und Faschisten, doch diese Kontakte belasten vornehmlich den CSU-Chef und Kanzlerkandidaten Strauß.

Wie ein dem Parlament verantwortlicher Kanzler Strauß sich dem Deutschen Bundestag gegenüber verhalten könnte, darüber mögen jene Vorkommnisse Aufschluß geben, die den früheren Minister Strauß belasteten und schließlich zu seinem Rücktritt führten: die SPIEGEL- und Fibag-Affäre. In beiden Fällen hat Strauß den deutschen Volksvertretern die Unwahrheit gesagt.

Die SPIEGEL-Affäre

Am Abend des 26. Oktober 1962 besetzten – im Beisein des Staatsanwalts Buback von der Bundesanwaltschaft – Beamte der Sicherungsgruppe Bonn, assistiert von Angehörigen der Hamburger Kriminalpolizei die SPIEGEL-Räume im Hamburger Pressehaus. Auch das Bonner SPIEGEL-Büro wurde durchsucht. Anlaß war der SPIEGEL-Titel «Bedingt abwehrbereit» (41/1962), in dem das Nato-Manöver «Fallex 62» kritisch abgehandelt wurde.

Einer der Hauptbeschuldigten war der damalige stellvertretende SPIEGEL-Chefredakteur Conrad Ahlers, einer der Hauptakteure der damalige Verteidigungsminister Franz Josef Strauß.

Möglicherweise wäre die Art, wie Strauß die Aktion gegen den SPIEGEL angeheizt und schließlich durchgepaukt hat, niemals bis in die Details aufgeklärt worden, hätte sich der Minister nicht in der Nacht seines vermeintlichen Triumphes dazu hinreißen lassen, aus der bis dahin sorgsam gewahrten Deckung herauszutreten. Strauß veranlaßte unter Zuhilfenahme von Lügen die Festnahme von Ahlers, der sich in Spanien aufhielt. Hier nun war zu offensichtlich die Grenze der Legalität überschritten worden. Kein anderes Ministerium und keine Bundesbehörde wollte die Verantwortung für den Rechtsbruch übernehmen.

Am 6. November legte der spanische Informationsminister Fraga Iribarne in Madrid der Presse Dokumente vor, mit denen er bewies, daß der deutsche Tourist Ahlers auf Grund eines Telefongesprächs aus Bonn festgenommen worden war. Da feststand, daß nach internationalem Recht keine Grundlage für ein Festnahme-Ersuchen an die spanischen Behörden bestand, erhielt das Parlament endlich den Ansatzpunkt: Es wollte den deutschen Urheber der Festnahme wissen. In drei Fragestunden, am 7., 8. und 9. November 1962, drückten SPD- und FDP-Abgeordnete Innenminister Höcherl schrittweise auf die Wahrheit zu und rangen schließlich, am dritten Tag, dem Verteidigungsminister Strauß das Eingeständnis ab, er habe Ahlers festnehmen lassen. Das Schauspiel, das der hilflos stammelnde Innenminister und der bis zuletzt sich hinter Lügen verschanzende Verteidigungsminister boten, war in der Geschichte des deutschen Parlamentarismus einmalig.

Die SPD faßte in zwei Kleinen Anfragen – vom 16. November und 13. Dezember 1962 – nach. Die Fragen erfaßten die Affäre in ihrem ganzen Umfang. Soweit sich in den Antworten noch immer Fehler fanden, hat Strauß sie zu vertreten. Zwar lagen seine verschiedenen Beiträge zu der Aktion inzwischen am Tage. Jetzt log er, um sich den Folgen zu entziehen.

Das gleiche gilt für den SPIEGEL-Bericht der Bundesregierung, der am 13. November 1962 von Bundeskanzler Adenauer veranlaßt worden war, aber erst am 4. Februar 1963 vorgelegt werden konnte. Es hatte sich als unmöglich erwiesen, die Darstellungen des Verteidigungsministeriums mit den mittlerweile minuziös erfaßten Tatsachen zu vereinbaren.

Iberische Impression des Francisco José Strauß

„Ja, ja — genauso war's . . ."

(Quelle: E. M. Lang, «Süddeutsche Zeitung»)

1. Fragestunde vom 7. November 1962

Strauß, der – wie sich bald erweisen sollte – eigentliche Adressat aller Fragen, trat in dieser Fragestunde nicht auf. Um die Antworten mühte sich Innenminister Höcherl allein. Sobald und soweit Tatbeiträge des Verteidigungsministeriums zur Sprache kamen, war Höcherl zu Ausflüchten gezwungen. Sein Kabinettskollege und Parteifreund hatte ihn offenkundig im dunkeln gelassen, obschon die Antworten zwischen beiden abgestimmt waren.[1]

Präsident Gerstenmaier:
Ich rufe auf die Frage des Herrn Abgeordneten Dr. Mommer:

Welche Minister und Staatssekretäre wurden mit dem Verlangen nach einem Gutachten und mit dem Gutachten selber befaßt?

Höcherl:
Für den Herrn Kollegen Stammberger darf ich die Frage wie folgt beantworten: Daß die Bundesanwaltschaft ein Gutachten angefordert hat, haben außer dem Justizminister die Staatssekretäre Dr. Strauß und Hopf gewußt. Mit der Anfertigung des Gutachtens war weder ein Minister noch ein Staatssekretär befaßt.

Staatssekretär Hopf war, wie Herr Kollege Strauß bei

Wenn Höcherl diese Frage stellvertretend für den Justizminister beantwortete, so lag darin bereits die erste Irreführung zugunsten von Strauß.

Durch die Einführung Stammbergers sollte der Eindruck erweckt werden, als sei das Gutachten auf dem in solchen Fällen normalen Wege, nämlich über das Justizministerium, angefordert worden.

Tatsächlich wurde das Gutachten zwischen Bundesanwalt Kuhn und dem Oberregierungsrat Wunder vom Verteidigungsministerium abgesprochen[3], einem ständigen Gutachter in Landesverratssachen.

Das Verteidigungsministerium erstellte das Gutachten von sich aus. Auf Weisung des Ministers Strauß erklärte sich der Staatssekretär Walter

der Beantwortung der Frage 3 darlegen wird, mit der Absendung des Gutachtens befaßt.[2]

Strauß vom Justizministerium einverstanden, seinen Minister, Dr. Wolfgang Stammberger, nicht zu unterrichten.

Erst nachdem das zwischen Bundesanwaltschaft und Verteidigungsministerium abgesprochene Gutachten praktisch fertig war, forderte die Bundesanwaltschaft auf dem Dienstwege über den Justizminister das Gutachten noch schriftlich beim Bundesverteidigungsministerium an.[4]

Diese Anforderung erreichte den Justizminister Stammberger am 22. Oktober 1962; der sachlich zuständige, aber bis dahin ahnungslose Minister vermerkte auf der Anforderung: «Nach Eingang Gutachten vorlegen».[5] *Tatsächlich befand sich das Gutachten schon seit dem 19. Oktober in Karlsruhe. Während Stammberger noch auf den Eingang des Gutachtens wartete, zu dem er sich eine Stellungnahme vorbehalten hatte, wurden in Karlsruhe bereits die Haft-, Durchsuchungs- und Beschlagnahme-Befehle ausgestellt. Die Aktion rollte am 26. Oktober 1962 an. Justizminister Stammberger erfuhr von den Vorgängen zwölf Stunden später – aus dem Münchner Merkur.*[6]

1 Strauß erklärte am 17. Juli 1964 in München, Höcherl und Adenauer seien schon vor Beginn der Fragestunde über die Vorgänge um Ahlers unterrichtet gewesen. Vergleiche: Siegfried Schiele: «Der Rücktritt von Bundesverteidigungsminister Strauß»; Tübingen 1965; S. 34, Fußn. 1.

2 Deutscher Bundestag, 4. Wahlperiode, 45. Sitzung, 7. 11. 1962, S. 1955.

3 SPIEGEL-Bericht d. Bundesregierung, (in:) Bulletin Nr. 23/1963, S. 195.

4 Das Gutachten wurde am Abend des 18. 10. 1962 fertiggestellt, am gleichen Tag forderte die Bundesanwaltschaft über das BMJ beim BMVtdg das Gutachten an. S.: SPIEGEL-Bericht ..., a. a. O., S. 195.

5 «Strauß: Stammberger war unterrichtet»; FAZ vom 6. 11. 1962.

6 «Was da passiert ist»; SPIEGEL 45/1962, S. 51.

Schmitt-Vockenhausen:
Wer hat Staatssekretär Strauß von der bevorstehenden Aktion unterrichtet?

Höcherl:
Ich weiß es nicht; aber ich möchte annehmen, daß die Sicherungsgruppe bzw. die Bundesanwaltschaft das gemacht hat.[1]

Staatssekretär Walter Strauß wurde unterrichtet, aber weder von der Sicherungsgruppe noch von der Bundesanwaltschaft, sondern von Minister Strauß und dessen Staatssekretär Hopf.

Die entscheidende Unterredung war am 24. Oktober im Verteidigungsministerium. Dabei wurde abgesprochen, den Justizminister nicht zu unterrichten.[2]

1 Deutscher Bundestag, 4. Wahlperiode, 45. Sitzung, 7. 11. 1962, S. 1956.

2 SPIEGEL-Bericht . . ., a. a. O., S. 196.

Dr. Müller-Emmert:
Wer hat Staatssekretär Strauß die Auflage gemacht, den Minister nicht zu unterrichten?

Höcherl:
Mir ist von einer Auflage nichts bekannt.[1]

Die Auflage, seinen Minister nicht zu unterrichten, wurde dem Staatssekretär Strauß von dem Minister Strauß gemacht. Um den korrekten Beamten Strauß zu der Pflichtwidrigkeit zu bewegen, mußte der unkorrekte Minister Strauß zu einer Lüge Zuflucht nehmen: Der Bundeskanzler habe angeordnet, daß der Bundesminister der Justiz ausgeschaltet werde.[2] *Bundeskanzler Adenauer hatte keine derartige Anweisung gegeben.*[3]

1 Deutscher Bundestag, 4. Wahlperiode, 45. Sitzung, 7. 11. 1962, S. 1956.

2 SPIEGEL-Bericht ..., a. a. O., S. 196.

3 s.: Mitteilung des Fraktionsvorstandes d. CDU/CSU vom 29. 11. 1962, (in:) Deutscher Bundestag, Drucksache IV/943, S. 2: «Der Bundeskanzler hat im Einzelfalle keine Weisung erteilt. Das gilt auch für die Frage der Nichtunterrichtung des Justizministers.»

Dr. Mommer:
Herr Minister, ist es richtig, daß unmittelbar vor dem Beginn der Aktion gegen die Pressehäuser eine Besprechung mit der Bundesanwaltschaft stattgefunden hat, an der wohl Herr Verteidigungsminister Strauß und Herr Staatssekretär Strauß teilnahmen, nicht aber der Bundesjustizminister?

Tatsächlich hat eine solche Besprechung, an der wohl der unzuständige Verteidigungsminister, nicht aber der zuständige Justizminister teilnahm, im Verteidigungsministerium stattgefunden, und zwar in den Nachmittagsstunden des 24. Oktober 1962, mithin zwei Tage vor der SPIEGEL-Aktion.[2]

Von der Bundesanwaltschaft war bei dieser Besprechung kein Vertreter anwesend. Das war auch nicht notwendig, denn Hopf war gerade selbst in Karlsruhe gewesen, um den Aktionsplan festzulegen. Sein Bericht über das Karlsruher Besprechungsergebnis bildete den Mittelpunkt der Unterredung.[3]

Höcherl:
Herr Kollege Mommer, ich habe Sie vorhin schon gebeten und möchte diese Bitte wiederholen: Sprechen wir doch nicht von Aktion, sondern bleiben wir bei der Formulierung: höchststaatsanwaltschaftliche Ermittlungshandlung wegen eines sehr schweren Vorwurfs des Landesverrats; das müssen wir immer wieder sehen.

(Abg. Dr. Mommer: Meine Frage, Herr Minister!)

Soweit meine Feststellungen reichen, hat eine solche Besprechung unter Ausschluß des von Ihnen erwähnten Ministers und unter Anwesenheit des anderen Ministers nicht stattgefunden.[1]

1 Deutscher Bundestag, 4. Wahlperiode, 45. Sitzung, 7. 11. 1962, S. 1956.

2 SPIEGEL-Bericht ..., a. a. O., S. 196.

3 Ebd.

Präsident Gerstenmaier:
Ich rufe die Frage des Herrn Abgeordneten Wittrock auf:

Wer veranlaßte die spanische Polizei, den «SPIEGEL»-Redakteur Ahlers in Málaga festzunehmen?

Höcherl:
Ich darf diese Frage für den Herrn Justizminister wie folgt beantworten:

Weder das Bundesjustizministerium noch der Generalbundesanwalt haben eine Festnahme, eine Auslieferung oder Abschiebung des «SPIEGEL»-Redakteurs Ahlers durch die spanische Polizei veranlaßt.

Desgleichen haben weder das Bundesjustizministerium noch der Generalbundesanwalt Interpol eingeschaltet. – Meine Damen und Herren, ich bitte doch um Geduld; das war der erste Teil, jetzt kommt der zweite Teil. Ich weiß genau, worauf Sie hinauswollen. Sie haben genauso wie ich gestern die amtliche Mitteilung gelesen.

Diese verworrene, zum Teil unrichtige Darstellung wäre dem Innenminister erspart geblieben, hätte ihn sein Kollege Strauß richtig informiert gehabt.

Den SPIEGEL-Redakteur Ahlers in Málaga festzunehmen, veranlaßten in der Tat weder Bundesjustizministerium noch Generalbundesanwalt, noch Bundeskriminalamt und auch nicht die Sicherungsgruppe.

Die Anweisung, Ahlers festzusetzen, wurde nicht einmal von einem Beamten des Verteidigungsministeriums erteilt, sondern von Franz Josef Strauß persönlich, im Alleingang und in direkter Mißachtung der seinem Haus vom Justizministerium und vom Bundeskriminalamt zuteil gewordenen Belehrung, daß sich eine Festnahme aus Rechtsgründen verbiete.[1]

Offenkundig ebenfalls auf Grund einer Fehlunterrichtung durch Strauß schlich sich in die Antwort Höcherls noch eine andere Unrichtigkeit ein:

(Anhaltende Unruhe bei der SPD.)

Ich will Sie doch informieren! Geben Sie mir doch durch Ruhe Gelegenheit, Sie zu informieren! Gestern ist eine amtliche Mitteilung herausgekommen. Darauf wollen Sie doch wohl hinaus.

(Zuruf von der SPD: Natürlich!)

Gut, ich darf Ihnen die Frage jetzt in meiner eigenen Zuständigkeit beantworten, weil in dieser amtlichen Mitteilung des spanischen Informationsministeriums das Bundeskriminalamt angesprochen wird, für das ich die Verantwortung zu tragen habe und gerade in diesem Fall wegen der auch Ihnen bekannten Korrektheit der eingesetzten Beamten sehr leicht trage. Dazu habe ich Ihnen folgendes zu sagen.

Bei dem Versuch, den Haftbefehl des Bundesgerichtshofs gegen Herrn Ahlers zu vollstrecken, wurde festgestellt, daß Herr Ahlers in Spanien oder Tanger sei und daß der deutsche Militärattaché in Madrid über diese Reise Bescheid wissen solle. Diese Feststellung wurde dem Verteidigungsministerium unverzüglich mitgeteilt. Nach amtlicher spanischer Auskunft soll der stellvertre-

Nicht bei dem vergeblichen Versuch, Ahlers in Hamburg zu verhaften, wurde festgestellt, daß der deutsche Militärattaché Oster über die Reise von Ahlers Bescheid wußte. Dieses Wissen stammte aus dem Verteidigungsministerium und nur von dort. Es stammte aus einer Zeit, zu der die Aktion noch vorbereitet wurde, keinesfalls aber schon angelaufen war.[2]

Ob der Hinweis auf Oster vom Verteidigungsministerium kam, wie es wirklich war[3]*, oder ob er von den Hilfsbeamten der Bundesanwaltschaft kam, wie Höcherl vortrug, machte für Strauß im Hinblick auf seine spätere Schutzbehauptung einen erheblichen Unterschied.*

Kam nämlich der Hinweis auf Oster von den Beamten der Sicherungsgruppe, die den Haftbefehl vollstrecken wollten, so hatte er die Möglichkeit, notfalls zu behaupten, er habe in diesem Hinweis eine Aufforderung der Bundesanwaltschaft gesehen, über Oster bei der Verhaftung des Ahlers mitzuwirken. Hatten die Beamten hingegen keine Ahnung davon, daß sich Oster und Ahlers kannten und in Spanien getroffen hatten, so gab es für Strauß überhaupt kein plausibles Motiv,

tende Präsident des Bundeskriminalamts noch in der Nacht vom 26. auf den 27. Oktober eine spanische Dienststelle um Festnahme des Ahlers ersucht haben.

Das war der erste Teil dieser (spanischen) Mitteilung. Sie ist gestern abend herausgekommen. Ich habe alles darangesetzt, um den tatsächlichen Sachverhalt zu erfahren. Nach meinen Feststellungen trifft es nicht zu, daß Herr Dickopf, der in der spanischen Information genannt worden ist, die mündliche Weiterleitung eines Haftbefehls an die spanischen Dienststellen veranlaßt hätte.[4]

den Oster auf Ahlers anzusetzen.

1 SPIEGEL-Bericht ..., a. a. O., S. 197/198.

2 Oster hatte um den 20. Oktober dem Pressereferenten von Strauß, Schmückle, mitgeteilt, daß Ahlers, der in Spanien sei, ihn besuchen wolle und um Verhaltensmaßregeln gebeten. Zeuge dieses Telefonats war der ORR Schnell. (Aussagen Dr. Brückner und Schnell im Ermittlungsverfahren gegen Strauß u. a.; s.: Einstellungsbescheid d. OSt Bonn v. 2. 6. 1965 (Az: 8 Js 24/64), S. 12/13 (ungekürzte Fassung).

3 Stellungnahme d. BMI: «Von seiten des BMVtdg (wurden) auch die Namen Ahlers und Oster sowie die Beziehungen, in denen sie zueinander ständen, erwähnt.»

S.: SPIEGEL-Bericht ..., a. a. O., S. 197, Teil B, Ziffer 2 b.

4 Deutscher Bundestag, 4. Wahlperiode, 45. Sitzung, 7. 11. 1962, S. 1960/1961.

Dr. Schäfer:
Herr Minister, Sie haben vorher gesagt, daß das Verteidigungsministerium (über den mißglückten Versuch, Ahlers in Hamburg zu verhaften) informiert wurde. Meine Frage: Warum und was hat das Verteidigungsministerium daraufhin gegenüber dem Bundeskriminalamt getan?

Wiederum versucht Höcherl, seinem Kollegen Strauß den Rückzug auf sogenannte «Amtshilfe» frei zu halten. Die Beamten der Sicherungsgruppe hatten bei dem mißglückten Versuch, Ahlers in Hamburg zu verhaften, lediglich erfahren, daß Ahlers in Spanien sei und von dort gelegentlich einen Abstecher nach

Höcherl:
Ich darf die erste Frage dahingehend beantworten, daß das Verteidigungsministerium deswegen informiert wurde, weil – nach meiner bisherigen Feststellung – die Beamten der Sicherungsgruppe erfahren haben –; weil von der Reise Ahlers' nach Spanien das Verteidigungsministerium oder Angehörige dieses Bereiches in irgendeiner Form unterrichtet waren, wenn nicht beteiligt waren.[1]

Tanger machen werde, sonst gar nichts.[2]

Die Informationen über den Ablauf der Aktion erhielt das Verteidigungsministerium im übrigen nicht von Beamten der Sicherungsgruppe, sondern von den «Beobachtern», die das Ministerium für den «Einsatz» zur Sicherungsgruppe delegiert hatte.

Zwischen dem Verteidigungsministerium und diesen Beobachtern pendelte während der Nacht der damalige Oberregierungsrat Schnell[3]*, jener Korruptions-Dezernent, der seinen Minister schon in der «Fibag»- wie auch in der «Aloys»-Affäre beraten hatte. Schnell wußte davon, daß sich Ahlers in Spanien mit Oster treffen wollte. Schnell war einige Tage vorher dabeigewesen, als Oster mit dem Pressereferenten von Strauß, dem Oberst Schmückle, über den Ahlers-Besuch in Madrid telefonierte.*[4]

1 Deutscher Bundestag, 4. Wahlperiode, 45. Sitzung, 7. 11. 1962, S. 1962.

2 SPIEGEL-Bericht ..., a. a. O., S. 197, Teil B, Ziffer 1: «Der Name Oster ist anläßlich dieser Durchsuchung auf keiner Seite gefallen.»

3 S.: Einstellungsbescheid d. OSt Bonn v. 2. 6. 1965 (Az: 8 Js 24/64), S. 10 (ungekürzte Fassung).

4 Aussagen der Zeugen Dr. Brückner und Schnell im Ermittlungsverfahren gegen Strauß u. a.
S.: Einstellungsbescheid d. OSt Bonn v. 2. 6. 1965 (Az.: 8 Js 24/64), S. 12/13 (ungekürzte Fassung).

2. Fragestunde vom 8. November 1962

Im Verlauf der Fragestunde vom 7. November wurde die zentrale Rolle des Verteidigungsministers in den Konturen sichtbar. Am 8. November war Höcherl nicht mehr bereit, allein die Ungereimtheiten und Unrichtigkeiten zu vertreten. Strauß mußte – zum ersten Male – nach vorn.

Erler:
Ist Ihnen etwas davon bekannt, oder haben Sie eine Vermutung, daß vielleicht der Militärattaché Oster diese Festnahme veranlaßt haben könnte?

Höcherl:
Herr Kollege Erler, ich nehme an, daß Sie diese Frage an das zuständige Ressort richten wollen und daß der Herr Verteidigungsminister auf diese Frage antwortet.

Erler:
Bitte.

Strauß:
Ich kann auf diese Frage nach meinen Feststellungen folgendes antworten:

Das Bundesverteidigungsministerium ist durch die Sicherungsgruppe des Bundeskriminalamtes am 27. Oktober zwischen 1 und 2 Uhr morgens wie folgt verständigt

Die Antwort ist in den entscheidenden Punkten unwahr:

Es gab keine Verständigung, geschweige denn ein «Amtshilfe»-Ersuchen.[2] *Und Oster wurde nicht gebeten, die Spanier von den Vorgängen zu unterrichten, sondern ihm wurde befohlen, bei den Spaniern die Festnahme von Ahlers zu erwirken.*[3]

Strauß behauptete – wie Höcherl schon am Vortage –, das Verteidigungsministerium sei durch die Sicherungsgruppe verständigt worden, daß der deutsche Militärattaché in Madrid über die Ahlers-Reise unterrichtet sei. Daß Strauß hier nicht etwa nur fahrlässig eine unrichtige Behauptung aufstellte, dafür spricht seine Interessenlage: Nur wenn er den Hinweis auf Oster der Sicherungsgruppe, also dem Exekutivorgan der Bundesanwaltschaft, in den Mund legte, konnte er zu der Hilfskon-

worden: Bei dem erfolglosen Versuch der Festnahme des Herrn Ahlers in seiner Hamburger Wohnung habe sich ergeben, daß sich Herr Ahlers in Spanien oder Tanger aufhalte. Der deutsche Militärattaché in Madrid sei über diese Reise unterrichtet.

Auf dem Wege der Amtshilfe für die Strafverfolgungsbehörden hat das Verteidigungsministerium den Militärattaché in Madrid gefragt, ob diese Mitteilung zutreffe. Der Militärattaché bestätigte die Mitteilung, er könne aber nicht sagen, ob sich Herr Ahlers in Spanien oder Tanger aufhalte. Der spanische Aufenthaltsort des Herrn Ahlers sei ihm bekannt.

Daraufhin wurde dem Militärattaché erklärt, daß gegen Ahlers ein höchstrichterlicher Haftbefehl wegen des dringenden Verdachts eines landesverräterischen Verbrechens vorliege ...

Der Attaché wurde in der bei Behörden üblichen Weise angewiesen, diese Tatsache den spanischen Behörden mitzuteilen. Diese seien außerdem bereits auf dem polizeilichen Wege von dem vorliegenden Haftbefehl unterrichtet. Der Attaché sollte den spanischen Behörden den ihm bekannten Aufenthaltsort mitteilen ... *struktion «Amtshilfe» kommen.*

Was Strauß schließlich über das Gespräch mit Oster dem Parlament mitteilte, war eine Verniedlichung, die den wahren Sachverhalt geradezu auf den Kopf stellte. Oster wurde angewiesen, Ahlers festnehmen zu lassen.

Daß die Spanier nicht auf dem polizeilichen Wege von dem Haftbefehl unterrichtet worden waren, war dem Verteidigungsministerium bekannt. Dem Ministerium war sogar bekannt, daß ein polizeiliches Ersuchen auf Festnahme des Ahlers weder beabsichtigt noch überhaupt rechtlich möglich war.
Gerade deshalb sollte ja Oster tätig werden.[4]

1 Deutscher Bundestag, 4. Wahlperiode, 46. Sitzung, 8. 11. 1962, S. 2013/2014.

2 Aussage des Regierungskriminalrats Saevecke im Ermittlungsverfahren d. OSt Bonn gegen Strauß u. a. (Az: 8 Js 24/64): «Ein Amtshilfeersuchen an das Bundesverteidigungsministerium (ist) nicht ergangen.»

3 «Was Oberst Oster ... an die spanischen Polizeibeamten herantrug, stellte sich als ein Ersuchen um vorläufige Festnahme zum Zwecke der Auslieferung dar.» «Strauß wollte ... gerade erreichen, daß Ahlers sofort festgenommen wurde.»

haltsort angeben. Er sollte außerdem auch eventuelle polizeiliche Ersuchen bei der spanischen Behörde unterstützen.[1]

S.: Einstellungsbescheid d. OSt Bonn v. 2. 6. 1965 (Az: 8 Js 24/64), S. 32/33 (ungekürzte Fassung).

4 Hopf zu Dickopf gegen 1.00 Uhr (27. 10. 1962), nachdem er erfahren hatte, daß Interpol nicht tätig werden könne: «Er werde über die Attachégruppe mit Oberst Oster in Madrid Verbindung aufnehmen.» s.: Einstellungsbescheid d. OSt Bonn vom 2. 6. 1965 (Az: 8 Js 24/64), S. 4.

Dr. Mommer:
Wer hat die Weisung an Herrn Oster gegeben, die Festnahme von Herrn Ahlers zu veranlassen?

Strauß:
In der Fragestellung steckt eine Behauptung, die in dieser Form wohl nicht zutrifft.

(Beifall bei der CDU/CSU.

Dr. Schäfer:

Irgend jemand muß es doch gewesen sein!

Erler:

Die haben doch den Auftrag nicht geträumt, Herr Minister!)

Strauß:
Eine deutsche Behörde kann diese Veranlassung überhaupt nicht treffen, weil alle Maßnahmen dieser Art nach dem in dem jeweiligen Lande geltenden nationalen Recht von der nationalen Behörde getroffen werden.[1]

Die Frage war klar, die Antwort eine verklausulierte Lüge. Natürlich wurde die Festnahme am Ort von der nationalen Polizeibehörde vollzogen. Aber die spanische Behörde wurde tätig, weil sie durch unwahre Angaben in den Glauben versetzt war, sie müsse – nach internationalem Recht – in diesem Falle tätig werden. Tatsächlich waren die spanische Polizei wie auch Oster bei der ungesetzlichen Festnahme von Ahlers nur «Werkzeuge».[2]

1 Deutscher Bundestag, 4. Wahlperiode, 46. Sitzung, 8. 11. 1962, S. 2015.

2 Der spanische Interpol-Chef Pozo Gonzáles sagte als Zeuge aus, er habe den Vortrag Osters «als ein formloses Ersuchen um vorläufige Festnahme des Redakteurs Ahlers zur Sicherung einer späteren Auslieferung im Vorgriff auf das – angeblich – über Interpol an seine Dienst-

stelle abgesandte Festnahmeersuchen aufgefaßt». «Er (hätte) die Festnahme des Ahlers nicht angeordnet, wenn er gewußt hätte, daß ein darauf gerichtetes Ersuchen von den zuständigen deutschen Stellen nicht gestellt und nicht beabsichtigt war.» S.: Einstellungsbescheid d. OSt Bonn v. 2. 6. 1965 (Az: 8 Js 24/64), S. 33, 36 (ungekürzte Fassung).

Strauß:
Ich habe vorher in meiner Antwort vermerkt, daß die Sicherungsgruppe des Bundeskriminalamts das Bundesverteidigungsministerium in der Nacht zwischen 1 und 2 Uhr verständigt habe, daß sich bei der erfolglosen Festnahme des Herrn Ahlers ergeben habe, daß sich Herr Ahlers in Spanien oder Tanger aufhalte. Ferner wußte die Sicherungsgruppe bereits in der Nacht, daß der deutsche Militärattaché in Madrid über diese Reise unterrichtet war.

Nun ist folgendes bekannt. Der Verfasser des Artikels, der immerhin wahrscheinlich im Mittelpunkt des Ermittlungsverfahrens steht, ist Herr Ahlers. Herr Ahlers war früher Pressereferent bei der sogenannten Dienststelle Blank. Herr Ahlers ist die wichtigste Auskunftsperson, nicht nur als Beschuldigter,

Im Eifer führt sich Strauß an dieser Stelle selbst ad absurdum.

Die angebliche Mitteilung von der Sicherungsgruppe des Bundeskriminalamts, die er als «Ersuchen um Amtshilfe» verstanden haben will, ging beim Verteidigungsministerium nach seinen Angaben zwischen 1 und 2 Uhr in der Nacht vom 26. auf den 27. Oktober 1962 ein.

Die Telefonate des Ministers Strauß mit Madrid begannen aber erheblich früher. Der Kanzler Reif von der spanischen Botschaft erhielt den ersten Anruf von Strauß spätestens um 0.45 Uhr.[2] Bei diesem Gespräch ergab sich, daß das Verteidigungsministerium vorher schon versucht hatte, den Attaché Oster unter seiner Privatnummer zu erreichen.[3] Vor 1 Uhr schon hatte Reif den Attaché, der auf einer Gesellschaft war, ausfindig gemacht. Oster selbst gibt

sondern auch für die Informanten, die im Verteidigungsministerium eventuell Unterlagen oder Dokumente geliefert haben könnten. Wenn das Verteidigungsministerium diesem Hinweis nicht nachgeht, dann würde mit Recht der Vorwurf erhoben oder zumindest die Frage gestellt werden: Warum weiß der deutsche Militärattaché nichts von der Ausreise des Mannes, der am besten über Informanten Auskunft geben kann? Darum sind wir diesem Hinweis pflichtgemäß nachgegangen.[1]

an, daß er genau um 1 Uhr die Gesellschaft verließ, um zur Botschaft zu fahren und von dort aus – wie befohlen – den Minister Strauß in Bonn anzurufen.[4] *Die Verbindung wurde unverzüglich hergestellt.*

1 Deutscher Bundestag, 4. Wahlperiode, 46. Sitzung, 8. 11. 1962. S. 2015.

2 Aussage Reif. s. SPIEGEL-Bericht . . ., a. a. O., S. 199, Teil B, Ziffer 4b.

3 Aussage Reif im Ermittlungsverfahren gegen Strauß u. a. (Az: 8 Js 24/64): «Auf das Anerbieten, ihm (Strauß) seine (Osters) private Telefonnummer zu geben, erfuhr ich, daß bei Herrn Oster schon erfolglos angerufen worden war.»

4 Vernehmung Oster d. d. OSt Bonn, Protokoll v. 14. 5. 1963 (Az: 8 Js 384/62), S. 3.

Strauß:
Das Verteidigungsministerium ist in der Periode der Durchführung der staatsanwaltschaftlichen und durchweg richterlich angeordneten Maßnahmen von keiner Festnahme oder von keinem Festnahmeversuch informiert worden außer aus einem ganz bestimmten Grunde im Falle Ahlers, und zwar deshalb, weil sich bei dem erfolglosen Versuch der Festnahme ergeben hat, zur Kenntnis der Si-

Die Sicherungsgruppe des Bundeskriminalamtes hat sich überhaupt nicht an das Verteidigungsministerium gewandt, weder mit der Bitte um Amtshilfe noch aus Mitteilungsbedürfnis, noch aus irgendeinem anderen Grund. Der Hinweis auf die Beziehung Ahlers/Oster stammt aus dem Verteidigungsministerium; er geht auf den Korruptionsdezernenten Schnell zurück.[2]

Abgesehen von der sachlichen Unwahrheit seines Vor-

cherungsgruppe des Bundeskriminalamts gekommen ist, daß Herr Ahlers nicht anwesend sei, daß Herr Ahlers sich im Ausland befinde – diese Information wäre für uns ohne jede Bedeutung gewesen –, daß Herr Ahlers sich in Spanien befinde – diese Information wäre auch ohne Bedeutung gewesen –, aber daß er sich in Spanien befinde und der deutsche Militärattaché unterrichtet sei. Die Sicherungsgruppe des Bundeskriminalamtes hat sich sicherlich nicht aus reinem – ich bitte mir dieses ironische Wort nachsehen zu wollen – Mitteilungsbedürfnis in dieser Weise geäußert, sondern weil die Sicherungsgruppe auf dem Wege der Amtshilfe – Art. 35 des Grundgesetzes – erfahren wollte: Was ist denn da dran?[1]

trags gab es zudem noch einen Vorgang, der es Strauß hätte geradezu verbieten müssen, nachträglich von einem «Amtshilfe»-Ersuchen im Falle Ahlers zu sprechen. Als Verteidigungsministerium und Bundesanwaltschaft die SPIEGEL-Aktion am 20. Oktober in Karlsruhe absprachen, war nämlich tatsächlich von Amtshilfe die Rede gewesen, jedoch in einem Sinne, der die von Strauß jetzt für sich in Anspruch genommene Auslegung des angeblichen Gesprächs mit der Sicherungsgruppe schlechthin verbot.

Staatssekretär Hopf und Bundesanwalt Kuhn hatten sich in Karlsruhe verständigt, daß eventuell notwendig werdende Ermittlungsmaßnahmen gegen Angehörige des Verteidigungsministeriums durch das Ministerium unterstützt würden. Dazu Kuhn als Zeuge im Ermittlungsverfahren gegen Strauß: «Es ist nicht von einer Amtshilfe die Rede gewesen, die sich auch auf Maßnahmen erstrecken sollte, die sich gegen andere Beschuldigte, zum Beispiel gegen Redakteure des SPIEGEL, richten würden.»[3]

Strauß aber klammert sich an die «Amtshilfe»-Lüge, obschon ihm mittlerweile klargeworden sein mußte, daß sie

1 Deutscher Bundestag, 4. Wahlperiode, 46. Sitzung, 8. 11. 1962, S. 2019.

2 Einstellungsbescheid d. OSt Bonn v. 2. 6. 1965 (Az: 8 Js 24/64), S. 12/13 (ungekürzte Fassung).

3 (Az: 8 Js 24/64).

4 a) Der Sicherungsgruppenchef Brückner zu StS Hopf, 26. 10. 62, 23.00 Uhr: Auslieferung «rechtlich nicht zulässig».

b) Der Interpol-Chef Dickopf zu StS Hopf, 27. 10. 62, 1.00 Uhr: Interpol dürfe «wegen des politischen Charakters ... nicht eingeschaltet werden».

c) Der Ministerialrat (BMJ) Kleinknecht zu StS Hopf, 27. 10. 62, 1.00–2.00 Uhr: «Es müsse alles unterlassen werden, was der Sache nach ein Auslieferungsbegehren sei.» (Zit. n.:) Einstellungsbescheid d. OSt Bonn vom 2. 6. 1965 (Az: 8 Js 24/64);
a) S. 3/4, b) S. 4, c) S. 6.

sich nicht werde durchhalten lassen, weil

- ▷ *die an sich zuständigen Stellen aus Rechtsgründen die Verhaftung von Ahlers selbst nicht in die Wege leiten und mithin auch niemand wirksam um Amtshilfe ersuchen konnten, und*
- ▷ *unter diesen Umständen nach menschlichem Ermessen auch niemand vom Bundeskriminalamt bereit sein würde, sich selbst der Wahrheit zuwider mit der Verantwortung für den Rechtsbruch zu belasten.*[4]

3. Fragestunde vom 9. November 1962

Erst in dieser dritten Fragestunde gab Strauß zu, worüber das Parlament während zweier Tage voll Erregung debattiert hatte: Er selbst hatte Oberst Oster angewiesen, bei den Spaniern wegen der Festnahme von Ahlers vorstellig zu werden.

Erler:
Hat nach der Weitergabe des Gutachtens vom Bundesverteidigungsministerium an das Bundesjustizministerium bzw. an die Bundesanwaltschaft nun ... Herr Staatssekretär Hopf, der Herr Verteidigungsminister selbst oder wer sonst mit dem Militärattaché in Madrid, Oster, telefoniert und durch dieses Telefongespräch den ersten Anstoß zur vorläufigen Festnahme des Ehepaars Ahlers durch die spanischen Behörden ... gegeben?

Strauß:
Abgesehen davon, daß auch hier der Zusammenhang mit der eigentlich gestellten Frage nicht mehr zu erkennen ist, steckt in dieser Frage eine Feststellung, deren Richtigkeit oder Unrichtigkeit ich nicht überprüfen kann. Ich habe gestern den Vorgang dargestellt. (Es folgt die bekannte

Strauß gibt nunmehr erstmalig zu, daß er es war, der mit Oster telefonierte. Freilich kompensiert er das Eingeständnis, offenbar zwanghaft, sofort mit einer neuen Lüge: Oster habe nach der Stimme seines Ministers verlangt, erst daraufhin sei er, Strauß, (passiv) «verbunden worden». Tatsächlich telefonierte Strauß in der Nacht nicht nur einmal, sondern mindestens dreimal mit Madrid.

Nachdem vergeblich versucht worden war, den Attaché in seiner Wohnung zu erreichen, ließ sich Strauß mit dem Kanzler der deutschen Botschaft in Madrid, Reif, verbinden. Strauß verlangte – «auch im Namen des Herrn Bundeskanzlers und des Herrn Außenministers» –, Reif solle für einen sofortigen Rückruf des Militärattachés Oster an ihn, Strauß, sorgen.[2]

Oster rief befehlsgemäß zurück, wobei ihm, da er das Gespräch selbst angemeldet hatte,

Einlassung von dem angeblichen Amtshilfeersuchen.)

Aus der Mitteilung der Sicherungsgruppe war zu entnehmen, daß sie an der Festnahme von Ahlers gerade wegen der Aufklärung der undichten Stellen in Bonn ein besonderes Interesse habe ...

Aus diesem Grunde ist nachts der Anruf der Sicherungsgruppe erfolgt. Da der Militärattaché – ich weiche dem nicht aus, das wäre eine völlig falsche Annahme oder Unterstellung – bei Anruf den Sachverhalt nicht kennen wollte, sondern sagte: «Ich kenne nur die Stimme des Ministers», bin auch ich mit ihm verbunden worden und habe ihm das wiederholt, was vorlag.[1]

von Anfang an klar war, mit wem er telefonierte.

Dem Militärattaché Oster erzählte Strauß eine Lügengeschichte über Massenverhaftungen von SPIEGEL-Redakteuren und Offizieren, über Rudolf Augsteins Flucht nach Kuba.[3]

Gegen Morgen erstattete Oster telefonisch Vollzugsmeldung.

Die Lügen am Telefon erhärten bis zur Gewißheit, daß Strauß sich bei diesen Gesprächen der Rechtswidrigkeit seines Festnahmebefehls bewußt gewesen sein muß. Die Gesprächspartner sollten erschreckt und damit bereit gemacht werden, am Rechtsbruch mitzuwirken.

1 Deutscher Bundestag, 4. Wahlperiode, 47. Sitzung, 9. 11. 1962, S. 2077.

2 Aussage Reif im Ermittlungsverfahren d. OSt Bonn gegen Strauß u. a. (Az: 8 Js 24/64); s. a.: SPIEGEL-Bericht ..., a. a. O., S. 199, Teil B, Ziffer 4b.

3 Vernehmung Oster durch d. OSt Bonn, Protokoll vom 14. 5. 1963 (Az: 8 Js 384/62), S. 4.

Erler:
Ist dem Militärattaché in Madrid in diesem Telefongespräch ausdrücklich gesagt

Strauß hat nun zwar eingeräumt, daß er mit Oster telefonierte.

Daß er Oster den «dienstli-

worden, daß er nunmehr die spanischen Behörden in dem Sinne in Kenntnis zu setzen habe, daß das Ehepaar Ahlers vorläufig festzunehmen sei?

Strauß:
Von einem Ehepaar Ahlers ist überhaupt keine Rede. Auch hier steckt in der Frage wieder eine Unterstellung, die mit der Wirklichkeit überhaupt nichts gemeinsam hat ...

Da allein Herr Oster den Aufenthaltsort wußte und im übrigen auch wußte, daß unter Umständen schon in den nächsten Stunden eine Ausreise nach Marokko erfolge, hat Herr Oster das getan, wozu er als Bundesbediensteter verpflichtet war und was ihm ausdrücklich gesagt worden ist – spanische Stellen zu verständigen, damit hier nicht unter Umständen durch eine Ausreise die Aufdeckung des Sachverhalts ... verhindert werden kann.[1]

chen Befehl» gab, für die Festnahme von Ahlers zu sorgen[2], und daß er den Offizier zu diesem Zwecke überdies in den falschen Glauben versetzte, es sei

- *ein Haftbefehl über Interpol nach Spanien unterwegs[3], und*
- *dieser Haftbefehl stütze sich nicht nur auf den Verdacht eines politischen Vergehens, sondern ferner auf das kriminelle Delikt «aktive Bestechung»[4], verschwieg der Minister nach wie vor.*

Darauf zielte aber die Frage. Nur der Vorwurf des Bestechungsdelikts nämlich, der von Strauß am Telefon als zweite Haftvoraussetzung neben Landesverrat genannt wurde, konnte die korrekten Spanier zum Eingreifen veranlassen. Auf den Vorwurf der politischen Straftat hätten sie nicht reagieren können.

1 Deutscher Bundestag, 4. Wahlperiode, 47. Sitzung, 9. 11. 1962, S. 2078.

2, 3 u. 4 Vernehmung Oster durch d. OSt Bonn, Protokoll vom 14. 5. 1962 (Az: 8 Js 384/62), S. 4/5.

Dr. Schäfer:
Haben Sie also den Herrn Oster angewiesen, die spanischen Behörden zu informie-

Vom Bundeskriminalamt war nicht bekannt, daß der Haftbefehl auf dem Polizeiwege nach Spanien übermittelt wer-

ren, und haben Sie daraufhin die Weisung gegeben, daß das Bundeskriminalamt den Haftbefehl an die Botschaft übermittelt? Haben Sie das selbst getan?

Strauß:
Bei einer so gründlichen Kenntnis der Behördenorganisation, wie ich sie bei Ihnen voraussetzen darf, dürfte doch bekannt sein, daß ich kein Recht habe, dem Bundeskriminalamt irgendwelche Anweisungen zu geben. Ich habe eben ausgeführt, daß vom Bundeskriminalamt – Sicherungsgruppe – bekannt war, daß der Haftbefehl nach Spanien auf dem Polizeiwege übermittelt werden wird. Durch wen das geschehen ist, ob fernmündlich, telegrafisch, das ist mir unbekannt. Darum konnte ich mich nicht kümmern, und das geht mich auch nichts an.[1]

de. Im Gegenteil, bevor Strauß mit Oster telefonierte, hatte sich sein Staatssekretär Hopf vom stellvertretenden Präsidenten des Bundeskriminalamts (Regierungskriminaldirektor Dickopf) belehren lassen, daß das Bundeskriminalamt in dieser Sache nicht tätig werden könne, da Interpol für politische Delikte nicht zuständig sei.[2]

Allerdings hat dann später, gegen Mittag des 27. Oktober 1962, das Bundeskriminalamt auf Wunsch des Verteidigungsministeriums den Haftbefehl an die deutsche Botschaft in Madrid durchgegeben. Hier aber fungierte das Bundeskriminalamt lediglich als Fernschreibstelle.[3]

Der fernschriftlich übermittelte Haftbefehl war daher auch nicht an Interpol Madrid adressiert. Er konnte und sollte bei den Spaniern keine polizeilichen Maßnahmen auslösen. Die Durchgabe diente vielmehr der deutschen Botschaft dazu, sich vor den in der abgelaufenen Nacht irregeführten Spaniern wenigstens teilweise zu rechtfertigen. Im übrigen sollte der Haftbefehl dem Ehepaar Ahlers vorgehalten werden, um auf dieser Grundlage über die «freiwillige» Rückkehr nach Deutschland zu verhandeln.[4]

1 Deutscher Bundestag, 4. Wahlperiode, 47. Sitzung, 9. 11. 1962, S. 2078.

2 «Dickopf erwiderte (Hopf), daß die Interpol nach ihren Statuten wegen des politischen Charakters der in Frage stehenden Straftat nicht eingeschaltet werden dürfe ...» S.: Einstellungsbescheid d. OSt Bonn vom 2. 6. 1965 (Az: 8 Js 24/64), S. 4.

3 Regierungskriminalrat Saevecke, der die Bitte des BMVtdg an das Bundeskriminalamt weitergab, nahm an: «Die deutsche Botschaft in Madrid benötige den Haftbefehl gegen Ahlers, um sich aus dienstlichen Gründen über den gegen (Ahlers) erhobenen Vorwurf zu unterrichten.» S.: Einstellungsbescheid d. OSt Bonn v. 2. 6. 1965 (Az: 8 Js 24/64), S. 27 (ungekürzte Fassung).

4 SPIEGEL-Bericht ..., a. a. O., S. 201, Teil B, Ziffer 7 (Besuch des Botschaftsrats Breuer im spanischen Außenministerium am 27. 10. 1962, 12.30 Uhr).

Strauß:
Aber bei der versuchten Festnahme des Herrn Ahlers ist der Sicherungsgruppe des Bundeskriminalamts – sei es durch Auffinden eines Zettels, sei es durch mündliche Mitteilung einer in der Wohnung angetroffenen Person – gesagt worden: Warum sucht ihr Herrn Ahlers hier? Er ist in Tanger – es kann auch «Marokko» geheißen haben –, und im übrigen weiß das Verteidigungsministerium oder der Militärattaché in Madrid darüber Bescheid!

Wenn uns gesagt worden wäre: «Herr Ahlers ist nicht da», und sonst nichts, welchen Grund hätten wir gehabt, irgend jemanden zu verständigen? Wenn gesagt

Je öfter Strauß die von Anfang bis zu Ende frei erfundene Geschichte von dem Amtshilfetelefonat der Sicherungsgruppe erzählt, desto detaillierter formt sie sich.

In der Hamburger Wohnung von Ahlers trafen die Beamten eine Tante der Frau Ahlers an, die erklärte, das Ehepaar befinde sich in Spanien auf Urlaub und plane einen Abstecher nach Tanger. Mehr wußte diese Frau nicht.

Mehr gaben auch die Beamten ihrer Dienststelle in Bonn nicht durch. Mit dem Verteidigungsministerium telefonierten sie nicht.[2]

In der Dienststelle der Sicherungsgruppe Bonn saß in dieser Nacht der Regierungskriminalrat Saevecke als Ver-

worden wäre: «Herr Ahlers ist in Urlaub in Spanien», hätte auch das nichts weiter ausgelöst. Spanien ist groß, und er kann überall sein; das geht uns nichts an. Aber hier ist erstens gesagt worden: «Wir haben versucht, ihn festzunehmen», zweitens: «Er ist in Spanien oder Marokko», und drittens: «Warum dringen wir hier ein und versuchen erfolglos, ihn festzunehmen, während das Verteidigungsministerium Bescheid weiß?»[1]

antwortlicher. Auch Saevecke verständigte das Verteidigungsministerium nicht über den Zusammenhang Ahlers/Oster.[3]

1 Deutscher Bundestag, 4. Wahlperiode, 47. Sitzung, 9. 11. 1962, S. 2079.

2 SPIEGEL-Bericht ..., a. a. O., S. 197, Teil B, Ziffer 1.

3 «Die ... Sicherungsgruppe (ist) in der Nacht vom 26. zum 27. 10. 1962 ... nicht an das Verteidigungsministerium mit der Bitte herangetreten, bei der Festnahme des Redakteurs Ahlers in irgendeiner Form mitzuwirken. Auch stammte der Hinweis auf die Bekanntschaft zwischen Oster und Ahlers ... nicht von der Sicherungsgruppe.

S.: Einstellungsbescheid d. OSt. Bonn v. 2. 6. 1965 (Az: 8 Js 24/64), S. 35 (ungekürzte Fassung).

Rehs:
Hat das Verteidigungsministerium die Übermittlung des Haftbefehls an Oster beim Bundeskriminalamt veranlaßt, nahegelegt, oder hat es dies nicht?

Strauß:
Mir ist davon nichts bekannt.[1]

Nach den protokollierten Aussagen der Beamten der deutschen Botschaft, Legationsrat Feit und Botschaftsrat Breuer, erklärte Oster, Strauß habe in dem nächtlichen Telefonat behauptet, daß der Haftbefehl unterwegs sei.[2]

Oster sagte überdies aus, daß Strauß während des Gesprächs mit ihm, Oster, auch mit dem Staatssekretär Hopf sprach.[3]

Es ist demnach davon auszugehen, daß Strauß von An-

1 Deutscher Bundestag, 4. Wahlperiode, 47. Sitzung, 9. 11. 1962, S. 2080.

2 Vernehmung Oster durch d. OSt Bonn, Protokoll vom 14. 5. 1963 (Az: 8 Js 384/62), S. 5: «... eröffnete mir der Minister ..., daß der Haftbefehl auf dem Interpolwege unterwegs sei.» a) Aussage Breuer, s.: SPIEGEL-Bericht ..., a. a. O., S. 199, Teil B, Ziffer 4b; b) Aussage Feit: ebd.

3 «Ich hatte während dieses Anrufs den Eindruck, daß Herr Staatssekretär Hopf im Bundesverteidigungsministerium anwesend sei und daß Herr Bundesminister Strauß sich an ihn bezüglich des Haftbefehls gewandt hatte. Später habe ich erfahren, daß diese Verbindung nur auf telefonischem Wege bestand.» (Vernehmung Oster ..., a. a. O., S. 5.)

fang an von den – vergeblichen – Bemühungen Hopfs, eine Übermittlung des Haftbefehls zu erlangen, Kenntnis hatte.

Daß das Verteidigungsministerium am 27. Oktober den Haftbefehl als Grundlage für die Verhandlungen über eine freiwillige Rückkehr von Ahlers doch noch durchgeben ließ, wußte Strauß damals möglicherweise nicht.

Bis zum Zeitpunkt der Fragestunde aber mußte er sich über diesen Punkt, der ja speziell die Mitwirkung seines Ministeriums an der rechtswidrigen Festnahme betraf, erkundigt haben.

Dr. Mommer:
Herr Minister, glauben Sie, daß Sie nach dem, was Sie uns heute über Ihre Information und über Ihre Mitwirkung in dieser Sache gesagt haben, noch die Behauptung aufrechterhalten können, die Sie in der Öffentlichkeit aufgestellt haben, daß Sie nämlich mit diesem ganzen Verfahren nichts, gar nichts zu tun hatten?

Strauß:
Ich darf nur die Fakten noch einmal aufzählen und dann

Die Antwort ist exemplarisch für die Straußsche Methode zu lügen. In Wahrheit hatte er das Verfahren von Anfang an in der Hand. Bevor er die Bühne betrat, war nichts geschehen. Erst Strauß übernahm die politische Verantwortung gegenüber dem Kanzler und die sachliche Verantwortung gegenüber der Bundesanwaltschaft.

Offenkundig gab es vor der Rückkehr von Strauß (am 15. Oktober) lediglich zwei Kontakte zwischen dem Gutachter Wunder und der Bundesan-

daraus gewisse, auf der Hand liegende Schlußfolgerungen ziehen.

Der Generalbundesanwalt hat am 9. Oktober das Verteidigungsministerium um ein Gutachten ersucht, oder richtiger ausgedrückt, darum ersucht, daß ein Gutachter ein Gutachten erstattet. Ich habe davon nichts gewußt. Bis zum 16. Oktober war ich in Urlaub. Ich habe am 15. Oktober die Amtsgeschäfte wieder aufgenommen, bin am 16. Oktober von dem Ersuchen um ein Gutachten informiert worden und habe meinen Staatssekretär beauftragt, die dem Verteidigungsministerium eventuell zufallenden Amtshandlungen zu übernehmen. So ist es geblieben bis zu der Nacht von Freitag auf Samstag, als ich davon verständigt wurde, daß Herr Ahlers angeblich mit Wissen des deutschen Militärattachés seine Reise in das Ausland unternommen habe.[1]

waltschaft; einmal (am 10. Oktober) sprach Wunder telefonisch mit einer «Sachbearbeiterin», einmal (am 13. Oktober) sprach er mit Bundesanwalt Kuhn.[2]

Erst nachdem Wunder am 16. Oktober zusammen mit Hopf dem Minister Vortrag gehalten hatte, stellte er ein Gutachten fertig; es war pauschal und umfaßte nur wenige Seiten.

Dieses mit Strauß abgesprochene Gutachten gab er am 19. Oktober in Karlsruhe ab. Am 20. Oktober fuhr Staatssekretär Hopf zur Bundesanwaltschaft und besprach die Abwicklung der Aktion. Mittlerweile hatte sich Strauß – am 18. Oktober – politische Rückendeckung beim Kanzler geholt.[3]

Bis zur Übergabe des Gutachtens gab es kein Ermittlungsverfahren. Das geht aus einem Brief des Generalbundesanwalts vom 20. März 1964 hervor: «Eine diesbezügliche fernmündliche Anfrage (das erste Telefonat mit Wunder) diente zunächst nur der Klärung, ob überhaupt Anlaß zur Einleitung eines Ermittlungsverfahrens wegen Landesverrats bestand. Das Verfahren selbst wurde erst auf Grund des schriftlichen Gutachtens eingeleitet.»[4]

Wäre das Gutachten auf dem normalen Wege über das Justizministerium angefordert und erstattet worden, so hätte die SPIEGEL-Aktion mit aller Wahrscheinlichkeit nicht den für das Ansehen der Regierung so fatalen Verlauf genommen, mit Sicherheit wäre der Nacht-und-Nebel-Charakter vermieden gewesen.

Allein Franz Josef Strauß überredete (am 24. Oktober) den Staatssekretär Strauß zu der Pflichtverletzung mit der lügenhaften Berufung auf den Kanzler. Und allein Strauß brachte die dem Auswärtigen Amt unterstehenden Beamten der Madrider Botschaft dahin, zu der rechtswidrigen Festnahme von Ahlers zusammenzuwirken, wiederum mit Hilfe grober Lügen.

1 Deutscher Bundestag, 4. Wahlperiode, 47. Sitzung, 9. 11. 1962, S. 2081.

2 SPIEGEL-Bericht ..., a. a. O., S. 195.

3 SPIEGEL-Bericht ..., a. a. O., S. 195/196.

4 (Zit. n.:) Verfassungsbeschwerde des SPIEGEL-Verlag ..., Schriftsatz vom 23. 7. 1964, S. 10/11.

Erler:
Ich wiederhole meine ganz simple Frage, ob eine solche Besprechung (mit Staatssekretär Strauß vom Justizministerium) in dieser Zeit ... (nach dem 16. Oktober und vor dem 28. Oktober)[1] stattgefunden hat oder nicht. Die Frage kann doch ohne Rede beantwortet werden. Ja oder nein?

(Unruhe; Wortwechsel zur Geschäftsordnung.)

Die Antwort ist von Anfang bis zu Ende unwahr. Der Abgeordnete Erler erkundigte sich nach jener Besprechung im Verteidigungsministerium, an der Strauß, sein Staatssekretär Hopf und der Staatssekretär des Justizministeriums, Walter Strauß, teilgenommen haben.

Diese Besprechung fand am 24. Oktober 1962 statt. Hopf referierte über den Aktionsplan gegen den SPIEGEL, Strauß und Hopf über-

Strauß:
Ich darf eine grundsätzliche Bemerkung machen.

Fragen, die sich über den internen Ablauf bestimmter Amtsvorgänge eines Ministeriums ergeben, können nicht Gegenstand dieser Fragestunde oder zumindest nicht Gegenstand einer konkreten Auskunft der Regierung sein.

Ich darf aber zweitens noch einmal bemerken, daß ich am 16. Oktober informiert worden bin, weil einige Herren meines Ministeriums, darunter Herr Staatssekretär Hopf, bei mir erschienen sind und mir von den Vorgängen vom 9. bis zum 16. Oktober Mitteilung gemacht haben. In der Zeit vom 16. Oktober bis zum 26. Oktober – ich sage: 26. Oktober, Herr Kollege Erler – habe ich an keiner Besprechung teilgenommen. Aber selbstverständlich bin ich von den zuständigen Herren meines Hauses darauf hingewiesen worden, daß diese Angelegenheit im Laufen sei. Mehr wußte ich nicht. Ich wußte nicht, was kommt; ich wußte nicht, wann es kommt; ich wußte nicht, gegen wen es kommt usw.[2]

redeten den Staatssekretär des Justizministeriums unter Berufung auf den Bundeskanzler dazu, seinem Minister die geplante Aktion zu verschweigen.[3]

Strauß wußte, was gegen den SPIEGEL kommt. Er wußte dies seit dem 16. Oktober 1962, als ihm der Gutachter Wunder im Beisein des Staatssekretärs Hopf Vortrag hielt.[4] *Über den Fortgang der Ermittlungen wurde Strauß am 19. Oktober – wiederum durch seinen Staatssekretär Hopf – unterrichtet.*

Am 24. Oktober konnte Hopf seinem Minister über den Aktionsplan der Bundesanwaltschaft schon detaillierte Angaben machen. Zu diesem Zeitpunkt waren bereits die Haft-, Durchsuchungs- und Beschlagnahmebefehle vom Ermittlungsrichter unterzeichnet. Schließlich fanden zwischen dem 16. und 26. Oktober 1962 nicht weniger als drei Besprechungen – nämlich am 18., 22. und 23. Oktober 1962 – zwischen Strauß und Adenauer über die geplante SPIEGEL-Aktion statt.[5]

Strauß erstattete dabei dem Kanzler Bericht. Strauß selbst hielt es später für angezeigt, sich auf die Besprechungen zu berufen, um den Militärattaché Oster in Madrid zu dem illegalen Vorstoß bei der spanischen Polizei zu bewegen, der dann die Festnahme von Ahlers zur Folge hatte.

Zu Oster sagte er: «Ich komme soeben vom Bundeskanzler.»[6]

Nur Strauß konnte es unter diesen Umständen fertigbringen, dem Parlament vorzulügen, er habe nicht einmal gewußt, «gegen wen es kommt».

1 Gemeint ist offensichtlich der 26. Oktober.

2 Deutscher Bundestag, 4. Wahlperiode. 47. Sitzung, 9. 11. 1962, S. 2084.

3 Antwort der Bundesregierung vom 5. 12. 1962, Deutscher Bundestag, Drucksache IV/809, S. 1, (zu den Fragen 7 und 2); s. a.: SPIEGEL-Bericht ..., a. a. O., S. 196.

4 SPIEGEL-Bericht ..., a. a. O., S. 195.

5 SPIEGEL-Bericht ..., a. a. O., S. 195, und: Deutscher Bundestag, Drucksache IV/943, S. 1 (zur Frage 5).

6 Vernehmung Oster durch d. OSt Bonn, Protokoll v. 14. 5. 1963 (Az: 8 Js 384/62), S. 4.

Antwort der Bundesregierung auf die Kleine Anfrage der SPD vom 16. November 1962

Zwischen dem 9. November, dem Tag der letzten Fragestunde zum Thema SPIEGEL-Affäre, und dem 5. Dezember, dem Datum der Antwort auf die erste SPD-Anfrage, schloß der für die Antwort verantwortliche Innenminister seine Ermittlungen bei den beteiligten Ministerien und Bundesbehörden ab. Daß es Höcherl dennoch nicht gelang, die Antwort von zum Teil groben Unwahrheiten frei zu halten, ging auf die Taktik des Verteidigungsministers zurück, jeweils nur das zuzugeben, was schlechterdings nicht länger zu leugnen war.

«Vor der Absendung des Gutachtens an die Bundesanwaltschaft hat er (Strauß) von dem Inhalt des Gutachtens weder ganz noch teilweise Kenntnis erhalten ...»[1]

Am 16. Oktober hielt der Oberregierungsrat Wunder, neben Oberst von Hopffgarten Verfasser des Gutachtens, dem Verteidigungsminister Strauß Vortrag über Sachvorgang und mögliche Wertungen in einem Gutachten.

Drei Tage später, am 19. Oktober, übergab Wunder dann das fertige Gutachten der Bundesanwaltschaft in Karlsruhe. Am 19. Oktober war Staatssekretär Hopf zum Vortrag über die geplante Aktion bei Strauß. Hopf legte auch eine Durchschrift des Gutachtens vor, diese Durchschrift will Strauß allerdings nicht mehr gelesen haben, er habe lediglich «einen Blick auf eine Seite» geworfen.[2]

Daß Strauß jedoch den Inhalt kannte, ergibt sich nicht nur aus der unbestrittenen Tatsache, daß Wunder am 16. Oktober Vortrag hielt, sondern auch daraus, daß Strauß am 18. Oktober, einen Tag bevor Wunder das Gutachten in Karlsruhe übergab, seinerseits dem Bundeskanzler über die Landesverratsaffäre berichtete.[3]

Die Berichterstattung wäre sinnlos gewesen, hätte Strauß nicht auf den Inhalt des Gutachtens Bezug nehmen können, von dem nach Lage der Dinge das ganze Verfahren abhing.

1 Deutscher Bundestag, Drucksache IV/809, S. 1, zu den Fragen 1, 6, und 3.
2 SPIEGEL-Bericht ..., a. a. O., S. 195/196.
3 SPIEGEL-Bericht ..., a. a. O., S. 195.

«Kurz nach Mitternacht wurde ihm (dem Staatssekretär Hopf) aus der Sicherungsgruppe mitgeteilt, daß der Versuch der Festnahme des Redakteurs Ahlers erfolglos geblieben sei, weil Ahlers sich in Spanien oder Tanger aufhalte. Es bestehe die Möglichkeit, daß der deutsche Militärattaché in Spanien den Redakteur Ahlers persönlich kenne oder daß er oder eine Stelle des Verteidigungsministeriums über die Auslandsreise und den Aufenthaltsort des Redakteurs Ahlers unterrichtet sei. Der Staatssekretär hatte der Bundesanwaltschaft zugesagt, je-

Die Floskel «kurz nach Mitternacht wurde ihm (Hopf) aus (!) der Sicherungsgruppe mitgeteilt», ist eine bewußte Irreführung. Strauß erweckt damit wiederum den Eindruck, ein Angehöriger der Sicherungsgruppe habe angerufen. Für den Fall allerdings, daß diese Einlassung widerlegt würde, läßt er sich diesmal einen Rückzugsweg offen: «Aus der Sicherungsgruppe» muß nach der Lage der Dinge «personell» verstanden, kann aber notfalls als «räumlich gemeint» interpretiert werden.

Tatsächlich hielt sich in der Nacht vom 26. auf den 27.

de Hilfe und Unterstützung zu gewähren, soweit eine Ermittlung im Bereich des Verteidigungsressorts erforderlich sei. In dem vorangegangenen Anruf hatte er einen Hinweis auf Zusammenhänge der Auslandsreise des Redakteurs Ahlers mit Angehörigen der Bundeswehr gesehen.»[1]

Oktober auch Oberregierungsrat Schnell zeitweilig in den Räumen der Sicherungsgruppe auf. Schnell wußte durch Oberst Schmückle seit Tagen von der Beziehung Ahlers/Oster.[2] Staatssekretär Hopf telefonierte im Laufe der Nacht mehrmals mit den Beobachtern seines Hauses[3], die zur Sicherungsgruppe abgestellt worden waren, nämlich dem Korvettenkapitän Koch vom «Amt für Sicherheit der Bundeswehr» und dem Oberregierungsrat Wunder, jenem Fachmann für Landesverratsfragen, der das Gutachten erstellt hatte.[4] Bei einem dieser Gespräche – möglicherweise auch von Schnell direkt – muß Hopf auf Oster hingewiesen worden sein.

Staatssekretär Hopf hatte zwar der Bundesanwaltschaft Hilfe zugesagt, soweit Ermittlungen gegen Angehörige des Verteidigungsministeriums notwendig werden sollten. «Amtshilfe» zur Festsetzung von Redakteuren war aber von Bundesanwalt Kuhn, mit dem Hopf diese Absprache getroffen hatte, ausgeschlossen worden.[5]

Überdies hatte Staatssekretär Hopf in den drei relevanten Gesprächen, die er während der Nacht vom 26. auf den 27.

Oktober 1962 mit den Beamten der zuständigen Behörden führte, jedesmal erfahren, daß Ahlers auf legalem Wege in Spanien nicht festgenommen werden könne, daß sich mithin auch eine «Amtshilfe» geradezu verbiete:

▷ *Hopf telefonierte mit dem Leiter der Sicherungsgruppe, dem Regierungskriminaldirektor Dr. Brückner, gegen 23 Uhr. Brückner war nicht im Dienst und wurde von Hopf zu Hause angerufen, während er sich auf eine Auslandsreise vorbereitete. Schon bei diesem Gespräch wollte Hopf von Brückner wissen, welche Möglichkeiten bestünden, Ahlers im Ausland festzunehmen. Brückner meinte, es gebe nur die beiden Wege über Interpol oder über das Bundesjustizministerium und das Auswärtige Amt (Auslieferungsverfahren).*

Beide Wege dürften aber wohl in diesem Falle nicht in Frage kommen, sie seien «rechtlich nicht zulässig».[6] *Von Oster war in dem Gespräch nicht die Rede: dagegen sprach Hopf schon zu diesem Zeitpunkt vom «eigenen Draht nach Spanien», den das Verteidigungsministerium habe.*[7]

1 Deutscher Bundestag, Drucksache IV/809, S. 2, zu den Fragen 12, 14, 13 und 15.

2 Einstellungsbescheid d. OSt Bonn v. 2. 6. 1965 (Az: 8 Js 24/64), S. 12/13 (ungekürzte Fassung).

3 SPIEGEL-Bericht ..., a. a. O., S. 197, Teil B, Ziffer 2 b.

4 Einstellungsbescheid d. OSt Bonn v. 2. 6. 1965 (Az: 8 Js 24/64), S. 10 (ungekürzte Fassung).

5 Aussage des Bundesanwalts Kuhn im Ermittlungsverfahren gegen Strauß u. a. (Az: 8 Js 24/64).

6 Aussage Brückner (Einstellungsbescheid d. OSt Bonn v. 2. 6. 1965, Az.: 8 Js 24/64, S. 3/4).

7 Brückner zum Korruptionsreferenten des BMVtdg, Oberregierungsrat Schnell: Hopf sagte: «die Bundeswehr hätte einen Draht» (Aussage Schnell im Ermittlungsverfahren gegen Strauß, Hopf und Oster), (Az: 8 Js. 24/64).

8 Einstellungsbescheid d. OSt Bonn vom 2. 6. 1965 (Az: 8 JS 24/64), S. 4.

▷ *Anschließend, gegen 1 Uhr, rief Hopf den Leiter des Bundeskriminalamtes, Regierungskriminaldirektor Dickopf, in Wiesbaden an. Auch in diesem Gespräch erhielt Hopf keinen Hinweis auf die Beziehung Oster/Ahlers; von ihr wußte Dickopf gar nichts. Vielmehr betonte Hopf von sich aus, daß Ahlers in Spanien festgenommen werden müsse.*

Dickopf lehnte es unter Berufung auf die Statuten von Interpol ab, in dieser Sache tätig zu werden. Hopf daraufhin: er werde mit Oberst Oster in Madrid Verbindung aufnehmen.[8]

▷ *Nach 1 Uhr holte Hopf schließlich bei dem vom Justizministerium eigens für die Einsatznacht zur Beantwortung von Rechtsfragen bereitgestellten Ministerialrat Dr. Kleinknecht noch eine dritte Rechtsauskunft ein. Kleinknecht erläuterte dem Staatssekretär des Verteidigungsministeriums, daß ein Auslieferungsbegehren bei dem auf ein rein politisches Delikt bezogenen Haftbefehl wegen des § 3 des Deutschen Auslieferungsgesetzes nicht in Frage käme.*[9]

Zum Schluß erklärte er

9 A. a. O., S. 6. (Laut: SPIEGEL-Bericht ..., a. a. O., S. 198, Teil B, Ziffer 3, hatte Hopf vor diesem Gespräch schon kurz nach 12 Uhr mit Ministerialrat Kleinknecht gesprochen, um den «Erlaß von Steckbriefen» gegen die zu verhaftenden Personen «anzuregen».)

10 SPIEGEL-Bericht ..., a. a.O. S. 198, Teil B, Ziffer 3.

dem anrufenden Staatssekretär geradezu, «daß alles unterbleiben müsse, was von den spanischen Behörden als Auslieferungsbegehren aufgefaßt werden könnte».[10] Hopf erwähnte auch hier «einen besonderen Draht», den das Bundesverteidigungsministerium nach Spanien habe.[11]

Schnell, der von Schmückle wußte, daß Ahlers beabsichtigte, auf seiner Spanien-Reise den Oberst Oster zu besuchen, wußte selbstverständlich auch, daß Ahlers und Oster persönlich bekannt waren. Er wußte das eine wie das andere positiv und nicht etwa als «Möglichkeit».[12]

11 Einstellungsbescheid d. OSt. Bonn v. 2. 6. 1965 (Az: 8 Js 24/64), S. 6.

12 Schnell war um den 20. Oktober 1962 Zeuge eines Telefongesprächs Oster–Schmückle, in dem es um Ahlers' Spanien-Reise ging. Schnell erzählte am 26. 10. 1962, gegen 21 Uhr, in den Räumen der Sicherungsgruppe Bonn von Osters Telefonat.

a) Vernehmung des Obersten Oster durch OSt Bonn am 14. 5. 1963 (Az: 8 Js 384/62), S. 2;

b) Aussagen des Regierungskriminaldirektors Dr. Brückner und des ORR Schnell im Ermittlungsverfahren d. OSt Bonn gegen Strauß u. a.; s. Einstellungsbescheid d. OSt Bonn vom 2. 6. 1965 (Az: 8 JS 24/64), S. 12/13 (ungekürzte Fassung).

«Er (Hopf) verständigte deshalb telefonisch den Bundesverteidigungsminister und bat ihn, den Militärattaché in Madrid anzurufen.»[1]

Wäre dies wahr (und beweisbar), so hätte das Ermittlungsverfahren gegen Hopf (wegen Amtsanmaßung und Freiheitsberaubung) nicht eingestellt werden können.

Es steht fest, daß Hopf aus seinen Gesprächen mit Brückner, Dickopf und Kleinknecht (auch dieses letzte mit hoher Wahrscheinlichkeit zeitlich noch vor dem Hopf-Telefonat mit Strauß) wußte, daß die Festnahme von Ahlers auf legalem Wege nicht bewirkt werden konnte. Hat er dennoch seinen Minister zum Festnahmetelefonat aufgefordert, oh-

ne ihn auf die rechtlichen Hindernisse hinzuweisen, so ist er objektiver und subjektiver Täter.

In dem Ermittlungsverfahren verweigerte Hopf die Aussage.[2] Seine Aussageverweigerung zwang die Ermittlungsbehörde, gegen ihn einzustellen: Die Einlassung von Strauß allein könne nicht als ausreichender Beweis gegen Hopf angesehen werden.[3]

Eben diese Einlassung von Strauß wurde aber in der nebenstehenden offiziellen Antwort der Bundesregierung dem Parlament als geprüfte und der Wahrheit entsprechende Sachdarstellung vorgelegt.

1 Deutscher Bundestag, Drucksache IV/809, S. 2, zu den Fragen 12, 14, 13 und 15.

2 Einstellungsbescheid der Oberstaatsanwaltschaft Bonn vom 2. 6. 65 (Az: 8 JS 24/64), S. 14.

3 A. a. O., S. 15.

«Wegen der Dringlichkeit des Falles und der Schwere des Verdachts sowie wegen der bekanntgewordenen Ausreiseabsicht des Beschuldigten Ahlers nach Tanger war höchste Eile geboten. Die Einhaltung der Formvorschrift der ‹Richtlinien für den Verkehr mit dem Ausland in strafrechtlichen Angelegenheiten› war schon aus dem Grunde nicht möglich, weil die nach diesen Formvorschriften für die Übermittlung des rechtlich zulässigen Rechtshilfebegehrens zuständigen und beteiligten Stellen wegen der Kürze der bis zur

Ab 23 Uhr des 26. Oktober 1962 erkundigte sich Staatssekretär Hopf bei der Sicherungsgruppe, beim Bundeskriminalamt sowie bei dem für diese Fragen zur Verfügung gestellten Experten des Justizministeriums, ob und gegebenenfalls auf welche Weise Ahlers in Spanien festgenommen werden könne. Hätten die zuständigen Stellen eine rechtliche Möglichkeit gesehen, den Wünschen des Verteidigungsministeriums nachzukommen, so wäre die Übermittlung des Haftbefehls sofort erfolgt.

Daß vorerst kein Haftbe-

vermuteten Ausreise des Beschuldigten Ahlers nach Tanger zur Verfügung stehenden Nachtzeit nicht eingeschaltet werden konnten. Bei den vorerwähnten Richtlinien handelt es sich nicht um materielle Rechtsnormen, sondern lediglich um innerdienstliche Verwaltungsanordnungen. In besonders gelagerten Fällen kann von ihnen abgewichen werden.»[1]

fehl nach Spanien übermittelt wurde, lag keineswegs an Zeitmangel, sondern daran, daß sämtliche verantwortliche Beamte die Übermittlung aus Rechtsgründen ablehnten.[2]

Die ordnungsgemäße Übermittlung des Haftbefehls per Fernschreiben oder Funk hätte im übrigen ganz offensichtlich weniger Zeit in Anspruch genommen, als die Einschaltung des Militärattachés Oster durch Strauß.

Es wurde mit der Einschaltung Osters auch nicht gegen «innerdienstliche Verwaltungsanordnungen» verstoßen, von denen «in besonders gelagerten Fällen abgewichen werden» kann, sondern gegen international anerkannte Rechtsnormen.

1 Deutscher Bundestag, Drucksache IV/809, S. 3, zu den Fragen 12, 14, 13 und 15.

2 Einstellungsbescheid d. OSt Bonn vom 2. 6. 1965 (Az: 8 Js 24/64).

S. 4, Brückner (Sicherungsgruppe): «Auslieferung ... rechtlich nicht zulässig» (s. a.: SPIEGEL-Bericht ..., a. a. O., S. 197, Teil b, Ziffer 2 b, 2 c).

Ebd., Dickopf (BKA, Interpol): «Interpol (dürfe) nicht eingeschaltet werden.»

A. a. O., S. 6, Kleinknecht (BMJ): «Es müsse daher alles unterlassen werden, was der Sache nach ein Auslieferungsbegehren sei.» (s. a.: SPIEGEL-Bericht ..., a. a. O., S. 198, Teil B, Ziffer 3).

S. a.: Einstellungsbescheid OSt Bonn v. 2. 6. 65 (Az: 8 Js 24/64), S. 14 «(Hopf wußte) auf Grund der von ihm geführten Telefongespräche, daß von seiten der zuständigen Strafverfolgungsorgane Maßnahmen zur Festnahme des Redakteurs Ahlers in Spanien nicht beabsichtigt waren.»

Antwort der Bundesregierung auf die Kleine Anfrage der SPD vom 13. Dezember 1962

Erst jetzt wird endgültig auf den Versuch verzichtet, die Beteiligung von Strauß an der Vorbereitung des SPIEGEL-Verfahrens zu vertuschen. Die Antwort vom 30. Januar 1963 räumt lapidar ein: «Der Bundeskanzler ist am 18. Oktober 1962 durch Bundesminister Strauß darüber unterrichtet worden, daß ein Ermittlungsverfahren eingeleitet war. Bundesminister Strauß hat ferner den Bundeskanzler am 22. und 23. Oktober 1962 über den Fortgang des Verfahrens unterrichtet.» Noch in der Fragestunde vom 9. November 1962 hatte Strauß behauptet: «Ich wußte nicht, was kommt ... ich wußte nicht, gegen wen es kommt usw.»

Noch eine weitere Strauß-Lüge wird decouvriert, nämlich die Behauptung gegenüber dem Staatssekretär Strauß vom Justizministerium, die Nichtunterrichtung des Justizministers sei vom Kanzler angeordnet. Dazu die Antwort der Bundesregierung: «Der Bundeskanzler hat im Einzelfall keine Weisung erteilt. Das gilt auch für die Frage der Nichtunterrichtung des Justizministers.»

Soweit an Unwahrheiten festgehalten wird, geht es wesentlich darum, Minister Strauß vor den politischen und strafrechtlichen Konsequenzen seines Verhaltens zu schützen.

«Der Bundesminister der Verteidigung hatte in der Fragestunde nach einer kurzen mündlichen Frage an den anwesenden Staatssekretär Hopf ohne Vorliegen von Akten erklärt, daß die Besprechung am 26. Oktober

In der Fragestunde vom 9. November 1962 hat Strauß nicht etwa erklärt, daß die fragliche Besprechung vom 24. Oktober 1962 zwischen ihm, dem Staatssekretär Hopf und Dr. Strauß vom Justizministerium am 26. Oktober 1962 stattge-

1962 stattgefunden habe. Wie sich inzwischen herausgestellt hat, hat die Besprechung am 24. Oktober 1962 stattgefunden. Die Berichtigung ist bereits in der Drucksache IV/809 geschehen.»[1]

funden habe. Nur in diesem Fall hätte es sich um eine Terminverwechslung handeln können.

Strauß sagte vielmehr wörtlich: «In der Zeit vom 16. Oktober bis zum 26. Oktober – ich sage: 26. Oktober, Herr Kollege Erler – habe ich an keiner Besprechung teilgenommen.»[2] Die Frage des Abgeordneten Erler bezog sich ausdrücklich auf den Zeitraum vom 16. bis 26. Oktober, einschließlich. Es handelte sich im übrigen um jene ganz entscheidende Vorbesprechung, bei der dem Staatssekretär des Justizministeriums von Strauß und Hopf klargemacht wurde, daß er seinen Minister nicht verständigen dürfe. Daß diese Besprechung einige Tage vor dem Anlaufen der Aktion stattfand, konnte Strauß am 9. November 1962 noch nicht vergessen haben.

1 Deutscher Bundestag, Drucksache IV/943, S. 2, zur Frage 7.

2 Deutscher Bundestag, 4. Wahlperiode, 47. Sitzung, 9. 11. 1962, S. 2034.

«Ob Staatssekretär Hopf vor der Reise nach Karlsruhe den Bundesverteidigungsminister oder dessen Ministerbüro – wie häufig bei Dienstreisen – verständigt hat, ist ihm nicht erinnerlich.»[1]

Am 18. Oktober hielt Strauß dem Bundeskanzler erstmals Vortrag über das Ermittlungsverfahren gegen den SPIEGEL. Am 19. Oktober hatte Strauß dann – nach der Rücksprache mit Adenauer – wiederum eine Besprechnung mit Hopf. Am 20. Oktober reiste Hopf, offenbar von Strauß über die politische Rücken-

deckung orientiert, nach Karlsruhe. Am 22. Oktober berichtete Strauß wiederum dem Kanzler.

Es bleibt unerfindlich, wie Strauß «über den Fortgang des Verfahrens»[2] im Kanzleramt referiert haben soll, wenn er nicht von Hopf auf dem laufenden gehalten worden wäre.[3]

1 Deutscher Bundestag, Drucksache IV/943, S. 2, zur Frage 8.

2 Deutscher Bundestag, Drucksache IV/943, S. 1, zur Frage 5.

3 SPIEGEL-Bericht ..., a. a. O., S. 195/196.

«Bundesminister Strauß teilte Oberst Oster mit, er möge die spanischen Behörden bitten, mögliche Maßnahmen zur Sicherstellung des Herrn Ahlers zu ergreifen. Er (Bundesminister Strauß) handele auch auf Weisung des Bundeskanzlers.»[1]

Strauß gab Oster den dienstlichen Befehl, die Festnahme («Verhaftung») von Ahlers bei den Spaniern zu erwirken, und stattete ihn zu diesem Zweck mit objektiv falschen Informationen aus.

Dazu der Einstellungsbescheid des Leitenden Oberstaatsanwalts beim Landgericht Bonn in dem Ermittlungsverfahren gegen Strauß wegen Amtsanmaßung und Freiheitsberaubung:

«Die Weisung an Oberst Oster, das polizeiliche Festnahmeersuchen zu unterstützen, kann auch nicht in dem Sinne ausgelegt werden, dieser habe bei den spanischen Behörden lediglich anregen sollen zu prüfen, ob sie im Rahmen der nach spanischem Recht gegebenen Möglichkeiten von sich aus den Redakteuer Ahlers – etwa zum Zwecke seiner Abschiebung – in Haft nehmen könnten.

«Daß auch der Beschuldigte Oster die ihm erteilte Weisung nicht in diesem Sinne aufgefaßt hat, ergibt sich einmal aus den Erklärungen, die er gegenüber dem spanischen Kommissar Pozo Gonzáles abgegeben hat, zum anderen aber auch aus der Tatsache, daß er sich nicht an eine für Abschiebungen zuständige spanische Behörde, sondern – unter Einschaltung anderer Beamter der deutschen Botschaft in Madrid – an den Leiter der spanischen Interpol-Stelle gewandt hat, bei dem das angeblich bereits unterwegs befindliche polizeiliche Festnahmeersuchen nebst Haftbefehl einlaufen mußte.»[2]

Eine Rechtsauskunft ist dem Bundesverteidigungsminister vor seinem Gespräch nicht erteilt worden.[1]

Rechtsauskünfte hat für das Verteidigungsministerium der Staatssekretär Hopf eingeholt, und zwar von dem Leiter der Sicherungsgruppe, Dr. Brückner, von dem stellvertretenden Präsidenten des Bundeskriminalamts und Interpol-Leiter Dickopf sowie von dem Experten des Bundesjustizministeriums, Dr. Kleinknecht.

Alle drei Beamte wiesen den Staatssekretär darauf hin, daß es keinen legalen Weg gebe, den Beschuldigten Ahlers in Spanien festzunehmen.[2]

Wenn Strauß nunmehr behauptet, Hopf habe ihm ver-

1 Deutscher Bundestag, Drucksache IV/943, S. 3, zu den Fragen 14 und 15.

2 Einstellungsbescheid vom 2. 6. 1965 (Az: 8 Js 24/64), S. 11.

schwiegen, daß die zuständigen Stellen übereinstimmend die Festnahme in Spanien für unzulässig erklärten, so opfert er damit seinen eigenen Staatssekretär der «Amtshilfe»-These.[3] *Gleichzeitig braucht Strauß aber die Aussage von Hopf für eben diese «Amtshilfe»-These; von Hopf will Strauß ja erfahren haben, daß die Sicherungsgruppe vom Verteidigungsministerium Amtshilfe erwarte. Hopf war, wie der SPIEGEL-Bericht ausweist, nicht mehr bereit, auf eigene Gefahr auch noch dieses letzte Manöver seines Ministers mitzumachen.*

1 Deutscher Bundestag, Drucksache IV/943, S. 3, zur Frage 16.

2 Einstellungsbescheid d. OSt Bonn vom 2. 6. 1965 (Az: 8 Js 24/64), S. 3/4, 6.

3 Strauß-Einlassung: «Über rechtliche Bedenken gegen ein Festnahmeersuchen an die spanische Polizei sei ihm von StS Hopf nichts gesagt worden.» (Einstellungsbescheid d. OSt Bonn v. 2. 6. 1965, Az: 8 Js 24/64, S. 13.)

SPIEGEL-Bericht der Bundesregierung vom 4. Februar 1963

In den Fragestunden vom 7., 8. und 9. November 1962 hatte sich nach und nach herausgeschält, daß es sich bei der Aktion gegen den SPIEGEL um alles andere als um ein normales, routinemäßiges Verfahren der zuständigen Ermittlungsbehörden handelte. Alles war außergewöhnlich: die Einleitung, die Ausschaltung des zuständigen Ministers, Methode und Umfang des Zugriffs – alles am Rande der Legalität. Die Festnahme von Ahlers war illegal.

Der SPIEGEL-Bericht sollte der Regierung, wenn er schon keine Entlastung bringen konnte, wenigstens ihre Glaubwürdigkeit wiedergeben. Die Federführung hatte nicht mehr – wie noch bei den Antworten auf die Kleinen SPD-Anfragen – der Innenminister, sondern der nach Stammbergers Ausscheiden neu in sein Amt eingeführte Justizminister Dr. Ewald Bucher. Die Darstellungen des Verteidigungsministeriums mit denen der anderen beteiligten Ressorts zur Deckung zu bringen, gelang auch ihm nicht. Mehrfach mußte Bucher seine Zuflucht zu Paralleldarstellungen nehmen. Dies, obschon der Bundeskanzler ausdrücklich einen Einheitsbericht verlangt, die Bundesregierung wiederholt einen einheitlichen Schlußbericht versprochen hatte. Hier werden lediglich die Einlassungen des Verteidigungsministeriums analysiert. Die Widerlegung ergibt sich von Fall zu Fall entweder aus den Parallelberichten der anderen beteiligten Ministerien – des Innern, des Auswärtigen oder der Justiz – oder aus dem Einstellungsbescheid des Oberstaatsanwalts beim Landgericht Bonn (Freiheitsberaubung und Amtsanmaßung) vom 2. Juni 1965, der den gesamten Komplex der Ahlers-Verhaftung auswertet, oder aus den Originalvernehmungen beziehungsweise dienstlichen Äußerungen der in die Ahlers-Verhaftung eingeschalteten Beamten.

«Über den Fortgang der Suche nach dem Redakteur Ahlers hat der Bundesminister der Verteidigung folgendes berichtet:

Nach Beginn der Durchsuchungsmaßnahmen der Bundesanwaltschaft am Abend des 26. Oktober 1962 erkundigte sich Staatssekretär Hopf in der Nacht vom 26. Oktober 1962 zum 27. Oktober 1962 von seiner Wohnung aus fernmündlich bei der Sicherungsgruppe des Bundeskriminalamts, ob bereits Anhaltspunkte dafür vorlägen, daß Offiziere der Bundeswehr mit den zu ermittelnden Tatbeständen in Verbindung gebracht werden könnten.

Im Verlauf eines solchen (!) Ferngesprächs erfuhr er gegen 1.30 Uhr von dem Beamten der Sicherungsgruppe, daß der Versuch der Festnahme des Redakteurs Ahlers erfolglos geblieben sei, weil Ahlers sich in Spanien oder Marokko aufhalte, und daß nach Kenntnis der Sicherungsgruppe das Ministerium oder der Militärattaché bei der deutschen Botschaft in Spanien mit dieser Reise des Ahlers zu tun haben sollte.

Strauß hält, für das Verteidigungsministerium, noch immer an seiner Version fest: «Der Beamte der Sicherungsgruppe» habe sein Amt auf den Zusammenhang Ahlers/Oster hingewiesen. Er bereichert sie sogar noch: «Der Beamte der Sicherungsgruppe» habe dem Verteidigungsministerium zugesagt, den Haftbefehl gegen Ahlers den spanischen Behörden zu übermitteln.

Die Strauß-Darstellung wird durch die im SPIEGEL-Bericht unmittelbar folgende Darstellung des Innenministeriums widerlegt.

Es gibt keinen «anrufenden» Beamten der Sicherungsgruppe, der von sich aus Staatssekretär Hopf angerufen und auf den Zusammenhang Ahlers/Oster hingewiesen hätte.

Dem Staatssekretär Hopf ist auch nicht zugesagt und natürlich auch nicht bestätigt worden, daß der Haftbefehl durchgegeben werde oder gar schon durchgegeben sei.[3] Das Gegenteil war der Fall.

Die Darstellung des Verteidigungsministeriums, in der ausgeführt wird, wie die Sicherungsgruppe sich an Hopf wendet und ihm von Ahlers/Oster berichtet und wie dann «der Beamte der Sicherungs-

Der Staatssekretär bat den anrufenden (!) Beamten, zunächst einmal wenigstens den Haftbefehl, der sich nach der Meinung des Staatssekretärs auf den Verdacht des Landesverrats und der aktiven Bestechung stützte, an die spanischen Behörden telefonisch zu übermitteln. Dies wurde ihm zugesagt und ist, als der Staatssekretär kurz darauf telefonisch rückfragte, auch als geschehen mitgeteilt worden.»[1,2]

gruppe» verspricht, den Haftbefehl nach Spanien zu übermitteln, wird schließlich – groteskerweise – auch noch durch Staatssekretär Hopf selbst widerlegt. Da sich die Darlegungen von Hopf nicht mit der Version in Übereinstimmung bringen ließen, die der Verteidigungsminister über Hopfs Tätigkeit in der Nacht vom 26. zum 27. Oktober 1962 gab, führte der SPIEGEL-Bericht auch diese Aussage getrennt auf.

Hopf räumte danach ein, die Sicherungsgruppe habe ihm erklärt, daß sie die Verhaftung von Ahlers im Ausland nicht verantworten könne. Von einem «anrufenden» Beamten ist nicht die Rede, ebensowenig wie von der zugesagten oder gar bestätigten Übermittlung des Haftbefehls.[4]

Hopf laut SPIEGEL-Bericht der Bundesregierung wörtlich: «Ich rief bei der Sicherungsgruppe an und fragte, ob Ahlers auch im Ausland festgenommen werden könne. Mir wurde geantwortet, daß die Sicherungsgruppe für diese Frage nicht zuständig sei und daß sie eine Verhaftung im Ausland nicht verantworten könne. Ich wurde an das Bundeskriminalamt verwiesen und erklärte, daß

1 SPIEGEL-Bericht ..., a. a. O., S. 197, Teil B, Ziffer 2a.

2 Strauß gibt zu diesem Punkt

in seiner richterlichen Vernehmung vom 21. 10. 1964 folgende Darstellung: Hopf habe ihm genau diesen Vorgang per Telefon am 27. 10. 1962, 0.30 Uhr, berichtet. Eine von Strauß zitierte «dienstliche Äußerung» Hopfs zu dem Thema war im Verteidigungsministerium nicht auffindbar, als sie von Untersuchungsrichter Zimmermann angefordert wurde.

3 Aussage des Regierungskriminalrats Saevecke vor dem Bonner Untersuchungsrichter Zimmermann im Ermittlungsverfahren gegen Strauß u. a.: «Ich weiß mit Sicherheit, daß StS Hopf in der Nacht zum 27. 10. 1962 ... weder an mich noch an einen anderen Angehörigen der Sicherungsgruppe mit der Bitte herangetreten ist, den Haftbefehl gegen Ahlers mit Festnahmeersuchen fernmündlich an die spanische Polizei zu übermitteln.» Saevecke weiß «mit Sicherheit, daß gegenüber StS Hopf von mir oder einem anderen Angehörigen der Sicherungsgruppe eine entsprechende Zusage und Bestätigung nicht gegeben worden ist». (Az: 8 Js 24/64).

4 SPIEGEL-Bericht ..., a. a. O., S. 197f, Teil B, Ziffer 2c.

5 Ebd.

6 SPIEGEL-Bericht ..., a. a. O., S. 197, Teil B, Ziffer 2a.

7 Vernehmung des Obersten Oster durch d. OSt Bonn, Protokoll vom 14. 5. 1963 (Az: 8 Js 384/62), S. 3.

ich mich insoweit wegen einer Auskunft mit der Zentrale des Bundeskriminalamts in Wiesbaden in Verbindung setzen würde. Zu diesem Zweck ließ ich mir von der Sicherungsgruppe die Telefonnummer des Bundeskriminalamts geben.»[5]

Im übrigen widerlegt sich die Version des Verteidigungsministeriums – unabhängig von den Bekundungen der Beamten der Sicherungsgruppe und der Aussage Hopfs – durch einfachen Zeitvergleich selbst.

In der Fassung, die das Verteidigungsministerium zu diesem Punkt gab, heißt es: «Im Verlauf eines solchen Ferngesprächs erfuhr er (Hopf) gegen 1.30 Uhr von dem Beamten der Sicherungsgruppe, daß der Versuch der Festnahme ...»[6]

Laut Oster und Reif fand hingegen das erste Gespräch von Strauß mit Madrid, bei dem der Kanzler der Botschaft, Reif, am Apparat war, schon gegen 0.45 Uhr statt. Um 1 Uhr war Oster bereits verständigt, fuhr dann in die Botschaft und ließ sich mit Strauß verbinden.[7]

«Der Bundesminister der Verteidigung hat folgendes berichtet:

Staatssekretär Hopf verständigte in der Nacht vom 26. auf den 27. Oktober 1962 telefonisch den Bundesminister der Verteidigung und bat ihn, den deutschen Militärattaché bei der Botschaft in Spanien anzurufen, weil er glaubt, in dem Anruf der Sicherungsgruppe mit dem besonderen Hinweis auf die Zusammenhänge der Auslandsreise des Ahlers mit Angehörigen der Bundeswehr ein Ersuchen um Amtshilfe zur Aufklärung der Frage sehen zu müssen, ob eine Begünstigung durch Angehörige des Verteidigungsressorts vorliege.

Der Bundesminister der Verteidigung hielt es gleichfalls für geboten, daß er persönlich mit dem Militärattaché spreche ...»[1]

Strauß will sich gegen die Strafverfolgung sichern. Anders kann diese Einlassung schlechterdings nicht mehr erklärt werden, nachdem Hopf selbst in seiner Aussage für den SPIEGEL-Bericht der Bundesregierung darstellt, wie er die Sicherungsgruppe angerufen habe und wie er dort hörte, daß eine Verhaftung von Ahlers im Ausland nicht möglich sei.[2]

1 SPIEGEL-Bericht ..., a. a. O., S. 198, Teil B, Ziffer 4a.
2 SPIEGEL-Bericht ..., a. a. O., 197, Teil B, Ziffer 2c.

«Daraufhin eröffnete der Bundesminister der Verteidigung dem Militärattaché, daß am Abend vorher mehrere Redakteure des Nachrichten-Magazins DER SPIEGEL wegen des Verdachts des Verrats militärischer Geheimnisse und der Beste-

In Wirklichkeit erzählte Strauß dem Kanzler der deutschen Botschaft, Reif, und später dem Militärattaché, Oster, eine Geschichte, die dem Anrufer so farbenprächtig geriet, daß sie schlechterdings nur mir den Nachwirkungen der Party zu erklären

chung festgenommen worden seien. Aus den gleichen Gründen liege auch gegen Ahlers ein Haftbefehl des Untersuchungsrichters beim Bundesgerichtshof vor. Der Haftbefehl stütze sich auf Flucht- und Verdunkelungsgefahr. Es sei auch zu befürchten, daß mehrere Offiziere in die Angelegenheit verwickelt seien...

Der Minister wies sodann den Militärattaché an, sofort die zuständigen spanischen Behörden davon zu unterrichten, daß ein Haftbefehl wegen des obengenannten Verdachts gegen Ahlers an sie unterwegs und mit Flucht- und Verdunkelungsgefahr begründet sei. Falls Ahlers nach Marokko ausreise, könnte die Untersuchung schwer beeinträchtigt werden und im Zusammenhang mit dem Namen Oster sich ein Verdacht der Begünstigung oder des Versuchs, die Informanten zu decken, gegen das Bundesverteidigungsministerium richten. Er solle daher die spanischen Behörden bitten, mögliche Maßnahmen zur Sicherstellung des Ahlers zu ergreifen. Er wies bei diesem Gespräch auf die mögliche politische Tragweite dieses Falles und auf seine sachliche Bedeutung hin und ver-*ist, an der Strauß teilgenommen hatte, bevor er zwischen 22.00 und 23.00 Uhr sein Büro aufsuchte*[2], *wo ihn sein Adjutant, der damalige Oberst Wagenknecht, in Empfang nahm.*

Strauß gab Oster zwei objektiv falsche Auskünfte – der Haftbefehl stütze sich auch auf aktive Bestechung, der Haftbefehl sei unterwegs – und eine Fülle frei erfundener Details, die nur den Sinn haben konnten, den Gesprächspartner blind zu machen für den Rechtsbruch, an dem er mitwirken sollte. («Augstein ist bereits in Kuba» – «Zwölf hohe Offiziere werden festgesetzt».)[3]

Entscheidend aber ist, daß Strauß den Oberst Oster nicht – wie er es darstellt – zu den Spaniern schickte mit der Bitte um «mögliche Maßnahmen», sondern daß er ihm befahl, die sofortige Festnahme zu bewirken.[4]

Reif gab über sein Gespräch mit Strauß zu Protokoll: «In der Nacht vom 26./27. Oktober klingelte um 0.45 Uhr das Telefon, als ich etwa eine halbe Stunde zu Bett gegangen war und schon schlief. Es meldete sich eine weibliche Stimme in deutscher Sprache, die fragte, ob dort Kanzler Reif sei ... Kurz dar-

merkte in diesem Zusammenhang, daß der Bundeskanzler über Einleitung und Durchführung des Ermittlungsverfahrens unterrichtet sei und volle Aufklärung im Staatsinteresse fordere. Er (Oster) könne davon ausgehen, daß auch der Bundesminister des Auswärtigen unterrichtet werde ...»[1]

auf meldete sich Herr Bundesminister Strauß und stellte sofort die Frage, ob ich wisse, wie er möglichst sofort den Oberst Oster in einer sehr dringenden Sache erreichen könne. Auf das Anerbieten, ihm seine private Telefonnummer zu geben, erfuhr ich, daß bei Herrn Oster schon erfolglos angerufen worden war ...»

«Strauß sagte: ‹Ich erwarte, daß Sie alles tun, damit Oberst Oster in einer äußerst eiligen und wichtigen Sache mich innerhalb von 30 Minuten anruft ... Die Kenntnis des Aufenthalts von Herrn Ahlers ist für eine Information im Zusammenhang mit der Kuba-Krise ungeheuer wichtig. Ich verpflichte Sie, über dieses Telefongespräch mit niemandem zu sprechen als mit dem Oberst Oster.

Dies ist ein dienstlicher Befehl; ich handele in diesem Augenblick auch im Namen des Herrn Bundeskanzlers und des Herrn Außenministers.›»[5]

Oster berichtet über das Telefonat: «... (Strauß sagte), leider laufe die Untersuchung auch gegen mehrere noch unbekannte Offiziere. Er nannte die Zahl etwa 12, gegen die die Festsetzung zur Zeit laufe.

Der Minister führte weiter aus, daß dies gerade in diesem

1 SPIEGEL-Bericht ..., a. a. O., S. 198/199, Teil B, Ziffer 4a.

2 Strauß kam vom «Besuch einer Presseveranstaltung» laut: Einstellungsbescheid d. OSt Bonn vom 2. 6. 1965 (Az: 8 Js 24/64), S. 4.

3 Vernehmung des Obersten Oster durch d. OSt Bonn, Protokoll vom 14. 5. 1963 (Az: 8 Js 384/62), S. 4;
s. a.: SPIEGEL-Bericht ..., a. a. O., S. 199, Teil B, Ziffer 4b, Aussage des Botschaftsrats Breuer, Aussage des Legationsrats Feit.

4 Strauß: «Dies ... ist ein dienstlicher Befehl.» Vernehmung des Obersten Oster, Protokoll vom 14. 5. 1963 (Az: 8 Js 384/62), S. 4. Zur rechtlichen Würdigung dieses Befehls, s.: Einstellungsbescheid d. OSt Bonn vom 2. 6. 1965 (Az: 8 Js 24/64), S. 11.

5 Vernehmungsprotokoll Reif im Ermittlungsverfahren gegen Strauß u. a. (Az: 8 Js 24/64).

Augenblick der angespannten internationalen Lage einen schweren Schlag für die Sicherheit der Bundesrepublik und der NATO bedeute.

Der Minister wechselte sodann die zwischen uns von früher her übliche Duzform und sagte etwa: ‹Herr Oberst Oster, ich komme soeben vom Bundeskanzler und dies, was ich jetzt zu sagen habe, ist ein dienstlicher Befehl zugleich im Namen des Bundeskanzlers.› Es sei von entscheidender Bedeutung, daß Herr Ahlers so schnell wie möglich festgesetzt werde, damit der Generalbundesanwalt durch Ahlers – Augstein sei in Kuba – erführe, wo das Loch im Verteidigungsministerium sei.»[6]

Oster sprach nach dem Telefongespräch mit dem Geschäftsträger der Botschaft, dem Botschaftsrat I. Klasse Dr. Breuer[7]*, und dem Legationsrat Dr. Feit*[8]*. Beiden Herren, so gaben diese später zu Protokoll, erklärte Oster: Der Bundesminister der Verteidigung habe ihm im Einverständnis mit dem Herrn Bundeskanzler und dem Herrn Außenminister den dienstlichen Befehl erteilt, alles zu unternehmen, um … Ahlers verhaften zu lassen.*[9]

Breuer sagte über Osters

6 Vernehmungsprotokoll Oster v. 14. 5. 1963 (Az: 8 Js 384/62), S. 4.

7 Am 27. 10. 1962, 3 Uhr, s.: SPIEGEL-Bericht …, a. a. O., S. 199, Teil B, Ziffer 4b.

8 Am 27. 10. 1962. 1.50 Uhr, s. Vernehmungsprotokoll Oster vom 14. 5. 1963 (Az: 8 Js 384/62), S. 5.

9 SPIEGEL-Bericht …, a. a. O., S. 200, Teil B, Ziffer 4b.

Bekundungen aus: «Bundesminister Strauß habe ihn (Oster) angerufen und ihm erklärt, in dieser Nacht sei eine Großaktion wegen Verrats von Staatsgeheimnissen und Bestechung gegen den SPIEGEL unternommen worden. Mehrere Redakteure und auch hohe Offiziere seien verhaftet worden, die Angelegenheit stehe auch mit der Kuba-Krise in Verbindung und Augstein habe sich bereits nach Kuba abgesetzt. Er komme soeben vom Bundeskanzler und gebe ihm auch im Einverständnis des Herrn Bundeskanzlers und des Herrn Außenministers den dienstlichen Befehl, alles zu unternehmen, um den stellvertretenden Chefredakteur Ahlers, der in Spanien weile, verhaften zu lassen.»[10]

Feit erklärte zu demselben Punkt: «Der Minister habe ihm (Oster) gesagt, er käme eben vom Bundeskanzler. Er riefe auch in seinem Auftrag an, sowie im Namen des Bundesaußenministers. Der oberste Untersuchungsrichter beim Bundesgerichtshof in Karlsruhe habe Haftbefehl gegen Ahlers und alle SPIEGEL-Verantwortlichen erlassen. Sie hätten alle Landesverrat begangen. Die ganze SPIEGEL-Redaktion sei beschlag-

10 SPIEGEL-Bericht ..., a. a. O., S. 199, Teil B, Ziffer 4b.

nahmt worden und mehrere hohe Offiziere, vielleicht 12, verhaftet. Ahlers sei ein Haupttäter. Die Spanier müßten ihn auf der Stelle verhaften, er, Oster, sei ermächtigt und habe den Befehl, alles zu tun, um dies zu erreichen.»[11]

Das Auswärtige Amt schließt im SPIEGEL-Bericht der Bundesregierung die Wiedergabe dieser Aussagen mit folgendem Satz: «Hierzu ist festzustellen, daß weder der Herr Bundesminister des Auswärtigen noch der Herr Staatssekretär Professor Dr. Carstens, noch irgendeine andere Stelle des Auswärtigen Amtes zu diesem Zeitpunkt Kenntnis von dem Vorgehen gegen Ahlers hatten und daher nicht in der Lage waren, sich mit diesem Vorgehen einverstanden zu erklären. Damals befand sich der Herr Bundesminister des Auswärtigen in Bonn und war zu erreichen.»[12]

11 Ebd.

12 SPIEGEL-Bericht … a. a. O., S. 199/200, Teil B, Ziffer 4b.

In der SPIEGEL-Affäre lassen sich dem ehemaligen Verteidigungsminister Behauptungen, die objektiv unwahr sind, Verdrehungen und Ausflüchte in nahezu jeder Äußerung nachweisen, die sich mit seinem eigenen Verhalten befaßt. Der Vorwurf der «Lüge» hingegen ist ihm gegenüber seltener und jedenfalls nur unter Vorbehalt zu vertreten. Es ist nämlich schlechterdings unklar, wieweit Strauß selbst überhaupt noch zwischen Wahrheit und Unwahrheit zu unterscheiden vermag.

Er habe nicht in ein schwebendes Verfahren eingreifen wollen, sagte er beispielsweise zur Begründung seiner Lügereien über die Rolle, die er selbst bei der Einleitung des SPIEGEL-Verfahrens spielte. Die Begründung, so unsinnig sie war, erschien ihm möglicherweise plausibel. In Wahrheit hatte Strauß das Verfahren selbst durch das Gutachten ausgelöst und, als es dann schwebte, durch höchstpersönliche Eingriffe befördert. Nach dem 26. Oktober konnte er – zum Glück – nicht mehr eingreifen. Noch unter dem 24. November 1962 aber schrieb er an den «Stern»-Chefredakteur Nannen: «Eine Rechtspflicht zur Auskunftserteilung besteht für die Regierung weder gegenüber dem Parlament noch gegenüber der Öffentlichkeit, besonders weil hier (im SPIEGEL-Fall) die Gefahr des Eingriffs in ein schwebendes Verfahren bestand und besteht. Es bleibt also der Regierung und ihren Mitgliedern, also auch mir, überlassen, wann sie den staatspolitisch richtigen Zeitpunkt für eine uneingeschränkte Aufklärung gegenüber Parlament und Öffentlichkeit für gegeben halten.»[1]

Am 28. Januar 1963 variierte Strauß den staatspolitischen Bezug in einem Interview mit dem «Christlichen Beobachter»; diesmal ging er speziell auf die von ihm tagelang geleugnete Anweisung ein, den Redakteur Ahlers in Spanien festzunehmen: «Von einer Lüge, das heißt einer bewußten Unwahrheit, kann in diesem Zusammenhang überhaupt keine Rede sein. Im übrigen lasse ich noch ein Problem offen, wieweit es überhaupt richtig ist, daß Einzelheiten exekutiver Maßnahmen aus einem unter streng geheim laufenden Staatsvorgang überhaupt der Öffentlichkeit vor Abschluß des Verfahrens unterbreitet werden sollen.»[2]

Vertritt Strauß schon solche Auffassungen, wenn es um die Wahrheitspflicht gegenüber der Legislative geht, so hält er es für sein selbstverständliches Recht, die Öffentlichkeit zu belügen. Am 30. Oktober 1962 erklärte er der

1 (Zit. n.:) Henri Nannen: Lieber Sternleser (Stern, 9. 12. 1962).
2 «Interview mit Strauß» (Christlicher Beobachter, 10. 2. 1963, S. 2/3).

Frankfurter «Abendpost» auf die Frage, ob ein Zusammenhang zwischen seinen Aktivitäten und der SPIEGEL-Affäre bestehe: «Ich darf sagen, daß ich persönlich oder die Leitung dieses Hauses mit der Ingangsetzung dieses Verfahrens gar nichts zu tun haben.» In demselben Interview bemerkte er: «Ich habe an diesem Abend (24. Oktober 1962) von Art, Umfang und Ziel der Aktion des Generalbundesanwalts noch keinerlei Ahnung gehabt.»[3]

Am 3. November 1962 behauptete er, ebenfalls in einem autorisierten Interview: «Ich habe mit der Sache nichts zu tun. Im wahrsten Sinne des Wortes nichts zu tun ... Wenn Sie so wollen, dann ist in dieser Zuständigkeit Herr Hopf augenblicklich der Chef meines Ministeriums.»[4]

Spätere Einlassungen mag man ihm schon nicht mehr anlasten. Sie finden lediglich ihrer Kuriosität halber Erwähnung. Die «Passauer Neue Presse» seines Freundes Kapfinger belehrte Strauß am 13. Juli 1963 über den Vorwurf, er habe insgesamt neunmal das Parlament belogen: «Wer in Kenntnis des Sachverhalts und in Würdigung des Sachverhalts mir Lüge vorwirft, der ist selbst ein Lügner.»[5] Eine Günzburger Versammlung ließ er wissen: «Ich habe nicht gelogen. Ein wissenschaftliches Gremium hat das nach reiflicher Überlegung aller Fakten festgestellt.»[6]

Dr. h. c. Franz Josef Strauß war nicht bereit, für sich eine Pflicht zur Wahrheit anzuerkennen. Er war nicht einmal bereit, die ihm nachgewiesene Unwahrheit gegen sich gelten zu lassen. Selbst soweit er log, fand er für sich Rechtfertigungsgründe. Tatsächlich war er fähig, auch noch die durchsichtigste Schutzbehauptung ins Hochpolitische und Nationale zu überhöhen.

3 «Das 60-Sekunden-Interview mit Minister Strauß zum Thema «SPIEGEL» (Abendpost, 30. 10. 1962).

4 «Im SPIEGEL-Fall bin ich nur Strauß ...!» (8-Uhr-Blatt, 3. 11. 1962).

5 «Strauß: Gegensätze und Mißverständnisse in der CSU werden überbrückt » (Passauer Neue Presse, 13. 7. 1963).

6 «Ich habe nicht gelogen» (8-Uhr-Blatt, 1. 7. 1963).

Die Fibag-Affäre

Fibag bedeutet Finanz-Bau-AG. Eine AG dieses Namens existierte zwar nicht, gleichwohl gelang es einer Gruppe von Geschäftemachern, für das Unternehmen die höchstpersönliche Unterstützung des damaligen Verteidigungsministers Franz Josef Strauß zu gewinnen.

Die Fibag sollte das größte Bauvorhaben verwirklichen, das bis dahin in Deutschland von einer einzigen Firma im Zuge eines einzigen Geschäftes geplant war: den kurzfristigen Bau von rund 5000 vergleichsweise komfortablen, auf die Bundesrepublik verteilten Wohnungen für amerikanische Besatzungsangehörige. In die Kompetenz der Fibag sollten nicht nur die Geländekäufe, die architektonische Planung und die Überwachung der einzelnen Bauvorhaben, sondern auch Geldbeschaffung und finanzielle Abwicklung fallen.

Die Idee, das auf roh 300 Millionen veranschlagte Projekt in eigener Regie zu verwirklichen, stammte von dem in München ansässigen, damals mittellosen Lothar Schloß. Er verbündete sich mit dem Passauer Zeitungsverleger Dr. Hans Kapfinger, der seinerseits wiederum seinen Duzfreund, den Verteidigungsminister Franz Josef Strauß einzuschalten versprach. Kapfinger, der außer seiner Freundschaft zu Strauß nichts in das Projekt einbrachte, erhielt von den künftigen Fibag-Teilhabern eine Zusicherung auf 25 Prozent der Gesellschaftsanteile (s. Faksimile S. 180).[1]

Bei den Verhandlungen über die Verteilung der Anteile soll Kapfinger, offenbar um die Höhe seiner Forderung plausibel zu machen, zwei anderen Fibag-Gesellschaftern,

1 «Vereinbarung zwischen Herrn Architekt Schloß und Herrn Braun – einerseits – und Herrn Dr. Kapfinger – andererseits –», Ziffer 4, vom 13. 4. 1960; s.: SPIEGEL 8/1962, S. 9 (Faksimile).

S. a.: «Vereinbarung ..., Ziffer 6: Herr Dr. Kapfinger erklärt sich bereit, für dieses Projekt all seine Beziehungen einzusetzen und das Projekt ideell zu fördern.»

V e r e i n b a r u n g

zwischen

Herrn Architekt Schloß und Herrn Braun - einerseits -

und

Herrn Dr. Kapfinger - andererseits -

hinsichtlich der Durchführung des amerikanischen sog. "Housing program" in Deutschland.

1. Herr Schloß und Herr Braun beabsichtigen, eine Aktiengesellschaft mit einer Geldgruppe für die Durchführung des o. a. Projektes zu gründen.

2. Das gesamte, bei der Gründung erforderliche Aktienkapital von DM 125.000,-- (einhundertfünfundzwanzigtausend) für ein vorgesehenes Stammkapital von DM 500.000,-- (fünfhunderttausend) wird alleine durch die Gruppe Schloß/Braun aufgebracht und bis zur Anmeldung beim Handelsregister bankmäßig nachgewiesen.

3. Einstweilen sollen Vorstandsmitglieder der AG Herr Schloß und solche Personen sein, die von der kapitalgebenden Stelle benannt werden. Herr Dr. Kapfinger ist jedoch berechtigt, einen Posten als Aufsichtsrat oder später auch als Vorstandsmitglied einzunehmen.

4. Herr Dr. Kapfinger erhält von den Gründern Aktien im Gesamtbetrage von DM 125.000,-- (25 % des Stammkapitals). Diese Aktien im Werte von DM 125.000,-- erhält Herr Dr. Kapfinger kostenlos, falls die Gesellschaft den Auftrag zur Durchführung des amerikanischen "Housing program" erhält.

5. Die oben genannten Verpflichtungen können Herrn Dr. Kapfinger durch die Gründer jederzeit in juristisch einwandfreier Form abgesichert werden und zwar noch vor Erteilung des Auftrages für das "Housing program".

6. Herr Dr. Kapfinger erklärt sich bereit, für dieses Projekt all seine Beziehungen einzusetzen und das Projekt ideell zu fördern.

7. Durch den Abschluß dieses Vertrages wird kein Haftungsverhältnis Dr. Kapfingers in irgendwelcher Form begründet.

München, den 13. April 1960

Schloß　　　Braun　　　Dr. Kapfinger

nämlich eben dem Lothar Schloß sowie einem gewissen Bauunternehmer Karl Willy Braun aus Schney/Oberfranken erklärt haben: «Schade, daß ich mit Strauß teilen muß.» Diese durch eidesstattliche Erklärungen der Gesprächsteilnehmer belegte[2], durch Kapfinger zunächst überhaupt bestrittene[3], später in mancherlei Varianten zumindest teilweise eingeräumte Äußerung[4] ließ aus der «Fibag», dem phantastischen Luftgeschäft, einen massiven politischen Skandal werden: es entstand die Fibag-Affäre.

Strauß hatte dahin gewirkt, daß Schloß militärische Bauaufträge im Raum der Oberfinanzdirektion München erhielt, Aufträge, die es dem nicht in die Architektenrolle aufgenommenen Geschäftsmann überhaupt erst einmal ermöglichten, ein arbeitsfähiges Architekturbüro zu eröffnen – indem er einen Fachmann, den Bauingenieur Suske, anstellte. Im Anschluß daran empfing Minister Strauß den Schloß in seinem Amtszimmer in Bonn. Er unterschrieb dem Petenten ein von Schloß selbst verfaßtes Empfehlungsschreiben, das dieser bei seinen Verhandlungen mit den amerikanischen Behörden als eine Art Bonitätsbe-

2 Eidesstattliche Erklärungen des Karl Willy Braun und des Lothar Schloß vom 24. 3. 1961, 12. 5. 1961, 18. 5. 1961 und 9. 2. 1962.

3 Durch eidesstattliche Erklärung vom 4. 2. 1962: «Wenn ... behauptet wird, ich hätte ... bedauert, meinen Anteil von 25 Prozent mit Herrn Minister Franz Josef Strauß teilen zu müssen, so ist das eine grobe Unwahrheit.»

4a) Durch eine «Ergänzung» zu seiner eidesstattlichen Erklärung vom 8. 2. 1962: «Kann ich ... die Unwahrheit der Behauptungen des Herrn Braun nicht mehr unbedingt folgern.»

b) Dr. Josef Augstein vor der 2. Zivilkammer des LG Nürnberg-Fürth am 2. 3. 1962: «Einerseits haben Sie gesagt, daß er (Braun) dabei war; Sie haben gleichzeitig andererseits die Möglichkeit nicht ausgeschlossen, daß Sie gesagt hätten, Ihren Anteil von 25 Prozent mit Herrn Strauß teilen zu müssen.» Kapfinger: Das habe ich nicht ausgeschlossen. Ich habe gesagt, es sei durchaus möglich, daß ich in ironischer Weise das gesagt habe.» Stenogr. Protokoll S. 13/14.

(Es handelt sich hier um das Protokoll eines vom SPIEGEL beigezogenen Parlaments- und Verhandlungsstenografen, im folgenden zitiert als «Stenogr. Protokoll».)

Der Bundesminister für Verteidigung

Bonn, 1. Juni 1960
[illegible]
[illegible]
[illegible]

To whom it may concern :

Betr.: Rental Guarantee Housing Project.

Um das vorgenannte Projekt zu realisieren, wurde von Herrn S c h l o s s eine Aktiengesellschaft gegründet und von ihm heute den Ministerien die Planungsunterlagen, Kostenberechnungen und Finanzierungsvorschläge eingereicht.

Ich begrüsse und befürworte die Ausarbeitung dieser Vorlagen, weil sie der Durchführung eines im gemeinsamen Interesse liegenden Planes dienen.

Ich bitte, Herrn Schloss bei seiner weiteren Arbeit jede Unterstützung zu gewähren.

(Strauss)

scheinigung verwenden wollte. Strauß versah das Empfehlungsschreiben mit der Überschrift «To whom it may concern» (s. Faksimile Seite 182). Er attestierte darin Schloß, dieser habe eine AG zur Realisierung des Wohnungsbauprojekts gegründet, was unzutreffend war. Er attestierte ihm ferner, Schloß habe beim Verteidigungsministerium Planungsunterlagen, Kostenberechnungen und Finanzierungsvorschläge eingereicht, was in dieser Form eine unverantwortliche und der Lüge praktisch gleichzusetzende Übertreibung war.

Kurz darauf engagierte sich Strauß erneut, diesmal in einem persönlichen Brief an den amerikanischen Verteidigungsminister Gates (s. Faksimile Seite 184). Wiederum war es nicht nur an sich ungewöhnlich, daß der Minister derart nachhaltig einen ihm vorher unbekannten, freilich von Kapfinger empfohlenen Geschäftsmann protegierte. Auch der Brief an Gates enthielt eine Reihe grober Unwahrheiten, etwa der Art, das Verteidigungsministerium habe die Vorschläge des Architekturbüros Schloß «geprüft», ferner, es handele sich bei der «Firma Schloß» um dieselbe Firma, die bereits im Jahre 1956 das amerikanische Unterkunftsprojekt in Frankreich «bearbeitet» habe. Tatsächlich hatte sich Lothar Schloß lediglich an einem Wettbewerb für dieses Unterkunftsprojekt beteiligt. Es hatte keine Prüfung der Schloß-Pläne im Verteidigungsministerium stattgefunden, es sei denn, man wollte ein einstündiges Informationsgespräch, das Schloß und Suske mit einem Beamten führten, und eine kurze Durchsicht der «Planungen» als Prüfung eines 300-Millionen-Projekts bezeichnen. Eine Prüfung hatte schon deshalb nicht stattfinden können, weil Schloß, abgesehen von acht Blatt Skizzen und einigen pauschalen Zahlenreihen, überhaupt keine Unterlagen vorgelegt hatte, die zum Gegenstand einer ernsthaften Diskussion hätten gemacht werden können.

Hatte Strauß dem atlantischen Verbündeten gegenüber zweimal die Autorität seines Ministeriums zugunsten von Lothar Schloß in die Waagschale geworfen, so verstärkte er

Abschrift

Dr. h.c. Franz Josef STRAUSS
Bundesminister

den 20. Juli 1960

Sehr geehrter Herr Kollege!

Nach den meinem Ministerium zugegangenen Informationen ist die amerikanische Armee daran interessiert, eine beträchtliche Zahl von Wohnungen für Angehörige der US-Armee in Deutschland zu bauen. Das Bundesministerium für Verteidigung hat damit unmittelbar nichts zu tun, hat aber die Vorschläge des Architekturbüros Lothar Schloss, München, die bei ihm eingereicht sind, geprüft und Herrn Schloss die in Abschrift beigefügte Bestätigung ausgestellt. Es handelt sich hier um dieselbe Firma, die bereits im Jahre 1956 das amerikanische Unterkunftsprojekt in Frankreich bearbeitet hat. Dieses Projekt wurde dann aus verständlichen Gründen einer französischen Firma übertragen.

Ich weise darauf hin, daß die von dem Architekturbüro Schloss vorgelegte Planung hier geprüft und als brauchbar bezeichnet worden ist. Wenn Sie daran interessiert sind, das Unterkunftsprojekt der US-Armee in Deutschland weiter zu verfolgen, bitte ich, diese Ihren Experten bekannte Planung prüfen zu lassen und zu verfolgen.

Mit freundlichen Grüssen

gez. Strauss

The Hon.
Thomas S. Gates
Secretary of Defense
Pentagon
Washington 25, D.C.

Die Echtheit des Originals bestätigt:

Passauer Neue Presse

den ominösen Eindruck noch dadurch, daß er seinem Duzfreund Kapfinger umgehend einen Durchschlag des Briefes an Verteidigungsminister Gates übersandte, nebst einem Anschreiben, an dessen Ende es hieß: «Ich glaube, wir sollten auch bei den Amerikanern nicht allzu stark drängen, weil das erfahrungsgemäß zu falschen Rückschlüssen ... führt» (s. Faksimile Seite 186).[5]

Schloß erzählte später vor Gericht unbefangen, wie es zu dem merkwürdigen Brief an Gates gekommen war. Schloß war, ausgestattet mit dem von Strauß unterzeichneten «To whom it may concern», in Washington und suchte Kontakt mit den für das Housing-Projekt zuständigen Beamten des Pentagon. Nachdem er schon in der Bundesrepublik direkt mit dem Verteidigungsminister verkehrte, wollte er auch in den USA auf der gleichen Ebene verhandeln. Strauß, der sich in New York aufhielt, um anläßlich des «Tages der Deutschen Einheit» eine Festrede zu halten, sollte ihm dazu verhelfen.[6]

So hemdsärmelig aber Schloß sonst auch war, so hatte er doch Hemmungen, den deutschen Minister vor oder nach der Rede einfach anzusprechen. Er telefonierte deshalb von Washington aus mit Kapfinger in Passau und fragte, wie weit er gehen könne. Kapfinger, seines Einflusses offenbar absolut sicher, sah keine Schwierigkeiten: «Seit wann hast du vor einem Metzgerburschen Angst?»[7] Schloß

5 Hierzu der schriftliche Bericht des Fibag-Ausschusses: «Der Untersuchungsausschuß ist im übrigen der Ansicht, daß die Übersendung ... an den Zeugen Kapfinger besser unterblieben wäre ... Der Ausschuß ist der Meinung, daß die Bekanntgabe des Schriftwechsels zwischen den Mitgliedern befreundeter Regierungen unterbleiben sollte, um, wie der vorliegende Fall zeigt, eine mißbräuchliche Benutzung auszuschließen.»

S.: Deutscher Bundestag, Drucksache IV/512, S. 11/12.

6 Aussage des Lothar Schloß vor dem Fibag-Ausschuß, Protokoll Nr. 9, 12. 4. 1962, S. 281 ff.

7 Lothar Schloß als Zeuge im Verfahren Strauß/Augstein vor der 2. Zivilkammer des Landgerichts Nürnberg-Fürth, Verhandlung v. 2. 3. 1962 (Az: 8 Q 2/62), Stenogr. Prot., S. 45.

A b s c h r i f t

Dr. h.c. Franz Josef Strauss

Buudesminister

Bonn, 4. August 1960

Herrn
Dr. Hans Kapfinger

P a s s a u
Neue Presse

Lieber Hans!

In der Beilage übersende ich Dir Durchschrift meines Schreibens an den amerikanischen Verteidigungsminister Mr. Gates vom 20. Juli 1960.

Es handelt sich hier um ein Projekt, das den Bau von zusätzlichen Wohnungen an den gegenwärtigen Standorten der amerikanischen Armee vorsieht, das offensichtlich nicht für eine Verlegung amerikanischer Einheiten nach anderen Standorten bestimmt ist. Nach den geltenden Bestimmungen ist die Bundesrepublik nicht weiter verpflichtet, zusätzliche Wohnungen für die Familien der amerikanischen Streitkräfte zu finanzieren. Deshalb haben Bundesrechnungshof und Finanzministerium es abgelehnt, dieses Projekt aus dem deutschen Haushalt zu finanzieren. Das Parlament hat dafür auch keine Mittel bewilligt. Ich muß mich deshalb auf den befürwortenden Einfluß eines nicht zuständigen Ministeriums beschränken. Zuständig ist innerhalb der oben genannten Einschränkungen das Wohnungsbauministerium. Ich habe den Eindruck, daß die gegenwärtige amerikanische Verwaltung nichts mehr unternehmen wird, weil die kommenden Präsidentschaftswahlen keine Bindungen auf längere Frist zulassen, die offensichtlich notwendig wären. Ich glaube, wir sollten auch bei den Amerikanern nicht allzu stark drängen, weil das erfahrungsgemäß zu falschen Rückschlüssen und negativen Reaktionen führt.

Mit freundlichen Grüßen

Dein

Franz Josef Strauß

1 An

Die Echtheit des Or... bestätigt:

NEUE PRESSE VERLAGSGES... G.m.b.H.
Passauer Neu...
PASSAU, NEUBURGER STR.

Dr. Hans Kapfinger

besorgte sich vom deutschen Generalkonsulat in New York eine Einladung zu dem Festakt im New Yorker Hotel Sheraton East. Vergebens. Der Minister mochte in der Gesellschaft von Militärs und Diplomaten nicht mit Schloß über die Fibag-Sache reden.[8]

Schloß flog noch am selben Tage nach München zurück, fuhr sofort zu Kapfinger und meldete den Fehlschlag. Kapfinger blieb ungerührt: «Dann muß er eben schreiben.»[9] Der Verleger stellte den Minister am 26. Juni in Erlangen. Franz Josef Strauß schrieb einige Wochen später an Minister Gates – wie von Kapfinger gewünscht.

Vor diesem Hintergrund massivster, zum Teil sogar mit Unwahrheiten forcierter Protektion zugunsten eines niederbayrischen Provinz-Verlegers und eines mittellosen Glücksritters stand die von zwei Zeugen dem Fibag-Teilhaber Kapfinger in den Mund gelegte Feststellung, «er müsse mit Strauß teilen». Dennoch behauptete damals wie heute niemand, daß Strauß tatsächlich mit Kapfinger übereingekommen sein könnte, die auf diesen entfallenden Fibag-Gewinne zu teilen. Nichts konnte ja den in ein schiefes Licht gebrachten Verteidigungsminister hindern, durch eine Verleumdungsklage gegen seinen Passauer Freund klarzustellen, daß zwischen Kapfinger und ihm keine wirtschaftliche Partnerschaft verabredet war. Strauß aber lehnte es ab, sich durch ein gerichtliches Verfahren zu rehabilitieren. Er hielt offiziell daran fest, Kapfinger könne eine solche Bemerkung nicht gemacht haben, der niederbayri-

8 Schloß vor dem Fibag-Ausschuß: «Ich bin auf ihn zugegangen, habe ihn begrüßt und habe gesagt: ‹Herr Minister, seien Sie doch so gut und rufen Sie den Gates an.› Worauf mich Herr Minister Strauß brüsk abgewiesen hat.»
S.: Protokoll Nr. 9, 12. 4. 1962, S. 282.

9 Schloß: «Ich bin am 18. (Juni 1960) ... sofort zu Herrn Kapfinger in die Schwedenstraße und habe gesagt: ‹Herr Kapfinger! Herr Strauß hat den Gates nicht angerufen›, worauf der Kapfinger mir wörtlich erklärte: ‹Dann muß er eben schreiben.›» S.: Fibag-Ausschuß, Protokoll Nr. 9, 12. 4. 1962, S. 282/283.

sche Verleger sei offenbar durch Schloß und Braun verleumdet worden.

Strauß hatte dem Deutschen Bundestag zweimal Rede zu stehen:

- ▷ Er gab schriftlich Antwort auf eine Kleine parlamentarische Anfrage der SPD.
- ▷ Er trat als Zeuge vor dem Fibag-Ausschuß auf, einem Siebener-Kollegium, das den Bundestag repräsentierte.

Strauß-Antwort auf die Kleine Anfrage der SPD zur Fibag-Affäre

Die vom SPIEGEL erhobenen Vorwürfe bezogen sich auf die grobfahrlässige Weise, in der Verteidigungsminister Strauß ein von offensichtlich unqualifizierten Geschäftemachern entwickeltes Projekt mit der Autorität seines Amts hatte durchboxen wollen. Lediglich auf diesen, durch Dokumente belegten Vorwurf bezog sich auch eine Kleine Anfrage der sozialdemokratischen Bundestags-Fraktion vom 15. Juni 1961, mit der sie klären wollte,

- ▷ ob sich Strauß gegenüber dem amerikanischen Verteidigungsminister Gates brieflich für das Fibag-Vorhaben eingesetzt habe,
- ▷ ob dem Passauer Verleger Kapfinger von Strauß eine Kopie des Briefes an den amerikanischen Verteidigungsminister zugeleitet worden sei, und
- ▷ ob Kapfinger von seinen Fibag-Partnern 25 Prozent des Fibag-Stammkapitals nur gegen das Versprechen zugesichert wurden, für das Projekt «seine Beziehungen einzusetzen».[1]

Die Antwort des Verteidigungsministers wurde dem Hohen Hause 28 Tage später zugeleitet.[2] Niemals war der Bundestag bis dahin in solcher Weise getäuscht worden. Das Dokument ist bis heute exemplarisch für die Art von Strauß, die Wahrheit zu manipulieren, exemplarisch für seine Achtung vor dem Parlament, schließlich aber auch dafür, wieviel an Verdrehungen einer Volksvertretung unbeanstandet zugemutet werden kann.

Die Antwort ist auf der linken Spalte – abgesehen von einem Strauß-Exkurs über das Bittstellerwesen – ungekürzt wiedergegeben.

1 Deutscher Bundestag, 3. Wahlperiode, Drucksache 2847.
2 Deutscher Bundestag, 3. Wahlperiode, Drucksache 2967.

«Der Inhaber eines Architekturbüros namens Lothar Schloß, der bei der Durchführung verschiedener Bauprojekte für die Oberfinanzdirektion München tätig und in dieser Eigenschaft dem Bundesverteidigungsministerium bekannt war ...

Das ist unwahr. Schloß hat selbständig niemals größere Bauprojekte durchgeführt, weder in privatem noch in behördlichem Auftrag. Für die OFD München war Schloß vor dem 1. Dezember 1959 überhaupt nicht tätig[3]*; er führte lediglich als «Angestellter» des Finanzbauamts München, nicht der Oberfinanzdirektion, im Jahre 1951 einige bauliche Ausbesserungsarbeiten durch, im Jahre 1954 reichte er, ebenfalls beim Finanzbauamt München, Pläne für ein Fotolabor und eine Kegelbahn ein, die aber beide nicht zur Ausführung kamen.*[4]

Daher konnte er «in dieser Eigenschaft» dem Bundesverteidigungsministerium auch nicht bekannt sein. Er war dem Verteidigungsministerium absolut unbekannt, bis er dem Minister Strauß am 1. Dezember 1959 von Kapfinger in München zugeführt wurde.[5]

Erst die Einschaltung des Ministers[6] *ermöglichte es Schloß, einen geprüften Bauingenieur einzustellen und so ein arbeitsfähiges Büro zu eröffnen. Dieses Büro existierte ab 1. Februar 1960.*[7]

Der Bayerische Architekten-Beirat, der Schloß die Eintragung in die Architek-

3 S.: Verfahren Strauß/Augstein v. d. 2. Zivilkammer des Landgerichts Nürnberg-Fürth, Verhandlung v. 2. 3. 1962 (Az: 2 Q 2/62), Stenogr. Prot., S. 16/17.
Vorsitzender: «Von der OFD hatten Sie keine Aufträge?» Schloß: «Nein, trotz mehrmaligem Vorstelligwerden.» Vorsitzender: «Bis zum 1. Dezember (1959)?» Schloß: «Am 1. Dezember hatte ich auch noch keine ... Ich bin mit dem Schreiben vom 7. Dezember des Ministers Strauß in die OFD gegangen und habe das vorgelegt.»

4 S.: Aussage des Oberbaurats Sauer vor dem Fibag-Ausschuß, Protokoll Nr. 5, 5. 4. 1962, S. 64.

5 Das erste Treffen Strauß/Schloß fand in der CSU-Landesleitung, München, Richard-Wagner-Str. 27, am 1. 12. 1959, 22 Uhr, statt, lt. Schloß: «auf eine Vermittlung des Herrn Dr. Kapfinger». S.: Fibag-Ausschuß, Protokoll Nr. 9, 12. 4. 1962, S. 191.

tenlisten verwehrte, kam zu folgender Beurteilung: «Die eingereichten Zeugnisse bestätigen im wesentlichen lediglich, daß der Antragsteller als Bauführer und technischer Angestellter tätig war. Soweit in ihnen von einer Architektentätigkeit die Rede ist, wurde allem Anschein nach von einem anderen Architektenbegriff ausgegangen, als ihn das Architektengesetz (von 1954) zugrunde legt.» [8]

6 Aussage des Zeugen Lothar Schloß vor dem Fibag-Ausschuß des Deutschen Bundestages: «Ich bin nach dem 7. 12. (1959) wieder zu Herrn Sauer (OFD München) gegangen und habe gesagt: ich habe Konnex mit Herrn Bundesverteidigungsminister; man hat mir geschrieben, daß man sich für mich verwenden will. ... Herr Sauer hat sich dann sofort mit Passau in Verbindung gesetzt.» S.: Protokoll Nr. 9, 12. 4. 1962, S. 193.

S. a.: Oberbaurat Sauer: Schloß «hat mir erzählt, daß er Minister Strauß kennengelernt habe – um den ersten Dezember herum». S.: Fibag-Ausschuß, Protokoll Nr. 5, 5. 4. 1962, S. 69.

7 Aussage des Zeugen Kurt Suske vor dem Fibag-Ausschuß des Deutschen Bundestages: «Ich wurde ... am 1. 2. 1960 angestellt, um für ihn (Schloß) Planungen für die einzelnen Finanzbauämter durchzuführen.» S.: Protokoll Nr. 7, 10. 4. 1962, S. 146.

8 S.: Bescheid der Regierung von Oberbayern vom 13. 9. 1961 (Az.: II/2c-IV B 5 – 10010 d. Sch. 15/61), S. 3. Vgl.: SPIEGEL 9/1962, S. 30.

... hat sich in den Jahren 1959 und 1960 mehrmals an das Bundesministerium für Verteidigung sowie an das Bundesministerium der Finanzen und an das Bundeswohnungsbauministerium gewandt und um Überprüfung

Die Passage ist zum Teil unwahr, zum Teil zielt sie darauf, die Wahrheit zu verschleiern. Im Jahre 1959 traten Schloß und Kapfinger noch nicht mit Housing-Plänen hervor; Schloß mußte sich über Strauß erst eine wirt-

sowie Unterstützung seiner der amerikanischen Armee gemachten Vorschläge gebeten.

Es handelte sich um den Bau weiterer für die Angehörigen der amerikanischen Armee benötigter Wohnungen, die nach amerikanischen Angaben, ebenso wie früher in Frankreich, so nunmehr in der Bundesrepublik Deutschland errichtet werden sollten.»

1 S.: Bericht des Fibag-Ausschusses, Deutscher Bundestag, 4. Wahlperiode, Drucksache IV/512, S. 6, 7/8.

2 Fibag-Ausschuß, Protokoll Nr. 4, 4. 4. 1962, S. 96: Zeuge Weise: «Er (Schloß) wollte von uns nur eine Information haben.»

Jahn: «Das heißt, eine Prüfung ist nicht vorgenommen worden?»

Weise: «Nein. Wir haben sie (die Vorschläge von Schloß) ... zur Kenntnis genommen.»

3 Schreiben des Lothar Schloß an Bundesminister Strauß vom 31. 5. 1960, S. 2; vgl.: SPIEGEL 8/1962, S. 11.

4 Mitteilung des Bundeswohnungsbauministeriums an das BMVtdg, «der Zeuge Schloß habe sich nicht dorthin gewandt». S.: Bericht des Fibag-Ausschusses, Deutscher Bundestag, 4.

schaftliche Basis sichern.

Im Jahre 1960 sprach Schloß zwar zweimal kurz beim Ministerialdirigenten Weise vom Bundesfinanzministerium vor, nämlich am 6. April und am 1. Juni.[1] «Um Überprüfung» oder gar «Unterstützung seiner der amerikanischen Armee gemachten Vorschläge» konnte er den Beamten des Finanzministeriums[2] aber ebensowenig wie den Verteidigungsminister selbst bitten, weil er der amerikanischen Armee noch keine Vorschläge gemacht hatte; er hat überprüfbare Vorschläge während seiner Tätigkeit als Fibag-Interessent überhaupt niemals ausgearbeitet.

Beim Bundeswohnungsbauministerium schließlich ist Schloß nie vorstellig geworden.

Zwar gab Schloß bei seinem Bonner Besuch vom 1. Juni 1960 im Verteidigungsministerium eine und im Finanzministerium zwei Ausfertigungen seiner «Pläne» ab – acht Blatt skizzenhafte Zeichnungen und sieben Blatt mit «überschlägigen Kostenzusammenstellungen»[3]; von den beiden Sätzen, die er im Finanzministerium hinterließ, war laut Schloß einer für das Bundeswohnungsbauministerium bestimmt. Dort sind die

Wahlperiode, Drucksache IV/639, S. 9.

«Pläne» indes nie angekommen.[4]

«Die Entscheidung über die Errichtung dieser Bauten sowie die Finanzierung und Durchführung des Vorhabens lag, abgesehen von der baupolizeilichen Genehmigung, ausschließlich in der Zuständigkeit der amerikanischen Dienststellen, da von vornherein zwischen Bundesministerium für Verteidigung, Bundesministerium der Finanzen und Bundesrechnungshof aus grundsätzlichen Erwägungen Übereinstimmung darüber bestand, daß für die Durchführung dieses Projektes finanzielle Mittel des Bundes nicht in Betracht kommen.»

Irreführend. Die Entscheidung über die Errichtung der Wohnbauten für die amerikanische Armee sowie die Finanzierung und Durchführung des Vorhabens lag keineswegs allein in der Zuständigkeit der amerikanischen Dienststellen.

Es schwebten seit Jahren Regierungsverhandlungen zwischen dem federführenden Bundesministerium der Finanzen und dem amerikanischen Hauptquartier USAREUR über die Art der Finanzierung des Vorhabens sowie darüber, ob die Bundesrepublik oder etwa Privatunternehmen als Bauträger fungieren sollten.[1] *Im Laufe dieser Verhandlungen hatte beispielsweise das Bundesfinanzministerium unter dem 8. Oktober 1959 der amerikanischen Armee folgende Finanzierung vorgeschlagen:*

«Hergabe eines sehr billigen amerikanischen Darlehens (0,5 Prozent Verzinsung, 1 Prozent Tilgung) in der Höhe zwischen 107 bis 120 Mio. Mark sowie Aufbringung der weiteren 193 bis 180 Mio. Mark auf dem deutschen Kapitalmarkt bzw. durch Eigen-

leistungen der Wohnbauunternehmungen.»[2]

Noch Ende März 1960 ließ USAREUR den Deutschen mitteilen, daß die Entscheidung über den Vorschlag vom 8. Oktober 1959 noch ausstehe.[3]

Im übrigen hatte der «Verband der Freien Wohnungsunternehmer» vorgeschlagen, der Bund solle sich zumindest durch Übernahme einer Bürgschaft an der Finanzierung des Programms beteiligen. Der Staatssekretär des Bundeskanzleramtes hatte am 17. Februar 1960 die Bereitstellung von ERP-Mitteln angeregt.[4]

1 Zur Geschichte des amerikanischen Housing-Programms in der Bundesrepublik, s.: Bericht des Fibag-Ausschusses, Deutscher Bundestag, Drucksache IV/512. S. 5/6.

2 (Zit. n.:) Eidesstattliche Versicherung des Ministerialdirigenten Dr. Heinrich Kaumann vom 3. 2. 1962, S. 1; vgl.: SPIEGEL 8/1962, S. 10.

3 Ebd.

4 Schreiben an den Bundesminister f. d. wirtschaftlichen Besitz des Bundes, in dem «die Bereitstellung von Mitteln aus dem ERP-Sondervermögen gebeten worden ist», s.: Bericht des Fibag-Ausschusses, Deutscher Bundestag, Drucksache IV/639, S. 6, und Drucksache IV/512, S. 6.

«Für das Bundesministerium für Verteidigung bestand Anlaß, die weitere Bearbeitung und Durchführung dieses Vorhabens zu verfolgen, damit diese Wohnungen für den Fall einer späteren Übernahme durch Bundeswehrfamilien nach Standort und Größe auch den deutschen Notwendigkeiten und Möglichkeiten entsprechen würden.»

Tatsächlich waren zu der Zeit, als Strauß den Amerikanern auf Kapfingers Betreiben hin den Lothar Schloß empfahl, zwischen dem federführenden Bundesfinanzministerium und USAREUR noch keinerlei Grundlagen für das Housing-Programm erarbeitet worden, von «weiterer Bearbeitung und Durchführung dieses Vorhabens» konnte daher auch keine Rede sein. Insbesondere war die zentrale Frage der Finanzierung noch nicht generell entschieden. Letzlich wußte das Bundesministerium für Verteidigung nicht mehr als das, was der unbekannte Münchner Geschäftsmann Schloß «in Aussicht gestellt» hatte.[1]

1 S.: Eidesstattliche Versicherung des Ministerialdirigenten Kaumann vom 3. 2. 1962: «Herr Schloß stellte (bei der Besprechung vom 1. 6. 1960) in Aussicht, als Sponsor das von ihm mit rund 280 Mio. DM geschätzte Programm durchführen zu wollen, nachdem von einer US-Finanzierungsgesellschaft zugesichert worden sei, ihm etwa 178 Mio. DM (kapitalisierte Miete für 7 Jahre, die von der US-Regierung garantiert wird) bereitzustellen. Herr Schloß glaubt fest, die fehlenden rund 100 Mio. DM auf dem Kapitalmarkt realisieren zu können.» Vgl.: SPIEGEL 8/1962, S.14.

«Der Bundesminister für Verteidigung hat am 31. Mai 1960 die sachbearbeitenden Stellen seines Hauses angewiesen, die von Herrn Schloß vorgelegten Pläne hinsichtlich ihrer sachlichen und finanziellen Einwandfreiheit zu beurteilen und zu prüfen, ob den amerikanischen Stellen gegenüber ein positives Votum abgegeben werden könne.»

Es gab sachlich nichts zu prüfen, da die von Schloß «vorgelegten Pläne» lediglich aus einigen Interieur-Skizzen bestanden, wie sie in Prospekten von Fertighaus-Maklern üblich sind. Von einer finanziellen Prüfung konnte noch weniger die Rede sein, da die Finanzbau-AG (Fibag) nicht existierte und Schloß auch nicht über ernsthafte Geldgeber verfügte. Diese wollte er sich vielmehr erst über die Strauß-Empfehlung verschaffen.

Im übrigen war die finanzielle Beteiligung der Ameri-

kaner sowohl hinsichtlich ihrer Voraussetzungen wie ihres Umfangs noch offen, die finanzielle Beteiligung der Deutschen umstritten.

Am 1. Juni 1960 erschien Lothar Schloß nach Voranmeldung durch Kapfinger im Bonner Büro des Verteidigungsministers und ließ einen Brief überreichen, in dem er darlegte, daß er nunmehr das Projekt in Amerika weiterverfolgen wolle; dazu bedürfe er «der Zustimmung der deutschen Behörden». Er bat Strauß um «weitere Anweisungen»[1]. Strauß, dessen Ministerium nicht federführend war, reagierte prompt. Auf den Schloß-Brief setzte er eigenhändig den Vermerk «Eilt»[2]. Über seine Sekretärin ließ er dem Referenten Kaumann einen Zettel zugehen, wonach Kaumann die von Schloß vorgelegte Planung noch «heute nachmittag» zu prüfen habe, ob sie «sachlich und finanziell einwandfrei sei».[3]

Kaumann empfing Schloß unverzüglich und unterhielt sich mit ihm eine Stunde lang; die «Unterlagen» übergab er seinem Ministerialrat Mücke zur Einsicht – für etwa anderthalb Stunden. Kaumann unterhielt sich mit Schloß im wesentlichen darüber, wie die

1 Schreiben des Lothar Schloß an Strauß vom 31. 5. 1960, S. 2/3; vgl.: SPIEGEL 8/1962, S. 11.

2 Strauß vor dem Fibag-Ausschuß: «... ist ein Schreiben des Herrn Schloß eingetroffen, das ich ... mit dem Vermerk ... ‹Eilt› versehen habe.» Protokoll Nr. 10, 13. 4. 1962, S. 80.

3 Aktennotiz Bernards für den Ministerialdirigenten Kaumann vom 31. 5. 1960 (?). (Zit. n.:) Bericht des Fibag-Ausschusses, Deutscher Bundestag, Drucksache IV/512, S. 7.

Strauß-Empfehlung zu formulieren sei, die Schloß für seine Amerika-Reise begehrte. Schloß machte während der Unterredung einen handschriftlichen Entwurf der Empfehlung.[4]

Abgesehen davon, daß Strauß dem Bundestag in seiner Antwort vorspiegelte, Schloß habe ernsthafte Pläne gehabt, die ernsthaft geprüft worden seien, gab er auch noch das Datum der flüchtigen Vorsprache im Verteidigungsministerium falsch an. Tatsächlich spielte sich der ganze Vorgang nämlich nicht am 31. Mai 1960, sondern erst einen Tag später, am 1. Juni 1960 ab. Strauß verwies bezüglich dieses Fehlers vor dem Fibag-Ausschuß später auf seine Sekretärin.[5]

In der Antwort an den Bundestag vom 13. Juli 1961 wirkte sich der «zufällige» Datumsfehler so aus, daß zwischen der Vorlage der sogenannten Pläne durch Schloß und dem ministeriellen Empfehlungsschreiben («To whom in may concern»; 1. Juni 1960) ein Tag lag. Die Zeitspanne ließ die «Prüfung der Pläne hinsichtlich ihrer sachlichen und finanziellen Einwandfreiheit» nicht schon auf den ersten Blick unglaubhaft erscheinen.

4 Bericht des Fibag-Ausschusses: «Das von dem Zeugen Schloß erbetene Empfehlungsschreiben ist u. a. Gegenstand der Besprechungen gewesen. Der Zeuge Schloß hat einen Entwurf der Empfehlung zum Abschluß der Besprechung mit dem Zeugen Dr. Kaumann handschriftlich hergestellt.» Deutscher Bundestag, Drucksache IV/639, S. 7.

5 «Das Datum 31. 5. stammt nicht von mir, sondern ist von meiner Sekretärin ... draufgesetzt worden.» S.: Protokoll Nr. 10, 13. 4. 1962, S. 121.

Tatsache ist, daß Schloß am 1. Juni 1960 mit dem vom Minister per Zettel verständigten Kaumann das Empfehlungsschreiben entwarf («To whom it may concern»), dann dieses Empfehlungsschreiben – jetzt wiederum im Ministerbüro – in Maschinenschrift übertragen und für den Minister zur Unterschrift zurückließ.[6] Gegen 18.30 Uhr wurde Schloß, der im Hotel Königshof wartete, verständigt, daß der Minister unterschrieben habe und daß er, Schloß, seinen Empfehlungsbrief abholen könne.[7] Zwischen der Hinterlegung des von Schloß konzipierten Empfehlungsschreibens im Ministerbüro und dem Vollzug der Unterschrift durch Strauß lagen ungefähr drei Stunden.

6 Bericht des Fibag-Ausschusses, Deutscher Bundestag, Drucksache IV/639, S. 7.

7 S. a.: Schloß vor dem Fibag-Ausschuß: «Die Sekretärin hat mir dann den Brief (gegeben) ... Ich bin dann zurückgegangen in den ‹Königshof› und habe sofort Herrn Kapfinger von dem geglückten Erfolg verständigt.» Protokoll Nr. 9, 12. 4. 1962, S. 256/257.

«Unter dem 1. Juni 1960 hat die Abteilung Unterkunft des Verteidigungsministeriums festgestellt, daß die in diesen Plänen vorgesehenen Wohnungsgrößen und Wohnungsgrundrisse für Bundeswehrfamilien im Falle einer eventuellen späteren Übernahme geeignet seien und daß die von einer amerikanischen Finanzierungsgesellschaft zur Verfügung zu stellenden Mittel ausreichen würden, um

Das ist unwahr. In Wirklichkeit geht aus der Notiz, die Kaumann nach seiner Unterredung mit Schloß am 1. Juni 1960 dem Minister zuleitete, keineswegs hervor, daß die von einer amerikanischen Finanzierungsgesellschaft zur Verfügung zu stellenden Mittel ausreichen würden, um das gesamte Vorhaben nach dem damaligen Preisniveau durchzuführen.

Ministerialdirigent Kau-

das gesamte Vorhaben nach dem damaligen Preisniveau durchzuführen.»

1 (Zit. n.:) Bericht des Fibag-Ausschusses, Deutscher Bundestag, Drucksache IV/639, S. 8.

2 Die Minderheit des Fibag-Ausschusses machte im «Bericht» geltend, «der Zeuge Dr. Kaumann habe in seinem Aktenvermerk vom 1. Juni 1960 für den Minister geschrieben, die Wohnungen seien ‹annehmbar›, während demgegenüber der Zeuge Suske (lediglich) bekundet habe, daß er (seinerseits) eine weitere Prüfung dieser Frage zugesichert habe». S.: Bericht des Fibag-Ausschusses, Deutscher Bundestag, Drucksache IV/639, S. 9.

mann hatte seinem Minister im Gegenteil geschrieben, daß die amerikanische Finanzierungsgesellschaft selbst nach den Angaben von Schloß nur etwa 178 Millionen Mark als für sieben Jahre kapitalisierte Miete zur Verfügung stellen werde, während das Gesamtvorhaben auf etwa 280 Millionen Mark geschätzt worden sei.[1]

Zu den Wohnungsgrößen und den Wohnungsgrundrissen hatte Kaumann nicht etwa festgestellt, daß sie «geeignet» seien, sondern lediglich beiläufig bemerkt, sie seien «bei einer evtl. Übernahme der Wohnungen für Bundeswehrangehörige annehmbar».[2]

«Außer Herrn Schloß hat sich keine andere Firma an das Bundesministerium für Verteidigung gewandt und um Prüfung von Plänen in diesem Zusammenhang gebeten.»

1 Strauß selbst in seinem Schreiben an Hans Kapfinger vom 4. 8. 1960: «Ich muß mich deshalb auf den befürwortenden Einfluß eines nicht zuständigen Ministeriums beschränken. Zuständig ist ... das Wohnungsbauministerium.» (Zit. n.:) Bericht des Fibag-Ausschusses, Deut-

Da das amerikanische Housing-Programm federführend vom Bundesfinanzministerium bearbeitet wurde, konnte keine andere Firma auf die Idee kommen, sich in dieser Sache an das Bundesministerium für Verteidigung zu wenden. Daß sich Schloß an den Verteidigungsminister wandte, hing ja ebenfalls nicht mit Zuständigkeit[1] *oder Dienstweg zusammen, sondern mit der Tatsache, daß Kapfinger zugesichert hatte, das Projekt über Strauß zu realisieren.*

scher Bundestag, Drucksache IV/512, S. 8/9.

Auch im Bericht des Fibag-Ausschusses wird Strauß allenfalls eine «beteiligte Zuständigkeit», eine «Mitzuständigkeit» seines Ministeriums am Housing-Projekt bescheinigt. S.: Deutscher Bundestag, Drucksache IV/512, S. 9.

«Herrn Schloß wurde zur Vorlage bei amerikanischen Stellen bestätigt, daß seine Pläne vom Verteidigungsministerium geprüft worden seien und daß sie für die Durchführung eines solchen Vorhabens geeignet seien.»

Die Antwort geht an der Frage vorbei. Überdies ist sie auch an sich unrichtig. Gefragt war nach dem Empfehlungsbrief, den Strauß unter dem 20. Juli 1960 an den amerikanischen Verteidigungsminister Gates geschrieben hatte.[1] *Die Antwort bezog sich hingegen eindeutig auf die erste, allgemeine Empfehlung («To whom it may concern»), die Strauß dem Schloß schon am 1. Juni 1960 aushändigte.*[2]

Auch wenn die Angaben lediglich auf die Empfehlung «To whom it may concern» («zur Vorlage bei amerikanischen Stellen») bezogen werden, so sind sie gerade im entscheidenden Punkt verkürzt, mithin falsch. Dem Lothar Schloß wurde in «To whom it may concern» nämlich nicht nur bestätigt, daß seine Pläne vom Verteidigungsministerium geprüft worden seien – was zumindest grob übertrieben war –, sondern es wurde ihm von Strauß wahrheitswi-

1 «Wir fragen die Bundesregierung: Entsprechen folgende öffentlich erhobene Behauptungen den Tatsachen: Der Bundesverteidigungsminister soll, obgleich amtlich nicht zuständig, auf amtlichem Briefbogen sich gegenüber dem amerikanischen Verteidigungsminister für eine amtliche amerikanische Förderung eines Bauvorhabens eingesetzt haben, das von einer deutschen privaten Gruppe beabsichtigt war.» Kleine Anfrage d. SPD-Fraktion vom 15. 6. 1961, Deutscher Bundestag, 3. Wahlperiode, Drucksache 2847.

2 Bericht des Fibag-Ausschusses, Deutscher Bundestag, Drucksache IV/512, S. 8.

drig attestiert, er, Schloß, habe eine AG zur Realisierung des Housing-Projekts gegründet.[3]

Erst diese von Strauß beglaubigte Unwahrheit wertete Schloß zum ernsthaften Gesprächspartner amerikanischer Dienststellen und Banken auf.

3 Der Bericht des Fibag-Ausschusses hierzu: «Der Untersuchungsausschuß ist der Meinung, Bundesminister Dr. Strauß hätte besser nicht zum Ausdruck gebracht, daß von Schloß eine Aktiengesellschaft gegründet sei ... Eine durch Eintragung in das Handelsregister zur Entstehung gelangende Aktiengesellschaft war aber von Schloß am 1. 6. 1960 noch nicht geschaffen worden.» S.: Deutscher Bundestag, Drucksache IV/512, S. 11

«Herrn Dr. Kapfinger wurde die Abschrift eines Schreibens an den amerikanischen Verteidigungsminister übersandt, aus dem nichts anderes zu entnehmen ist, als daß die von dem Architekturbüro Schloß vorgelegten Pläne geprüft und als brauchbar bezeichnet worden seien und in dem der amerikanische Verteidigungsminister gebeten wird, falls ein Interesse besteht, das Unterkunftsprojekt der US-Armee in Deutschland durchzuführen, diese bereits den amerikanischen Experten vorliegende Planung prüfen zu lassen und zu verfolgen.»

Aus dem Strauß-Brief an Gates vom 20. Juli 1960 war keineswegs nur die objektiv falsche Angabe zu entnehmen, daß die von dem Architekturbüro Schloß vorgelegten Pläne «geprüft» worden seien[1]*, vielmehr schrieb Strauß dem amerikanischen Verteidigungsminister, es handele sich bei dem Architekturbüro Lothar Schloß «um dieselbe Firma, die bereits im Jahre 1956 das amerikanische Unterkunftsprojekt in Frankreich bearbeitet hat». Das war eine glatte Unwahrheit, die bei den Amerikanern völlig falsche Vorstellungen von der Leistungsfähigkeit, den Erfahrungen und dem Alter des erst seit der Einstellung des Bauingenieurs Suske zu Jahresbeginn überhaupt arbeitsfähigen*

Büros Schloß erwecken mußte.

Schloß hatte weder 1956 das amerikanische Unterkunftsprojekt in Frankreich «bearbeitet»[2] noch gab es damals oder zu irgendeiner späteren Zeit eine von Schloß gegründete Firma zur Verwirklichung des Housing-Projekts, noch lag den amerikanischen Experten eine nachprüfbare «Planung» des Schloß vor.

1 Schreiben des Bundesministers Strauß an Thomas S. Gates, Secretary of Defense vom 20. 7. 1960, (zit. n.:) Bericht des Fibag-Ausschusses, Deutscher Bundestag, Drucksache IV/512, S. 8.

2 Schloß vor dem Fibag-Ausschuß: «Ich bin dann 1955 nach Paris gegangen ... und habe dort erstmalig mich an Housing projects – also mehr oder weniger mitgewirkt.» Hoogen: «An der Planung oder an der Ausführung?» Schloß: «Nein, an dem Wettbewerb.» S.: Protokoll Nr. 9, 12. 4. 1962, S. 176.

Schloß in einem Leserbrief an den SPIEGEL vom 5. 6. 1961: «So wurde ich vom US-Hauptquartier in Frankreich eingeladen, mich an dem Wettbewerb für die Planung von 3090 Wohneinheiten zu beteiligen.» S.: SPIEGEL 26/1961, S. 10.

«Es gehört zu den ständigen Gepflogenheiten des Verteidigungsministers und der Dienststellen seines Ministeriums, auf alle Interventionen einen Bescheid zu geben, und wenn einer positiven Erledigung keine rechtlichen oder sonstigen Hindernisse entgegenstehen, einen zusagenden Bescheid zu geben.»

Eine «positive Erledigung», wie sie Strauß dem Anliegen seines Freundes Kapfinger durch die beiden Empfehlungsschreiben für Schloß zuteil werden ließ, verbot sich von selbst.[1] Die von Strauß mit der Autorität des Ministers gemachten Sachangaben waren falsch.

1 Der Fibag-Ausschuß war der Meinung, «daß die im Schreiben vom 20. Juli 1960 in Bezug genommene und abschriftlich beigefügte Empfehlung vom 1. Juni

1960 mit ihren bereits gekennzeichneten Ungenauigkeiten nicht zum Inhalt dieses Schreibens hätte gemacht werden sollen. Wenn es am 1. Juni 1960 vielleicht noch vertretbar war, wenn auch ungenau, von der Gründung einer Aktiengesellschaft zu sprechen, konnte das am 20. Juli 1960 auch mittelbar nicht mehr geschehen. Dadurch hat Bundesminister Dr. Strauß sich der Gefahr ausgesetzt, den Eindruck hervorzurufen, die Sache mit leichter Hand behandelt zu haben.» S.: Bericht des Fibag-Ausschusses, Deutscher Bundestag, Drucksache IV/512, S. 11.

«In diesem Fall bestanden weder rechtliche Hindernisse noch angesichts der rein amerikanischen Finanzierung irgendwelche finanziellen Bedenken, noch ergab die Prüfung der Pläne Grund für sachliche Beanstandung.»

Von einer rein amerikanischen Finanzierung konnte keine Rede sein, weil USAREUR ausdrücklich die Bundesrepublik oder private deutsche Geldgeber als Bauträger gewinnen wollte.[1] *Selbst Schloß hatte niemals behauptet, daß das Projekt von den Amerikanern allein finanziert würde.*[2]

Die Prüfung der Pläne fand nicht statt, weil es keine Pläne gab, die sich ernsthaft hätten prüfen lassen. Letztlich lief der sogenannte Finanzierungsplan von Schloß auf die vage Erklärung hinaus, daß ihm 178 Millionen DM «von einer US-Finanzierungsfirma zugesichert worden seien» (was nicht stimmte) und daß

1 S.: Aide memoire des Hauptquartiers d. amerik. Armee in Europa (USAREUR) vom 29. Januar 1959, S. 2, Punkt 6: «USAREUR würde es vorziehen, wenn die BRD die Rolle des ‹Sponsor› für das gesamte jetzige Programm oder doch den größten Teil übernähme. Falls dies nicht möglich ist, wird die BRD gebeten, dem Abschluß von Verträgen unmittelbar zwischen USAREUR und privaten

‹Sponsors› zuzustimmen.» Vgl.: SPIEGEL 8/1962, S. 8 (Faks.).

2 Strauß mußte später vor dem Fibag-Ausschuß einräumen, daß seine Antwort auf die SPD-Anfrage «mißverständlich» formuliert sei. «Ich lebte immer in der Auffassung einer rein amerikanischen Finanzierung.» S.: Protokoll Nr. 10, vom 13. 4. 1962, S. 93.

3 Dr. Kaumann erklärte am 3. 2. 1962: «Herr Schloß glaubte fest, die fehlenden rd. 100 Millionen DM auf dem Kapitalmarkt realisieren zu können.» S.: Eidesstattliche Versicherung des Ministerialdirigenten Kaumann vom 3. 2. 1962, S. 2, vgl.: SPIEGEL 8/1962, S. 14.

er, Schloß, «die fehlenden 100 Millionen DM glaube auf dem deutschen Kapitalmarkt realisieren zu können».[3]

«Dem Verteidigungsminister und den Dienststellen seines Ministeriums war und ist unbekannt, daß zwischen dem Inhaber des Architekturbüros Schloß und Herrn Dr. Kapfinger irgendwelche finanziellen oder wirtschaftlichen Verbindungen bestehen. Das gilt auch für die angebliche Gründung einer Aktiengesellschaft mit Beteiligung Dr. Kapfingers. Dr. Kapfinger hat auf Befragen dem Verteidigungsministerium schriftlich mitgeteilt, daß er bei der Befürwortung dieses Projekts keinerlei Angaben über finanzielle oder wirtschaftliche Zusammenhänge gemacht habe.»

Daß es sich hier um eine grobe Unwahrheit handelt, dafür spricht die Lebenserfahrung. Kapfinger setzte sich für den unbekannten Geschäftemacher Schloß bei Strauß über Monate hinweg mit einer Intensität ein, die nur aus einem materiellen Interesse an den Schloß-Plänen zu erklären ist.

An nachweisbaren Interventionen Kapfingers zugunsten von Schloß sind – abgesehen von der ersten Zuführung am 1. Dezember 1959 – bekannt:

- ▷ *In der Zeit vom 15. bis 20. März 1960 telefonierte Kapfinger mit Strauß in Bonn, um den Schloß-Besuch vom 24. März vorzubereiten.*[1]

- ▷ *Am 17. Mai 1960 brachte Kapfinger den Schloß mit Strauß in der Münchner Wohnung der Kapfinger-Bekannten Schlicker zusammen.*[2]
- ▷ *Zwischen dem 20. und dem 30. Mai arrangierte Kapfinger telefonisch den Besuch von Schloß und Suske im Bundesverteidigungsministerium am 1. Juni 1960.*[3]
- ▷ *Am 26. Juni 1960 erinnerte Kapfinger den Minister in Erlangen anläßlich der Landesausschußsitzung der CSU an das Fibag-Projekt und verlangte, Strauß solle zugunsten von Schloß an den Minister Gates schreiben.*[4]

Wie weit Kapfinger in seinen Forderungen ging, ergibt sich aus dem Brief des Verteidigungsministers an Kapfinger vom 4. August 1960 («Lieber Hans! ... Ich glaube, wir sollten auch bei den Amerikanern nicht allzu stark drängen ...»)[5]*, der in Wahrheit eine Vollzugsmeldung darstellt. Wie anders sollte sonst erklärlich sein, daß der Verteidigungsminister der Bundesrepublik Deutschland einen offiziösen Brief an den US-Verteidigungsminister im Durchschlag an einen niederbayrischen Provinzverleger versendet?*

1 Das Treffen Schloß/Strauß vom 24. 3. 1960 im BMVtdg, 18 Uhr, kam «auf Fürsprache von Herrn Dr. Kapfinger» zustande (s.: Eidesstattliche Erklärung des Obersten Repenning, persönlicher Referent des Ministers, vom 2. 2. 1962; vgl.: SPIEGEL 8/1962, S. 5).

2 Kapfinger vor dem Fibag-Ausschuß über das Treffen von Strauß/Schloß in der Schwedenstr. 62, München: «Der Minister war vorher da, und dann habe ich (Schloß und Winkel) angerufen.» Hoogen: «Er war bei Ihnen zum Abendessen?» Kapfinger: «Ja, mit seiner Frau.» S.: Protokoll Nr. 9, 12. 4. 1962, S. 5.

3 «Gegen Ende Mai 1962 telefonierte Herr Dr. Kapfinger mit dem BMVtdg, meiner Erinnerung nach mit dem Verteidigungsminister selbst ... Nach dem Anruf teilte mir Herr Dr. Kapfinger mit, ich möge mit meinen Unterlagen am 1. Juni 1960 im Verteidigungsministerium sein.» S.: Eidesstattliche Erklärung des Lothar Schloß vom 16. 2. 1962.

4 Kapfinger vor dem Fibag-Ausschuß über seinen Vorstoß vom 26. 9. 1960 in Erlangen «... und habe ich ihn in seinem Hotel aufgesucht und gebeten, daß im Interesse dieses Projekts ein Empfehlungsschreiben von ihm wünschenswert wäre.» S.: Protokoll Nr. 9, 12. 4. 1962, S. 51.

Kapfinger: «Alle Herren haben mir zugesetzt, ich soll hier dieses Empfehlungsschreiben beschaffen.» S.: Protokoll Nr. 9, 12. 4. 1962, S. 122.

Die später von Strauß angediente Erklärung, Kapfinger habe sich schon früher für niederbayrische Belange, etwa die landwirtschaftliche Altershilfe oder die Grenzlandhilfe[6], stark gemacht, geht fehl, da das Housing-Projekt für Niederbayern nur geringe, für Passau selbst gar keine Bedeutung haben konnte.

5 (Zit. n.:) Bericht d. Fibag-Ausschusses, Drucksache IV/512, S. 8.

6 Strauß vor dem Fibag-Ausschuß: «Es hat ein großes Aufsehen in Niederbayern erregt, daß eine Kuh gepfändet wurde. weil ein Bauer die Beiträge (für die landwirtschaftl. Altersversorgung) nicht gezahlt hat. Dr. Kapfinger hat die Kuh gekauft und sie dem Bauern zurückgegeben und hat sich damit als Vorkämpfer für eine gerechte Regelung der Altersrente seinen Platz gesichert.» S.: Protokoll Nr. 10, 13. 4. 1962, S. 146/147.

«Es ist dem Verteidigungsministerium nicht möglich, bei der Vielzahl von Petitionen und Interventionen, die laufend eingehen, im einzelnen zu prüfen, ob zwischen dem Befürworter und dem befürworteten Vorhaben irgendein Interessenzusammenhang besteht.

Diese Prüfung ist weder rechtlich möglich noch technisch durchführbar. Für das Verteidigungsministerium ist lediglich von Bedeutung, ob das vorgesehene Projekt jeweils vom sachlichen Standpunkt aus richtig ist, den Interessen des Bundes entspricht und befürwortet werden kann oder nicht.

Dem Bundesminister für Verteidigung und der Bundesregierung ist unbekannt,

Eine Prüfung, ob zwischen dem Befürworter und dem befürworteten Vorhaben im Falle Kapfinger/Housing-Projekt ein Interessenzusammenhang bestand, erübrigte sich. Dieser Zusammenhang lag auf der Hand.

Das Fibag-Projekt der Herren Schloß und Kapfinger hätte aus sachlichen Gründen abgelehnt werden müssen, weil es offenkundig hochstaplerisch war.

Es konnte nicht den Interessen des Bundes entsprechen, wenn das weder fachlich noch finanziell qualifizierte Büro Schloß die Durchführung des 300-Millionen-Vorhabens an sich riß, und die Amerikaner sich nach dem zu erwartenden Mißerfolg auf zwei persönliche Empfehlungen des deut-

an welchen Unternehmungen oder Projekten Herr Dr. Kapfinger wirtschaftlich interessiert ist. Sie unterhalten weder in der Angelegenheit, mit der sich die Kleine Anfrage befaßt, noch in anderen Angelegenheiten amtliche Beziehungen zu irgendwelchen Unternehmen oder Projekten Dr. Kapfingers.

Strauß»

schen Verteidigungsministers berufen konnten.[1]

In der Fibag-Angelegenheit, mit der sich die Kleine Anfrage befaßte, unterhielt Strauß jedenfalls auch «amtliche Beziehungen» zu einem Projekt Dr. Kapfingers. Er förderte dieses Projekt von Anfang an nicht als Privatmann oder als CSU-Funktionär, sondern als Verteidigungsminister.

1 «Die Minderheit des Ausschusses ist der Meinung, daß eine gründliche Prüfung der Planungen und Unterlagen des Zeugen Schloß die ... Ungenauigkeiten im Schriftwechsel des Verteidigungsministers rechtzeitig zutage gefördert hätte ... Außerdem beanstandet die Minderheit des Ausschusses, daß die von ihr für notwendig gehaltene bessere Prüfung nicht zwischen dem 1. Juni 1960 – Empfehlungsschreiben – und dem 20. Juli 1960 – Brief des Bundesverteidigungsministers Dr. Strauß an den amerikanischen Verteidigungsminister Gates – nachgeholt worden ist.»

S.: Bericht des Fibag-Ausschusses, Deutscher Bundestag, Drucksache IV/639, S. 8.

Strauß als Zeuge vor dem Fibag-Ausschuß

Die Antwort auf die Kleine Anfrage zur Fibag leitete Strauß dem Bundestag während der Parlamentsferien zu, am 13. Juli 1961. Die damals 180köpfige SPD-Fraktion schien sich nach Ferienende damit abzufinden. Erst nachdem Anfang März 1962 vor dem Landgericht Nürnberg-Fürth die Fibag-Affäre durchleuchtet worden war, glaubte die Opposition, es sei nun nicht mehr länger angängig, die Strauß-Antwort vom vergangenen Sommer auf sich beruhen zu lassen. Sie beantragte unter dem 13. März im Bundestag die Einsetzung eines Untersuchungsausschusses.[1]

In dem Nürnberger Verfahren hatte Kapfinger als Zeuge einräumen müssen, daß er die Bemerkung, er müsse mit Strauß teilen, möglicherweise doch gemacht habe. Kapfingers Hilfskonstruktion, er habe lediglich von «teilen» gesprochen, dabei aber nicht an Strauß, sondern an den Filmkaufmann Winkel gedacht[2], hatte sich als so wenig überzeugend erwiesen, daß der Gerichtsvorsitzende sich zu der skeptischen Feststellung veranlaßt sah: «In dritter Version hat er (Kapfinger) als Ei des Kolumbus aufgetischt, daß sich diese Äußerung nicht auf den Herrn Antragsteller (Strauß) bezogen haben soll, sondern auf Herrn Winkel. Es bestehen erhebliche Bedenken, ob dieses Ei des Herrn Kapfinger nicht taub sei.»[3]

Der Untersuchungsausschuß konstituierte sich am 28. März 1962 unter dem Vorsitz des CDU-Abgeordneten Hoogen. Ihm gehörten drei CDU-Abgeordnete, drei SPD-

1 Deutscher Bundestag, 4. Wahlperiode, Drucksache IV/247.

2 Kapfinger auf die Frage des Gerichtsvorsitzenden, ob er anderen Personen gegenüber erklärt habe, mit Strauß teilen zu müssen: «Das ist deswegen schon ausgeschlossen, weil ich mit einem anderen teilen mußte ... nämlich mit dem Herrn Winkel.» Verfahren Strauß/Augstein, 2. Zivilkammer des Landgerichts Nürnberg-Fürth, Verhandlung vom 2. März 1962 (Az: 2 Q 2/62), Stenogr. Protokoll, S. 1.

3 S.: Verhandlung vom 5. März 1962, Stenogr. Protokoll, S. 6.

Abgeordnete und der FDP-Abgeordnete Dahlgrün an. Der Ausschuß sollte prüfen, ob Strauß mit seinen Interventionen zugunsten von Schloß und Fibag-Projekt sich einer Dienstpflichtverletzung schuldig gemacht habe. Die erste Sitzungsperiode endete mit einem Mehrheitsbericht, den das Plenum am 28. Juni verwarf.[4] Die zweite Sitzungsperiode führte wiederum zu einem von der Ausschußmehrheit akzeptierten, von der Minderheit jedoch nicht gebilligten Bericht: Strauß habe in der Fibag-Angelegenheit seine Dienstpflichten nicht verletzt. Diesen zweiten Ausschußbericht billigte das Parlament.[5]

Vor dem Ausschuß sagte Strauß als Zeuge in eigener Sache am 13. April 1962 aus. Seine Aussage füllt 120 Protokollseiten. Den weitaus größten Teil machen weitschweifige Ausführungen über den Andrang von Petenten im Verteidigungsministerium aus, über die Wohnungsprobleme amerikanischer und deutscher Soldaten, über Zuständigkeitsfragen zwischen den einzelnen Ministerien. Auf seine Hilfestellung für das Fibag-Projekt des Duzfreundes Kapfinger ging Strauß nur am Rande ein. Wo er es tat, verschleierte er oder verschob die Akzente. In mehreren Fällen sagte er direkt die Unwahrheit.

4 Vgl.: «Kalt genießen», SPIEGEL 27/1962, S. 15.
5 S.: Bericht des Fibag-Ausschusses, Deutscher Bundestag, Drucksache IV/639, S. 11.

Zeuge Strauß:
Ich habe Herrn Schloß gebeten, mir seine Angaben zur Person und zur Sache zu geben. Ich habe auf diesem Brief einen Vermerk gemacht, der Ihnen bekannt ist. Der Vermerk gibt den Inhalt des Briefes in konzentrierter Form wieder.[1]

Strauß wollte den Ausschuß offenbar davon überzeugen, daß er auf den Brief lediglich routinemäßig reagiert habe. Tatsächlich bezieht sich sein Vermerk aber nicht auf den Brief, sondern auf Angaben, die der Minister von Schloß oder von seinem Duzfreund Kapfinger mündlich erhalten haben muß.

Strauß spricht von dem Brief, den Lothar Schloß an ihn unter dem 2. Dezember 1959 schrieb[2]*, nachdem er von Kapfinger dem Minister am 1. Dezember in München zugeführt worden war. Der Strauß-Vermerk auf diesem Brief lautet: «Bittet um Empfehlung, damit er als freier Architekt bei OFD München eingeschaltet wird. Angeblich ist OFD einverstanden. Es handelt sich u. a. um Kaserne Sonthofen.»*[3] *Weder von dem Einverständnis der OFD noch von dem Kasernenbau in Sonthofen ist im Brief des Lothar Schloß die Rede.*

1 Fibag-Ausschuß, Protokoll Nr. 10, 13. 4. 1962, S. 62.

2 Schreiben des Lothar Schloß an Strauß vom 2. 12. 1959; s.: Bericht des Fibag-Ausschusses, Deutscher Bundestag, Drucksache IV/639, S. 5.

3 Wortlaut der Randglosse; s.: Bericht des Fibag-Ausschusses, Deutscher Bundestag, Drucksache IV/512, S. 3.

Im Bericht des Fibag-Ausschusses heißt es über den Strauß-Vermerk: «(ist) aus dem Inhalt des Briefes nicht erklärbar, sondern (muß) auf die Unterredung ... am Vortage zurückgeführt werden.» S.: Deutscher Bundestag, Drucksache IV/512, S. 4

Zeuge Strauß:
Im Durchschnitt der letzten Jahre sind, wie auch Oberst Repenning ausgeführt hat, etwa 5500 bis 6000 Schreiben jährlich an mich gegangen... Also der Fall Schloß ist nicht ein Einzelfall, bei dem ich einen Vermerk darauf geschrieben habe, sondern er ist ein Fall von Tausenden, ohne daß ich mich, wie in den meisten Fällen, vom Ausgang dann persönlich überzeugt habe.[1]

1 Fibag-Ausschuß, Protokoll Nr. 10, 13. April 1962, S. 76.

Unterstellt man überschlägig, daß der Verteidigungsminister allenfalls 200 Tage in seinem Bonner Büro Routinearbeit leistet, so müßte Strauß nach dieser seiner Rechnung täglich zwischen 25 und 30 Bittschreiben erledigt haben, durch handschriftlichen Vermerk, durch Anweisungen an Untergebene oder sonstwie. Das ist undenkbar.

Unvorstellbar ist freilich auch, daß jeder «Routine»-Vermerk des Ministers von der Bürokratie als eindeutige Anweisung verstanden wird. Das aber ist im Falle des Lothar Schloß geschehen:

2 Schloß vor dem Fibag-Ausschuß über seine berufliche Situation, bevor sich Strauß für ihn verwandt hatte: «Aufträge habe ich keine bekommen, sondern es ist immer bei Zusagen geblieben.» Nachdem er einen Brief des Ministerbüros (vom 7. 12. 1959) in der OFD vorzeigen konnte, liefen die Aufträge. «Ich darf dazu eines vermerken, nachdem die Herren der Finanzbauämter, auch die Herren der OFD sich um einige Dinge etwas herumgewunden haben; es wurden mir absolute Sonderkonzessionen von seiten der OFD nach dem 7. 12. eingeräumt.» S.: Fibag-Ausschuß, Protokoll Nr. 9, 12. 4. 1962, S. 193, 197.

Schloß wurde alsbald in den Kasernenbau eingeschaltet.[2]

Zeuge Strauß:
Ich bin mehrmals Risiken eingegangen. Der SPIEGEL war so liebenswürdig, einmal einen Artikel über das Raketenprojekt Poschardt von 1956 zu schreiben. Hier haben wir sogar Bundesmittel in Aussicht gestellt, und zwar in einem von dem damaligen Leiter der Haushaltsabteilung, Herrn Hopf, der heute Staatssekretär ist, verfaßten Brief, in dem allerdings so viele Kautelen eingebaut worden waren, daß ein Rückschlag nicht möglich war ... Wir wußten, daß der Hintergrund des Mannes nicht ganz einwandfrei ist. Das wußten wir sogar. Aber wir wußten

An dieser – an sich überflüssigen – Einlassung des zur Wahrheit verpflichteten Zeugen Strauß sind die ersten fünf Wörter so ziemlich das einzige, das voll der Wahrheit entspricht.

Der von Kurt Poschardt geleiteten, absolut unseriösen Firma Syntoil KG wurden vom Verteidigungsministerium mit einem Brief vom 20. Dezember 1956 nicht etwa 175000 DM zugesichert, sondern zwei Millionen Mark.[2]

Der insgesamt vier Seiten umfassende Brief ist – von welchem Referenten er auch immer entworfen sein mag – nicht «von Herrn Hopf, dem damaligen Leiter der Haus-

andererseits, daß er höchst interessante Verbindungen hat. Die 175000,- DM, die zugesichert wurden, sind gar nicht ausgezahlt worden.[1]

haltsabteilung», sondern von dem Bundesminister für Verteidigung, Strauß, unterschrieben worden.

Die «Kautelen», von denen Strauß dem Untersuchungsausschuß berichtete, betrafen weniger den insolventen Kurt Poschardt als vielmehr das Bankhaus von Eichborn & Co., Nürnberg, das im Zusammenhang mit dem Syntoil-Skandal seine Zahlungen einstellen mußte.

Während die Syntoil KG des Poschardt sich verpflichten mußte, den Strauß-Duzfreund Willi Ankermüller zum Verwaltungsratsvorsitzenden zu bestellen[3], hatte die von Poschardt ohnehin schon schwer geschädigte Bank zu akzeptieren:

▷ *Die Eichborn-Forderungen gegenüber Poschardts Syntoil sollten von rund einer Million auf 500000,- Mark, die Eichborn-Forderungen gegenüber der Firma Richard Poschardt OHG von rund 1,8 Millionen auf 450000,- Mark ermäßigt werden.*

▷ *Eichborn & Co. bzw. deren Konkursverwalter sollte auf alle Sicherungen, die ihm von der Syntoil und von der Firma R. Poschardt OHG eingeräumt worden waren, verzichten.[4]*

1 Fibag-Ausschuß, Protokoll Nr. 10, 13. 4. 1962, S. 90.

2 Schreiben des Bundesministers für Verteidigung an die Firma Syntoil KG zu Händen von Herrn Kurt Poschardt, Nürnberg, vom 20. 12. 1956 (Az: X/XA-Sy-3/56), S. 1: «bin ich bereit ... Ihrer Firma ein Darlehen in Höhe bis zu 2 Millionen DM zu gewähren.»

3 «Die Firma Syntoil KG erhält das Darlehen nur dann, wenn sie sich umgehend zu folgenden Maßnahmen entschließt: Sie bestellt unter dem Vorsitz von Staatsminister a. D. Dr. Willi Ankermüller, München, einen Verwaltungsrat ...», a. a. O., S. 4, Ziffer IV.

4 A. a. O., S. 3/4, Ziffer III, 1–3.

Im übrigen gehörten die Treibstoffpatente, deren Auswertung Strauß mit einem Kredit von zwei Millionen fördern wollte, nicht etwa der Firma Syntoil des Kurt Poschardt, sondern einer Firma Josef Schaberger & Co. GmbH[5]*, die über deren Verwertung bereits seit August 1956 mit dem Bundesverteidigungsministerium verhandelte.*

Während die Schaberger-Chefs, rechtmäßige Inhaber der Patente, keine Verbindung zu Strauß hatten und deshalb auf der unteren Ebene steckenblieben, konnte sich Poschardt, dem die Patente gar nicht gehörten, direkt an Strauß wenden. Er hatte Erfolg: Das «Geheim» gestempelte Schreiben des Ministers Strauß benützte er, um seinen längst ruinierten Kredit aufzufrischen.[6]

Das – nach den Worten von Strauß – «riskante» Sanierungsvorhaben scheiterte schließlich nicht etwa an den von Strauß erwähnten Kautelen, sondern daran, daß Poschardt nebst einem im Strauß-Ministerium tätigen General Vorwald in ein Landesverratsverfahren verwikkelt wurde.[7]

In dem Bericht, den der Oberstaatsanwalt beim Land-

5 «Die Ermittlungen (gegen Kurt Poschardt wegen Verdachts des versuchten Betruges) haben eindeutig den Beweis erbracht, daß der Beschuldigte ... wahrheitswidrig behauptet hat, die Firma Syntoil KG sei Inhaberin des Herstellungsverfahrens des Raketentreibstoffes E 3, der Firma stünden die Patente zu ... wie .. bereits ausgeführt, ist Erfinderin des Treibstoffes die Firma Josef Schaberger & Co. GmbH ...»

S.: Bericht des Oberstaatsanwalts Dr. Kühn, Nürnberg, an den Bayerischen Staatsminister der Justiz vom 13. 5. 1957 (Az: 1 Js 1/57), S. 1, Ziffer I.

6 Poschardt hatte im BMVtdg erklärt, «ein Schreiben zur Beruhigung seiner Gläubiger zu benötigen ...» «Tatsächlich hat der Beschuldigte dann auch Fotokopien des Schreibens vom 20. 12.

gericht Nürnberg, Kühn, unter dem 28. Januar 1957 über die gleichzeitig laufenden Ermittlungen gegen Poschardt und andere wegen Untreue und Betrug für den bayrischen Justizminister fertigte, heißt es wörtlich:

«Durch persönliche Beziehungen ist es Poschardt ... gelungen, unter Umgehung des üblichen Amtsweges sofort mit den entscheidenden Herren in Verbindung zu treten.» [8]

Die Umgehung des Dienstweges wiederum war dem Poschardt über jenen Duzfreund Ankermüller aus München gelungen, der im Strauß-Brief vom 20. Dezember 1956 dann als ins Auge gefaßter Vorsitzender des Syntoil-Verwaltungsrates wieder auftaucht.

1956 (die Kreditzusage des BMVtdg) an das Bankhaus Eichborn und andere Gläubiger versandt.» Lt.: Bericht des OSt Kühn (Nürnberg) an den Bayerischen Justizminister vom 13. 5. 1957 (Az: 1 Js 1/57), S. 3, 4.

S. a.: Das BMVtdg hatte «das Schreiben vom 20. 12. 1956 zur unmittelbaren Verteilung an die Syntoil-Gläubiger bestimmt ... und sich damit öffentlich in bestimmter Weise (festgelegt).» Vernehmungsprotokoll des Ministerialdirektors Hopf vom 31. 1. 1957 (Az: 1 Js 1/57), S. 2.

7 Ermittlungsverfahren der Staatsanwaltschaft Nürnberg gegen Kurt Poschardt und General Vorwald. S.: Bericht d. OSt Nürnberg an den Oberbundesanwalt, Karlsruhe (Az: O Js 2/57).

8 Bericht ... (Az: O Js 2/57), S. 1.

Zeuge Strauß:
Dieses Schreiben (des Bundesschatzministeriums vom 20. Januar 1960 an die Oberfinanzdirektion München) geht an sich sogar über die Linie hinaus, die durch meine Randbemerkung (auf dem Schloß-Brief vom 2. Dezember 1959) vorgesehen war. Denn ich habe niemandem gegenüber den Wunsch ausgesprochen, daß Herr Schloß eingeschaltet wird. Das ist weder schriftlich – auf dem

Was immer Strauß behaupten mag, tatsächlich verstanden sämtliche mit der Sache befaßten nachgeordneten Stellen die Strauß-Intervention als Minister-Anweisung.

Strauß schrieb auf den Brief des Schloß: «Bittet um Empfehlung bei der OFD München...» und leitete den Brief über sein Ministerbüro an die Abteilung Unterkunft, die vom Ministerialdirigenten Kaumann geleitet wurde. Alsbald reagierten folgende Stel-

Brief – noch mündlich erfolgt. Allerdings – und das war der Sinn und Zweck meiner Ausführungen über Abgeordneten- und Ministerbriefe vorhin – nimmt man an, daß eine über eine solche Stelle geleitete und von dort weitergeleitete Bewerbung, wie wir sie zu Hunderten und Tausenden haben, dann auch etwa den Wert eines Wunsches haben könnte. Aber gewünscht – weder schriftlich noch mündlich – habe ich nichts.[1]

len folgendermaßen:

- ▷ *Der Leiter des Ministerbüros, Hauptmann Eberbach, schrieb an Schloß unter dem 7. 12. 1959: «Der Herr Minister hat die zuständige sachbearbeitende Stelle angewiesen, zugunsten Ihrer Einschaltung in den Kasernenbau ... zu intervenieren.»*[2]
- ▷ *Dr. Riedel von der Unterkunftsabteilung des Verteidigungsministers, ein Untergebener Kaumanns, schrieb unter dem 2. 2. 1960: «Ihr an Herrn Bundesminister Strauß gerichtetes Schreiben ... ist an die Bauabteilung des Herrn Bundesministers für wirtschaftlichen Besitz des Bundes weitergeleitet worden, der die Bauabteilung bei der Oberfinanzdirektion München aufgefordert hat, Ihr Gesuch zu prüfen und gegebenenfalls bei Bedarf zu berücksichtigen.»*[3]
- ▷ *Die Bauabteilung des Bundesministeriums für wirtschaftlichen Besitz des Bundes (gez. Schander) schrieb unter dem 20. 1. 1960 an die Oberfinanzdirektion München: «Der Herr Bundesminister für Verteidigung hat mir ein an ihn persönlich ge-*

richtetes Bewerbungsschreiben des Architekturbüros Lothar Schloß ..., mit der Bitte übersandt, das Architekturbüro in die Planung für Bauvorhaben der Bundeswehr wenn möglich einzuschalten. Ich bitte, dem Wunsche des Herrn Bundesministers für Verteidigung nachzukommen, sofern das Architekturbüro als leistungsfähig bekannt ist und eine Einschaltung desselben zu einer wesentlichen Entlastung der Finanzbauämter beiträgt.»[4]

Der von Strauß angeblich nicht direkt geäußerte Wunsch, den Schloß in den bayrischen Kasernenbau einzuschalten, hatte sich auf dem Dienstwege unversehens, und zwar bei allen drei damit befaßten Beamten, zum direkten Wunsch gewandelt und war von der nachgeordneten Münchner Oberfinanzdirektion als schlichte Anweisung verstanden – und befolgt worden.

1 Fibag-Ausschuß, Protokoll Nr. 10, 13. 4. 1962, S. 95.

2 Wortlaut des Schreibens (Az: 6172) s.: Bericht des Fibag-Ausschusses, Deutscher Bundestag, Drucksache IV/639, S. 5. Vgl.: SPIEGEL 8/1962 (Faks.).

3 Faks. des Schreibens (Az: 45–10–99–06) s.: SPIEGEL 8/1962. S. 7.

4 Faks. des Schreibens (Az: III B/4–06122 – 2/60) s.: SPIEGEL 8/1962, S. 7.

Abgeordneter Heinemann (SPD):
Herr Dr. Strauß, wer hat die Unterredung zwischen Ihnen und Herrn Schloß vom 1. Dezember 1959 vermittelt?

Zeuge Strauß:
Mir ist von Herrn Schloß ge-

Strauß, der sich als Zeuge in eigener Sache an die entferntesten Details erinnert, sofern sie ihm zu seiner Entlastung dienlich scheinen, vermag sich nicht mehr daran zu erinnern, daß es Kapfinger und immer wieder Kapfinger war, der praktisch jede einzelne In-

sagt worden in Nürnberg, es sei Herr Dr. Kapfinger gewesen. Das ist durchaus möglich.

Heinemann:
‹Durchaus möglich›. Sie wissen es nicht positiv?

Strauß:
Ich weiß nicht, auf welchem Wege, telefonisch oder durch einen Mittelsmann. Ich habe auch Herrn Schloß nicht bestellt, sondern der hat bei meiner Sekretärin anscheinend angerufen, wann ich erreichbar bin, und hat sich da vorgestellt.

Heinemann:
Wer hat die Unterredung vom 24. März 1960, an der außer Ihnen der Oberst Repenning beteiligt war, mit Herrn Schloß vermittelt?

Strauß:
Weiß ich nicht.

Heinemann:
Hat Herr Kapfinger dabei keine Rolle gespielt?

Strauß:
Keine Ahnung. Kann sein; kann sein auch nicht.

Heinemann:
Kann sein, kann nicht sein.

tervention zugunsten von Schloß erwirkte: Von dem ersten Besuch des Schloß am 1. Dezember 1959, den Kapfinger arrangierte, bis zu dem Brief an Gates, den Kapfinger am 26. Juni 1960 verlangte, den Strauß am 20. Juli schrieb, und den er Kapfinger mit Anschreiben vom 4. August 1960 in Kopie zuleitete.[2]

Selbst da, wo Strauß nicht mehr anders kann, als die Wahrheit einzuräumen, tut er es nicht direkt. Er sagt nicht etwa schlicht «Ja», sondern er antwortet: «Ich weiß nicht, auf welchem Wege, telefonisch oder durch einen Mittelsmann.»

Wer hat die Unterredung vermittelt, die am 6. April im Bundesfinanzministerium und Bundesverteidigungsministerium mit Herrn Schloß stattfand?

Strauß:
Mir unbekannt.

Heinemann:
Nun, für dieses Zusammensein am 17. Mai in der Wohnung von Herrn Kapfinger ist ja wohl klar, wer da die Vermittlung tätigte. Wer hat dann die Besprechung vom 1. Juni 1960 vermittelt?

Strauß:
Ich führe keine Aktennotizen darüber.

Heinemann:
Aber Sie haben vielleicht Erinnerungen?

Strauß:
Nein. Wenn ich das alles rekonstruieren müßte, Herr Dr. Heinemann ...[1]

1 Fibag-Ausschuß, Protokoll Nr. 10, 13. 4. 1962, S. 157/158.

2 S.: Aussage des Zeugen Schloß im Verfahren Strauß/ Augstein v. d. 2. Zivilkammer des LG Nürnberg-Fürth (Az: 2 Q 2/62), Verhandlung v. 2. März 1962: «Sämtliche Zusammenkünfte mit Herrn Minister wurden über Dr. Kapfinger vermittelt.» Stenogr. Protokoll, S. 14.

Abgeordneter Heinemann (SPD):
Jetzt habe ich noch eine letzte Frage. Es ist uns von Zeugen hier gesagt worden, daß während des Nürnberger Fibag-Prozesses von dem Sie vertretenden Anwalt einigen

Der Zeuge Strauß verstand eine Zeitlang statt Strafregisterauszug immer nur Bankauskunft. Unversehens sprach er dann plötzlich von Bankauszügen, was wiederum etwas völlig anderes ist. Erst als alle Ausweichversuche sich er-

Zeugen gegenüber Strafregisterauszüge geltend gemacht worden seien bis hin zu der Ankündigung, wenn dem weiter nachgegangen würde usw.

Frage: Können Sie sagen, wie dieser Ihr Anwalt in den Besitz dieser Strafregisterauszüge gekommen sein kann?

Zeuge Strauß:
Ich weiß nicht, welche Persönlichkeiten Sie meinen.

Heinemann:
Es geht um Zeugen, etwa Braun oder Schloß, Seifert und eine ganze Serie von Figuren, die in dem Fibag-Komplex eine Rolle spielen. Es ist die Behauptung aufgekommen, daß der Rechtsanwalt Dr. Cramer über alle solche Personen Strafregisterauszüge besaß.

Strauß:
Ich vermag das im einzelnen nicht zu sagen, und da die Rechtsstreite noch nicht abgeschlossen sind, würde ich es auch nicht sagen. Ich weise darauf hin, daß Bankauskünfte oft unerhört interessant sind.

Vorsitzender Hoogen:
Strafregisterauszüge!

schöpft hatten, war er bereit, zu verstehen. Er verwies auf seinen Anwalt. Als Heinemann nachfaßte, erklärte er, daß er die Verpflichtung des Anwalts zur Verschwiegenheit nicht aufheben werde.

Strauß wußte von Anfang an, um was es ging. Die Vorgeschichte sah so aus: Im Rahmen seiner Vorbereitungen für das Nürnberger Verfahren Strauß/Augstein hatte der (am 10. März 1963 an den Folgen eines Autounfalls verstorbene) Strauß-Anwalt Dr. Cramer den Fibag-Zeugen Braun am 7. Februar 1962 in seiner Nürnberger Kanzlei empfangen. Cramer erklärte dem Braun, daß seine Prozeßpartei im Besitz von Strafregisterauszügen der gegnerischen Zeugen sei. Als Braun fragte, wie so etwas möglich sei, erklärte Cramer wörtlich: «Wir können das eben.»[2] Braun hielt den Vorgang in einem offenen Brief an Cramer fest; Cramer unternahm gegen den schweren Vorwurf keine rechtlichen Schritte.

Am 5. März 1962, nach Abschluß des Nürnberger Verfahrens, veranstalteten Strauß und Cramer (noch im Nürnberger Justizgebäude) eine Pressekonferenz, bei der sie wiederum auf Strafregisterauszüge der gegen Strauß

Strauß:
Ich weiß, daß Bankauskünfte oft unerhört interessant sind.

Heinemann:
Was soll das?

Strauß:
Mehr kann ich dazu nicht sagen. Ich habe keinerlei Bankauszüge vorliegen.

Heinemann:
Diese Bankauszüge, von denen Sie offenbar Kenntnis haben, sind mir gar nicht bekannt. Ich weiß aus Zeitungsinterviews, wo Herr Braun usw. sich darüber beklagt haben, daß ihnen Strafregisterauszüge vorgehalten worden seien. Daher meine Frage: Wie ist Ihr Nürnberger Anwalt in den Besitz solcher Registerauszüge gekommen, die ja einem Anwalt nicht zugänglich sind?

Strauß:
Ich bitte, ihn selbst zu befragen.

Heinemann:
Das würde voraussetzen, Herr Dr. Strauß, daß Sie ihn in dieser Hinsicht der Verschwiegenheitsverpflichtung als Anwalt entbinden.

stehenden Zeugen Bezug nahmen. [3]

Weder Strauß noch sein Anwalt konnten auf korrektem Wege in den Besitz der Strafregisterauszüge gelangt sein. Die Auszüge sind laut Strafregisterverordnung amtliche Dokumente, über die lediglich die zuständige Behörde verfügen kann, und auch diese nur in den vom Gesetz aufgezählten Fällen und nur in genau umschriebenem Umfang.

Strauß:
Da er mich weiterhin in dieser Sache vertritt, wäre das ausgeschlossen.[1]

1 Fibag-Ausschuß, Protokoll Nr. 10, 13. 4. 1962, S. 163/164.

2 Aussage des Zeugen Braun vor dem Fibag-Ausschuß, Protokoll Nr. 7, 10. 4. 1962, S. 107: «Als ich ihn (Cramer) am 7. 2. 1962 gefragt habe, wie er zu diesem Strafregisterauszug gekommen ist, sagte er: ‹Wir können das eben.›»

3 Strauß hatte im Nürnberger Prozeß gegen Rudolf Augstein im März 1962 auch schriftsätzlich das Strafregister des Fibag-Zeugen Herrschaft vortragen lassen. S.: Akten des Landgerichts Nürnberg-Fürth (Az: 2 Q 2/1962).

Abgeordneter Reischl (SPD):
Er (Kaumann) hat mehrfach gesagt, er hätte die Bedenken des Herrn Dr. Mücke (gegen Schloß und dessen Planungen) deswegen für unbeachtlich gehalten, weil er der Ansicht gewesen sei (während der sogenannten Prüfung am 1. Juni 1960, die dann zu dem Empfehlungsschreiben «To whom it may concern» führte), der Herr Schloß sei Ihnen ja bekannt. Wie kam er zu diesem Wissen? Aus dem Vermerk geht ja nichts hervor! Sie haben mit Herrn Kaumann auch nicht gesprochen.

Zeuge Strauß:
Herr Kaumann wußte damals genausoviel über Herrn

Strauß sucht zu verschleiern, was auf der Hand liegt: Niemals wären die Skizzen und Zahlenspielereien des Schloß von der Ministerialbürokratie anerkannt worden, wenn Strauß nicht hinter Schloß gestanden hätte.

Vorher hatte Strauß sowohl das allgemeine Empfehlungsschreiben «To whom it may concern» wie auch den späteren persönlichen Empfehlungsbrief an Minister Gates damit erklärt, daß ihm von seinem Ministerialdirigenten Kaumann mitgeteilt worden sei, die Pläne des Schloß seien überprüft und als der Förderung wert befunden worden.[2] *Die Vernehmungen der Zeugen durch den Ausschuß hatten aber ergeben, daß Kau-*

Schloß wie ich, und privat wußte ich über Herrn Schloß gar nichts.

Reischl:
Herr Kaumann hat aber gesagt: Ja, ich habe mich über die Dinge hinwegsetzen können, weil der (Schloß) mit dem Herrn Minister bekannt war. Das langt ja sozusagen.

Strauß:
Wenn «bekannt» heißt, daß jeder, der mich einmal aufgesucht hat, als «Bekannter» angesprochen werden darf, dann ist das eine sehr großzügige Interpretation.[1]

1 Fibag-Ausschuß, Protokoll Nr. 10, 13. 4. 1962, S. 166/167.

2 Strauß vor dem Fibag-Ausschuß: «Ich habe von der sachbearbeitenden Stelle ... die schriftliche Antwort bekommen, daß dieses Projekt, sofern die Voraussetzungen zutreffen, sachlich und finanziell einwandfrei ist.» S.: Protokoll Nr. 10, 13. 4. 1962, S. 115.

3 Bericht des Fibag-Ausschusses über den Besuch von Schloß im BMVtg vom 1. 6. 1960: «offenbar sofort nach Beendigung der Besprechung (mit Schloß und Suske) hat der Zeuge Dr. Kaumann die ... Unterlagen zur Prüfung an den Zeugen Dr. Mücke weitergegeben, der dafür einen Zeitraum von wiederum 1

mann, auf den sich der Minister berief, auch seinerseits sich wiederum auf einen Untergebenen berufen mußte, nämlich auf den Ministerialrat Dr. Mücke; Kaumann hatte die ihm vom Minister überantwortete Prüfungsarbeit weiter delegiert.[3]

Mücke seinerseits hatte nicht etwa den Schloß und dessen Pläne ohne Einschränkung für gut erachtet, sondern er hatte dem Kaumann vorgetragen, daß man über die Pläne – «wenn die Angaben von Sch. zutreffen!» – reden könne, daß er aber gegen die Person von Schloß Bedenken habe.[4]

Als dem Zeugen Kaumann vorgehalten wurde, weshalb er in Kenntnis dieses Mücke-Votums dem Minister dennoch nicht von der weitgehenden Empfehlung («To whom it may concern») abgeraten habe, salvierte sich der Ministerialdirigent mit dem Hinweis: Die Bedenken bezüglich der Person Schloß seien ihm, Kaumann, irrelevant erschienen, nachdem Schloß den direkten Kontakt zum Minister gehabt habe.[5]

Im übrigen enthält die Antwort von Strauß noch eine direkte Unwahrheit. Zwar wußte der Ministerialdirigent Kaumann über Schloß nicht viel mehr, als daß dieser Besucher offenkundig über eine besondere Verbindung zum Minister verfügte.[6] *Strauß selbst dagegen wußte am 1. Juni 1960 über Schloß durchaus Bescheid. Er hatte ihn dreimal zum Teil stundenlang gesehen und war überdies von Kapfinger häufig auf das Fibag-Projekt und damit eben auch auf Schloß angesprochen worden.*[7]

bis 1½ Stunden aufgewendet hat.» S.: Deutscher Bundestag, Drucksache IV/639, S. 7.

4 Der Bericht des Fibag-Ausschusses hierzu: «... hat der Zeuge Dr. Mücke seinen Abteilungsleiter Dr. Kaumann auf Bedenken hingewiesen, die sich auch daraus ergäben, daß die Frage der Finanzierung noch ungeklärt sei und hinsichtlich der Person von Schloß (in) München keine befriedigenden Auskünfte vorlägen. Diese Bedenken hat Dr. Mücke in einem Vermerk aktenkundig gemacht. Es heißt hier wie folgt: ‹Die Angelegenheit ist, sofern BMVtdg künftig befaßt sein sollte, mit größter Vorsicht zu behandeln. In der Sache erscheint sie, wenn die Angaben von Sch. zutreffen, interessant und durchführbar.›» S.: Deutscher Bundestag, Drucksache IV/512, S. 8.

5 Die Bedenken Mückes gegen die Person von Schloß und das nach seiner Meinung zu weit gehende Empfehlungsschreiben wurden von Kaumann mit der Bemerkung abgetan: «Schloß sei dem Herrn Minister bekannt.» S. a.: Aussage des Zeugen Dr. Mücke vor dem Fibag-Ausschuß, Protokoll Nr. 5, vom 5. 4. 1962, S. 274.

Auf die Frage des Ausschuß-Mitglieds Benda an Kaumann, ob Mückes Darstellung zutreffe, mußte Kaumann einräumen: «Die Antwort kann ich gegeben haben.» S.: Fibag-Ausschuß, Protokoll Nr. 5, 5. 4. 1962, S. 301.

6 Kaumann wußte auch Bescheid über die Schloß-Eingabe an Strauß vom 2. 12. 1959, die von seiner Abteilung bearbeitet wurde. S.: Fibag-Ausschuß, Protokoll Nr. 5, 5. 4. 1962, S. 162.

7 Treffen Strauß/Schloß vor dem 1. Juni 1960:

a) am 1. 12. 1959 in der CSU-Landesleitung, München,

b) am 24. 3. 1960 in der Ermekeilkaserne, Bonn,

c) am 17. 5. 1960 in der Wohnung der Kapfinger-Bekannten Schlicker, München.

Abgeordneter Reischl (SPD):
Mich hat eigentlich interessiert, warum Sie diese Angaben in das Schreiben (an Gates) aufgenommen haben, die Sie sicherlich nicht nachgeprüft haben und auch nicht nachprüfen konnten.

Zeuge Strauß:
Weil ich der Meinung war, daß erstens, wenn jemand schon einmal im Bereich der amerikanischen Armee gearbeitet hat, das drüben viel leichter feststellbar ist als für uns, und zweitens, wenn es zutrifft, dann ernsthafter genommen wird, und wenn es nicht zutrifft, dann als unseriös –

Reischl:
Eine gewisse Gefahr besteht aber darin, daß, wenn er von Ihnen kommt, dann drüben auch ernst genommen wird.

Strauß:
Wir kennen uns gegenseitig so gut, daß wir, wenn wir Schreiben über Firmen bekommen, aus der Anrede und aus der Unterschrift genau analysieren können, was damit gemeint ist.[1]

Die Frage wird zerredet. Strauß erklärt letzten Endes, er habe die sachlich falschen Angaben des Schloß deshalb ungeprüft in seinen Brief an Gates aufgenommen, damit Schloß von den Amerikanern um so eher entlarvt werde. Nachdem diese schlechterdings groteske Einlassung von den Ausschußmitgliedern hingenommen wurde, verstieg sich Strauß zu der Andeutung, in dem Brief an Gates habe er durch versteckte Hinweise von vornherein verhindert, daß Schloß von den Amerikanern ernst genommen werde.

Die naheliegende Frage, ob es unter diesen Umständen nicht besser gewesen wäre, den Brief an Gates überhaupt nicht zu schreiben, wurde dem Zeugen nicht gestellt.

1 Fibag-Ausschuß, Protokoll Nr. 10, 13. 4. 1962, S. 168.

Strauß:
Ein Bekannter des Herrn Braun hat sich dem Dr. Zimmermann (damals CSU-Generalsekretär, München) angeboten, höchst interessante und mysteriöse Vorgänge mitzuteilen. Er kam zweimal mit Dr. Zimmermann zusammen. Zweimal hat Dr. Zimmermann ihn gebeten: Sagen Sie uns den Namen des Mannes, der das getan haben soll. Er hat gesagt, er wisse ihn nicht. Daraufhin ist Herr Braun gekommen und hat gesagt, er wisse ihn, aber er werde ihn nicht sagen, solange sein Anwalt ihm nicht den Rat dazu gegeben habe. Sein Anwalt sei erst am nächsten Montag erreichbar. Der Anwalt hat am nächsten Montag angerufen und erklärt, er sehe sich nicht in der Lage, seinem Mandanten den Rat zu geben, den Namen dieses Herrn – er ist in der Zwischenzeit ja bekannt geworden: Dr. Busch – mitzuteilen.

Am selben Tage, zur selben Stunde als Herr Herrschaft das hier aussagte und die Dokumente Busch vorlegte, erschien dieser Dr. Busch in der Landesleitung der CSU in München mit einem persönlichen Brief an mich, datiert vom 6. März 1962 – so habe ich es jeden-

Strauß führte – ohne Anlaß – in dieser dunklen Weise einen Sachverhalt in die Vernehmung ein, der sich hätte in wenigen Sätzen klar darstellen lassen: Der ehemalige Landrat und Dipl.-Volkswirt Dr. jur. Busch, ein guter Bekannter des Franz Josef Strauß, hatte eine eidesstattliche Erklärung abgegeben über den Versuch, einen der gegen Strauß stehenden Fibag-Zeugen mit 10000 Mark zum Umfallen zu bewegen.

Dr. Busch stellte dar, wie der dem Verleger Kapfinger nahestehende Filmkaufmann Winkel und dessen Freund, der Filmkaufmann Janas, sich mit ihm am 27. Februar 1962 in der Gaststätte «Leopold» trafen: «Im Laufe des Gesprächs haben mir die Herren vorgeschlagen, gegen Bezahlung eines Betrages von 10000 D-Mark Verbindung mit Herrn Herrschaft aufzunehmen, damit er selbst und Herr Lothar Schloß, München, und der Bauingenieur Karl Willy Braun ... in ihren Aussagen in der Affäre Strauß/SPIEGEL zurückstecken und einen Frontwechsel vornehmen sollen. Winkel berief sich dabei darauf, daß er erst vor kurzem wieder mit Dr. Kapfinger zusammengewesen sei. Winkel schlug vor, zu versu-

falls telefonisch durchbekommen; deswegen habe ich ihn nicht –, um dann den Vorgang so darzustellen, wie er ihn auch niedergelegt hat.

Meine Weisung an meine Münchner Stelle war, den Brief und die über die Unterredung mit dem Dr. Busch angefertigte Aktennotiz sofort der Staatsanwaltschaft in München zuzustellen. Das ist am nächsten Morgen geschehen. Der Staatsanwalt hat die drei Herren kriminalpolizeilich vorgeladen. Das Ergebnis ist mir unbekannt.

Abgeordneter Reischl (SPD):
Das interessiert mich auch nicht. Das hat mich nur im Moment etwas frappiert, weil Sie etwas dementiert haben, was wirklich niemand behauptet hat, hier in der Sitzung nicht und auch sonst nicht.

Strauß:
Das ist ja meine Kombination der Hintergründe, daß das ein Beitrag zu dieser Diffamierungskampagne sein soll.[1]

1 Fibag-Ausschuß, Protokoll Nr. 10, 13. 4. 1962, S. 170/171.

2 Eidesstattliche Erklärung des Dr. Martin Busch vom 23. 3. 1962. (Zit. n.:) Erich Ku-

chen, die Summe von 10000 DM auf 5000 DM zu ermäßigen, falls dies möglich sein sollte.»[2]

Was immer man von diesem dilettantischen Versuch halten mag, den Zeugen Herrschaft umzudrehen, Tatsache ist, Dr. Busch wollte sich für ein derartiges Vorhaben nicht hergeben. Er glaubte, im Sinne von Strauß zu handeln, wenn er ihm von den Machenschaften der Kapfinger-Leute berichtete. Er schrieb an Strauß und gab den Brief persönlich in der CSU-Landesleitung ab.[3] *Dort stieß er freilich auf wenig Gegenliebe. Man bezichtigte ihn der Verräterei. Nun erst wurde Busch hartnäckig; seine Erlebnisse hatte er in einer eidesstattlichen Erklärung niedergelegt, als Zeuge vor dem Fibag-Ausschuß am 21. und 22. August 1962 ging er in keinem Punkt davon ab.*[4]

Statt über die Aktivitäten Winkels – der sich ja nicht auf ihn, sondern lediglich auf Kapfinger bezogen hatte – zu schweigen, fühlte sich Strauß gedrängt, seine Mitwirkung zu dementieren. Dem Ausschuß suggerierte er, daß der an sich so durchsichtige Vorgang nicht nur geheimnisvoll, sondern geradezu ein Beweis für die weitgespannte

by: «Im Fibag-Wahn oder Sein Freund, der Herr Minister», Hamburg 1962, S. 117.

S. a.: Erklärung des Dr. Busch vom 4. 3. 1962, die seiner eidesstattlichen Erklärung zugrunde liegt; (Fibag-Ausschuß, Protokoll Nr. 16, 21. 8. 1962, S. 224).

3 Am 10. 4. 1962, s.: Bericht des Fibag-Ausschusses, Deutscher Bundestag, Drucksache IV/639, S. 4.

4 S.: Fibag-Ausschuß, Protokoll Nr. 16, 21. 8. 1962, S. 201 ff und Nr. 18, 22. 8. 1962, S. 16 ff.

Diffamierungskampagne gegen ihn, Strauß, sei.

Die Fibag-Affäre

endete für den Bundestag am 25. Oktober 1962, indem er nach fünfstündiger Debatte den Fibag-Mehrheitsbericht billigte. Nicht einmal alle Abgeordneten der Regierungskoalition hatten es über sich gebracht, die Absolution gutzuheißen. Zu fatal war der Nachgeschmack, den das Auftreten des Ministers hinterlassen hatte.

Mit flinker Hand hatte Strauß die Tatsachen für den eigenen Bedarf modelliert. Wo er glaubte, gegen Widerlegung gefeit zu sein, stellte er sie geradezu auf den Kopf, so etwa mit seinem grotesk falschen Bericht über den Syntoil-Fall; da Kreditzusage und Landesverratsverfahren gegen Poschardt unter «Geheim» gelaufen waren, meinte der Zeuge Strauß offenbar, er sei zu Unwahrheit legitimiert.

Sowohl in seiner Antwort auf die Kleine Anfrage wie auch vor dem Ausschuß wollte Strauß die zentrale Rolle verschleiern, die sein Duzfreund Kapfinger gespielt hatte. Vorher schon hatte Strauß sich darauf versteift, daß er gegen den Parteifreund wegen dessen Teilungsbemerkung nicht rechtlich vorzugehen brauche: Kapfingers Versicherung, er habe diese Bemerkung nicht gemacht, genüge. Tatsächlich aber war der Passauer Verleger zur Zeit des Fibag-Ausschusses schon gerichtsnotorisch unglaubwürdig.

Bereits am 19. 2. 1962 hatte der Vorsitzende der 8. Münchner Zivilkammer festgestellt: «Die Glaubwürdigkeit des Dr. Kapfinger ist ... so auf ein Minimum zusammengeschmolzen, daß auf seine Erklärung nicht mehr viel gegeben werden kann.»[1] Strauß hatte sich entschlossen, auf Kapfingers Erklärung etwas zu geben.

Der Minister sah in der Fibag-Affäre, so hatte er den Ausschuß glauben machen wollen und so hatte er in einem Interview mit der «Welt am Sonntag» erklärt, nichts anderes als eine Kampagne, «deren Hintergrund-Rechercheure in Pankow sitzen».[2] Die «Neue Zürcher Zeitung» bemerkte daraufhin: «Die Kommunisten haben die obskuren Geschäftsleute, die sich an Strauß heranmachten, und die Ministerbriefe für sie schließlich nicht erfunden.»[3] In der Bundesrepublik fühlte sich die «Frankfurter Allgemeine Zeitung» zu dem Hinweis verpflichtet: «Ein Minister, der einen solchen Brief (an Gates) aus seinem Haus hinausgehen läßt, scheint einen wesentlichen Unterschied zwischen Deutschland und dem Balkan aus dem Auge verloren zu haben.»[4]

Strauß aber wollte den Kern aller Vorwürfe – Amtsführung im Dunstkreis von Spezis – nicht begreifen. Möglicherweise konnte er ihn nicht begreifen, dann nämlich nicht, wenn zutrifft, was der Staatsrechtler Theodor Eschenburg in der «Zeit» schrieb: Strauß fühle sich über allgemeine Regeln erhaben, er sehe sich selbst als «Minister legibus absolutus».[5]

1 Urteilsbegründung des Vorsitzenden der 8. Zivilkammer des Landgerichts München, Verfügungsverfahren Braun/Kapfinger. (Zit. n.:) Süddeutsche Zeitung, 20. Februar 1962 («Die Glaubwürdigkeit Dr. Kapfingers»).

2 «Strauß: Diffamierung ferngesteuert», (in:) Welt am Sonntag, 1. Juli 1962.

3 «Nachwirkungen der Fibag-Affäre», (in:) Neue Zürcher Zeitung, 3. Juli 1962.

4 Ernst Otto Maetzke: «Empfehlungen», (in:) FAZ, 9. Februar 1962.

5 Theodor Eschenburg: «Das Ärgernis Strauß», (in:) Zeit, 2. März 1962.

Nachwort zur Dokumentation

Am 25. Oktober 1962 billigte der Bundestag nach fünfstündiger Debatte den Schlußbericht des Fibag-Ausschusses.

In der Nacht vom 26. auf den 27. Oktober 1962 wurde jene Aktion gegen den SPIEGEL ausgelöst, die Franz Josef Strauß – so mochte es ihm erscheinen – ein für alle Male vor lästigen Fragen bewahren würde, die aber in Wirklichkeit mit dem Sturze des Ministers Strauß endete. Mit der rechtswidrigen Festnahme von Ahlers war der bayrische Politiker einen Schritt zu weit gegangen. Die SPIEGEL-Unternehmung wurde Blatt für Blatt zurückgeblättert – und durchleuchtet. Am Ende stand nicht nur fest, daß Strauß dem Parlament immer wieder die Unwahrheit gesagt hatte, es lagen sogar seine Techniken, die Wahrheit zu mißhandeln, bis in ihre Verästelungen zutage.

In der Fibag-Affäre stand weder ein nationales noch ein Partei-Interesse, sondern stets nur Franz Josef Strauß selbst auf dem Spiel. Die Art und Weise, in der Strauß während der Jahre seiner Macht mit der Wahrheit umsprang, konnten selbst viele seiner Parteifreunde nicht mit ihrem Gewissen vereinbaren. Am 4. Januar 1963 erklärte der CDU-Abgeordnete Paul Bausch, damals Vorsitzender des Evangelischen Arbeitskreises der CDU für Württemberg, in einem autorisierten Interview: «Es erfüllt mich mit tiefer Scham, daß das Mitglied einer Regierung, die ich durch viele Jahre hindurch gegenüber dem Volke vertreten und verteidigt hatte, das Parlament in öffentlicher Sitzung bewußt täuschte. Obgleich es dieser Mann längst hätte spüren müssen, daß er in eine unheilvolle Verstrickung geraten war, fand er bis heute nicht den Mut, ehrlich und redlich in einer öffentlichen, vor dem Bundestag abgegebenen Erklärung zu seinen Fehlgriffen zu stehen.»[1]

1 «Schluß mit der Gefälligkeitsdemokratie», (in:) Christ und Welt, 4. Januar 1963.

Der langjährige, später aus Gewissensgründen aus seinem Amt zurückgetretene Justizminister Dr. Ewald Bucher kleidete seine Gedanken in ein Aperçu: «Was Herr Kapfinger auf dem Gebiet der Moral ist, das ist Franz Josef Strauß in der Politik.»[2]

2 E. Bucher: «Dunkelmänner sind schwarz», (in:) Agora 1962, Dezember-Heft, S. 7.

Weidmanns Heilsidee

„Wart' halt no a Jahrl, Erich — er is ja erst a Zwölfender ..."

(Quelle: E. M. Lang, «Süddeutsche Zeitung»)

6

Fibag-Affäre vor Gericht

Untersuchung ohne Ausschuß

Unter Vorsitz von Landgerichtsdirektor Dr. Mayer verhandelte die 2. Zivilkammer des Landgerichts Nürnberg am 2. und 5. März 1962 über die Einstweilige Verfügung, die der damalige Minister Strauß in der Fibag-Affäre gegen den SPIEGEL erwirkt und gegen die der SPIEGEL Widerspruch erhoben hatte. Das stenographische Protokoll des zweiten Verhandlungstages:

Vorsitzender: Die Präsenz ist die gleiche wie am letzten Freitag? (Er schaut sich im Saal um.) Ja. Also das Gericht unterbreitet den Parteien einen Vergleichsvorschlag, der folgendermaßen zu formulieren wäre: Die Antragsgegner (Rudolf Augstein, Moritz Pfeil und SPIEGEL-Verlag) erklären:

1. daß sie mit ihrer Veröffentlichung in der SPIEGEL-Nummer vom 31. 1. 1962 nicht behaupten wollten, der Antragsteller (Minister Strauß) habe sich für die Förderung des Housing-program materielle Vorteile zusichern lassen;
2. er habe Lothar Schloß Aufträge im Ausmaß von 200000 DM im Kasernenbau zugesichert und persönlich bei den Finanzbauämtern nachgefragt, ob diese richtig placiert würden;
3. damit erklären die Parteien beiderseits die Fibag-Affäre für abgeschlossen;
4. die Kosten des Rechtsstreits werden gegeneinander aufgehoben.

Rechtsanwalt Dr. Ziegler (Partei SPIEGEL): Herr Direktor, ich bin nicht ganz mitgekommen, Sie wissen, ich bin an sich etwas langsam.

Vorsitzender: Ich möchte kurz hier einige Worte anfügen, ohne hier eine Stellungnahme des Gerichts abzugeben, wie das Urteil ausfallen würde, das steht mir nicht zu, sondern nur die Eindrücke, die auf Grund der Beweisaufnahme vom 2. 3. 1962 eingetreten sind. Ich darf hier mit einer historischen Reminiszenz beginnen. Im 18. Jahrhundert hat der Signor Cagliostro die damaligen Potentaten durcheinandergebracht, indem er erklärte, er könne Gold machen. Er hat es deshalb in seiner Laufbahn vom Apothekergesellen bis zum Grafen gebracht und sogar die Stufen des Throns der Könige von Frankreich erschüttert, indem er die Königin Marie Antoinette in die peinliche Halsbandaffäre verwickelte. Die modernen Cagliostri behaupten nicht mehr, daß sie Gold machen können, nachdem das Gold nicht mehr im 20. Jahrhundert mit Kapital gleichgesetzt wird, sondern sie versprechen den Leuten, daß sie Staudämme und Pipelines und Wohnblöcke aus dem Nichts hervorzaubern; sie finden aber genau wie im 18. Jahrhundert ihre Adepten. Ich darf hier die Herren Braun, Winkel, Dr. Kapfinger erwähnen. Dr. Kapfinger war offenbar von dieser Idee so angetan, daß er seine bisherigen philanthropischen Grundsätze über Bord warf und sich, ohne einen Pfennig zu riskieren, zu investieren, ziemlich hohe Entgelte zusichern ließ.

Es ist aber nicht allein dabei geblieben, sondern der Herr Dr. Kapfinger hat – nach dem, was die Beweisaufnahme ergeben hat, darf das wohl angenommen werden – Herrn Minister Strauß kompromittiert, indem er äußerte, er bedaure nur, daß er seinen Anteil mit ihm teilen müsse. Was diesen Punkt betrifft, so haben wir also erstens die eidesstattliche Versicherung vom 4. Februar, wo der Herr Kapfinger erklärt hat, daß diese Version nicht richtig sei. Dann haben wir seine Erklärung gegenüber dem Prozeßgericht, in der er erklärt, er könne sich an die Dinge nicht mehr genau erinnern. Und nun in dritter Version hat er als Ei des Kolumbus aufgetischt, daß sich diese Äußerung nicht auf den Herrn Antragsteller bezogen haben soll, sondern auf Herrn Winkel. Es bestehen erhebliche Bedenken, ob dieses Ei des Herrn Kapfinger nicht taub sei. Jedenfalls hat Herr Winkel diese Aussage nicht bestätigt. Denn Herr Winkel hat weder gehört, daß Teilung mit Herrn Minister Strauß erfolgen solle, noch diejenige (Version), daß die Teilung mit ihm, dem Herrn Winkel, erfolgen solle.

Nun behaupten in ihrem Widerspruchsvortrag die Herren Antragsgegner, daß sie ja gar nicht die Behauptung aufgestellt hätten, der Antragsteller sei finanziell an diesem Projekt beteiligt oder interessiert gewesen oder habe hier dem Lothar Schloß Aufträge in dem Ausmaß von 200000 Mark zugesichert und dann nachgefragt, ob diese Aufträge richtig placiert würden. Ich ersehe deshalb keinen Grund, warum die Antragsgegner dies nicht in einer Erklärung hier klar und deutlich zum Ausdruck bringen können. Es wäre wohl nach der Meinung des Gerichts das beste, hier die Sache mit dieser Erklärung abzuschließen. Denn es wird wohl festzustellen sein, daß sich beide Teile hier während des Verfahrens nicht mit Ruhm bedeckt haben. Beide Teile haben versucht, auf die Zeugen einzuwirken, die hier vernommen worden sind, auf den Herrn Schloß, Herrn Braun. Dinge, die hier zutage getreten sind durch diese Vernehmungen der beteiligten Personen, die Dinge sind ja hier bekannt, so daß ich sie nicht weiter zu wiederholen brauche.

Es ist auch im Interesse einer schnellen Abschließung der Sache gelegen, daß hier dieser Vergleich empfohlen wird. Denn ein Verfahren zieht sich, wie Sie selbst wissen, in die Länge, nachdem hier Einstweilige Verfügungen vorliegen, dann der Hauptsacheprozeß kommt, der wiederum mehrere Instanzen beschäftigen wird. Aus diesen Gründen hat das Gericht sich gestattet, den Parteien den Vorschlag zu unterbreiten.

Rechtsanwalt Dr. Augstein (Partei SPIEGEL)*: Eine Frage, Herr Direktor: Was heißt, die Fibag-Affäre solle abgeschlossen sein?

Vorsitzender: (Es soll) beiderseits die Sache begraben werden. Die Person des Ministers und auf der anderen Seite Herr Augstein ...

Dr. Augstein: Setzen Sie voraus, daß Herr Minister gegen Kapfinger Strafantrag stellt, oder nicht? Daß irgendwie eine Klärung erfolgen muß, ist klar. Wenn der Herr Bundesverteidigungsminister sich entschließen würde, hier zu erklären, daß er gegen Herrn Kapfinger Strafantrag stellt, wäre das natürlich eine Situation, die dann Ihren Vergleichsvorschlag wesentlich begründeter machen würde, wenn ich mir diesen Ausdruck hier erlauben darf.

Vorsitzender: Ich kann der Partei nicht vorgreifen.

Dr. Augstein: Dann bitte ich, daß der Herr Antragsteller sich darüber Gedanken macht, ob er Strafantrag gegen Herrn Kapfinger stellen will oder nicht. Womit nicht gesagt sein soll, daß die Strafanträge gegen die Antragsgegner nicht weiterlaufen sollen.

Vorsitzender: Das wird wohl zur Folge haben, daß die Strafanträge gegen die Antragsgegner damit auch erledigt sind.

Dr. Augstein: Das spielt auch keine Rolle für uns, das soll hier aus dem Zusammenhang bleiben. Es ist eine Conditio sine qua non, daß der Herr Antragsteller für eine öffentliche Klärung sorgt, daß Dr. Kapfinger geradestehen muß für das, was er getan hat.

Rechtsanwalt Dr. Ziegler (Partei SPIEGEL): Bis wann sollen wir uns erklären?

Vorsitzender: Die Sitzung wird bis 11.30 Uhr unterbrochen.

(Strauß erscheint um 11.55 Uhr.)

* Dr. Josef Augstein, ein Bruder des SPIEGEL-Herausgebers Rudolf Augstein.

Rechtsanwalt Dr. Cramer (Partei Strauß): Der Herr Minister Strauß möchte eine Erklärung abgeben.

Strauß, Bundesverteidigungsminister: Hohes Gericht! Ich habe den Vorschlag, die Formulierung eines Vergleichs zur Kenntnis genommen und die Absicht, hier eine Regelung ohne Fortsetzung dieses Verfahrens über Beschwerdeklage und Hauptsacheklage grundsätzlich begrüßt. Ich darf aber einige Bemerkungen, wenn Sie gestatten, zu der Formulierung machen.

In dem Beschluß heißt es: Den Antragsgegnern wird bei Meidung einer Geldstrafe in unbeschränkter Höhe oder einer Haftstrafe bis zu sechs Monaten für jeden Fall der Zuwiderhandlung verboten, in jedweder Form zu behaupten oder zu verbreiten, 1. der Antragsteller habe unter Verletzung seiner dienstlichen Obliegenheiten als Bundesverteidigungsminister das Projekt der Fibag für den Bau von Wohnungen für die Angehörigen der amerikanischen Streitkräfte in der Absicht und zu dem Zweck gefördert, an dem Gewinn dieses Unternehmens beteiligt zu werden. In Ihrem Vergleichsvorschlag heißt es: Die Antragsgegner erklären, daß sie mit ihrer Veröffentlichung in der SPIEGEL-Nummer vom 31. 1. 1962 nicht behaupten wollten, der Antragsteller habe sich für die Förderung des Housingprogram materielle Vorteile zusichern lassen. Der Teil der Beweisaufnahme, der für heute vorgesehen war – durch Zeugenaussagen der Herren der Oberfinanzdirektion München, des Finanzbauamtes Kempten und der Herren der Bauabteilung meines Ministeriums –, sollte dem Zweck dienen, nachzuweisen, daß die in der Ziffer 1 der Einstweiligen Verfügung, des Beschlusses getroffene Formulierung «unter Verletzung seiner dienstlichen Obliegenheiten» zu Recht aufgeführt worden ist. Es geht mir nicht darum, die Antragsgegner zu einer Erklärung zu veranlassen, sie wollten nicht behaupten, der Antragsteller habe sich materielle Vorteile zusichern lassen.

Ich bin in der Lage, durch meinen eigenen Sachvortrag und durch eine Reihe von Zeugen nachzuweisen, daß in beiden Fällen von seiten der beteiligten Dienststellen korrekt gehandelt worden ist. Daß die Arbeitsweise der Dienststellen, sei es in München, sei es in Bonn, dann von gewissen Elementen mißbraucht werden kann, ist immer gegeben ... Deshalb würde unser Vorschlag dahin gehen, die Ziffer 1 so zu fassen: Die Antragsgegner erklären, daß sie nicht behaupten wollten, der Antragsteller habe das Projekt «Fibag» gefördert und dafür ...

Vorsitzender: Wenn ich Sie unterbrechen darf: Wir haben bei der Abfassung des Beschlusses «unter Verletzung der Dienstobliegenheit» nur aufgefaßt das Versprechen eines Entgeltes. Ich habe zu Beginn dieser Verhandlung am letzten Freitag schon erklärt, daß es uns nicht zusteht, quasi als Dienstaufsichtsbehörde des Verteidigungsministeriums jetzt hier zu erklären: Hier hat man nicht richtig gehandelt, oder man hätte es erst prüfen müssen. Das wollen wir zur Entscheidung gar nicht einbeziehen, nur diese Frage des Entgeltes. Diese Fassung des Beschlusses mit der Verletzung der Dienstaufsichtspflicht, der Dienstobliegenheiten hat nach unserer Meinung, und ich kann hier die Meinung des ganzen Gerichts vertreten, den Sinn gehabt, daß darin eine Verletzung der Dienstaufsichtspflicht zu sehen wäre, wenn man sich dafür etwas versprechen läßt. Der ganze übrige Hergang des Vorgangs, wie das dann abgelaufen ist, das wollten wir gar nicht in diese Sache einbeziehen.

Strauß: Es bleibt trotzdem eine Diskrepanz zwischen der Ziffer 1 des Beschlusses und der Ziffer 1 des Vergleichsvorschlags. Wenn ich Ihre Interpretation übernähme, dann könnte herausgelesen werden, daß es heißen sollte, der Antragsteller habe sich unter Verletzung der dienstlichen Obliegenheiten ...

Vorsitzender: Es mag in diesem Sinne ...

Rudolf Augstein: Das würde ich nicht akzeptieren können. Ich bin fest davon überzeugt, daß der Herr Minister in dieser Sache seine dienstlichen Pflichten verletzt hat. Ich bin aber ebenso fest davon überzeugt, daß er sich nicht hat bereichern wollen in dieser Sache.

Strauß: Ich muß an der Erklärung festhalten. Das sollte die Beweisaufnahme von heute ergeben, daß in beiden Fällen pflichtgemäß verfahren worden ist. Daß der Ablauf des pflichtgemäßen Verfahrens dann durch gewisse Elemente auszunutzen versucht worden ist, das liegt auf einer anderen Ebene. Das wird nicht das erste Mal passieren und es wird nicht das letzte Mal passieren, solange man sich selbst um die Dinge kümmert und nicht nur repräsentative Spitze oder Figur ist. Wir haben alle Zeugen, alle Unterlagen dafür, daß in diesem Falle das Interesse des Bundes verfolgt und das Interesse des Bundes gewahrt worden ist, daß im Rahmen der Zuständigkeiten und im Rahmen der dienstlichen Obliegenheiten gehandelt worden ist.

Vorsitzender: ... Wir haben bloß darüber zu erkennen, ob Sie Ihre Dienstobliegenheiten insofern verletzt hätten, indem Sie sich etwas hätten versprechen lassen. Das soll der Satz bedeuten, klar, wie er in der Formulierung steht. Weiter nichts. Es ist Sache meines Erachtens der Regierung oder des Parlaments, hier eine Prüfung vorzunehmen und ein Plazet oder nicht abzugeben, aber nicht unsere Sache. Das Verfahren der Einstweiligen Verfügung wäre nicht geeignet dazu, so etwas festzustellen ...

Strauß: Die Änderungen des Antragsgegners lassen darauf schließen, daß er eine Verletzung der dienstlichen Obliegenheiten unterstellen will.

Rudolf Augstein: Das ist eine Wertungsfrage. Wir halten sie so nicht für justitiabel, ganz gewiß nicht im Einstweiligen-Verfügungs-Verfahren, wo Sie alle Zeugen aufbieten können, und die Zeugen, die wir haben wollen, bringen Sie verständlicherweise nicht mit. Insofern glaube ich nicht, daß das hier verhandelt werden kann.

Strauß: Wir haben keine Scheu davor, auch in einem Hauptsacheverfahren die Richtigkeit ...

Rudolf Augstein: Das ist Sache des Parlaments und gehört überhaupt nicht vors Gericht!

Strauß: ... in vollem Umfang zu beweisen.

Rudolf Augstein: Das gehört nicht vors Gericht!

Strauß: Ich darf daran erinnern, daß sowohl die Opposition wie ein Teil der Presse die gerichtliche Klärung verlangt hat.

Rudolf Augstein: Sie kennen die Gründe der Opposition.

Strauß: Sie kennen sie wahrscheinlich besser als ich.

Vorsitzender: Es mußte dieser Tatbestand geklärt werden, wie er im Tenor der Einstweiligen Verfügung vom 7. Februar steht, aber nur insofern, ob dem Antragsteller für die Förderung des Fibag-Projektes ein Entgelt versprochen worden ist, aber nicht insofern, ob die dienstlichen Obliegenheiten verletzt worden sind, ob hier alles getan worden ist, was vielleicht nötig gewesen wäre, um den Herrn Schloß zu prüfen.

Strauß: Der ist geprüft worden. Und wie!

Vorsitzender: Diese Frage will ich gar nicht prüfen. Es ist gar nicht der Sinn der Einstweiligen Verfügung gewesen, die wir hier erlassen haben ...

Strauß: Die Diskrepanz zwischen der Ziffer 1 der Einstweiligen Verfügung und der neuen Ziffer 1 muß darauf schließen lassen, daß das Gericht in diesem Falle die Verletzung dienstlicher Obliegenheiten zugrunde legt.

Vorsitzender: Das fällt weg, wenn die Erklärung abgegeben wird, daß nicht behauptet werden soll, daß irgendwo ein Entgelt versprochen oder ein Versprechen auf Entgelt entgegengenommen worden ist.

Dr. Cramer: Es ist zu bedenken, daß in der nächsten SPIEGEL-Nummer gegenübergestellt wird Einstweilige Verfügung – ursprünglicher Text – und Vergleich; und daß daraus Rückschlüsse gezogen werden, welche Diskrepanz zwischen Einstweiliger Verfügung und Vergleich, und daß es in der uns allen, allen in der Bundesrepublik Deutschland bekannten Weise vom SPIEGEL ausgewertet wird. Das ist in der Vergangenheit immer so gewesen.

Vorsitzender: Der Sinn des Vergleichs wäre meines Erachtens: Tabula rasa. Diese Angelegenheit Fibag-Strauß ist damit erledigt. Ich glaube, daß man das doch so verstehen muß, wie wir das zum Ausdruck gebracht haben.

Dr. Augstein: Das würde nicht genügen. Conditio sine qua non ist, daß Strafantrag gegen Dr. Kapfinger gestellt wird. Dann würde die Klärung erfolgen, die der Herr Antragsteller sich wünscht.

Dr. Cramer: ... dadurch erfolgen, Herr Vorsitzender, daß zwei Leute, die man selbst als Hochstapler umschrieben hat, Schloß und Braun, Herrn Dr. Kapfinger in einem Verfahren gegen ihn als Zeugen gegenübergestellt werden, so wie sie uns als Zeugen des SPIEGEL gegenübergestellt worden sind. Man kann sich leicht vorstellen, was das Ergebnis eines solchen Verfahrens sein wird. Ich glaube nicht, daß bei einem derartigen Strafverfahren groß was herauskommen würde.

Rudolf Augstein: Die Ehre des Herrn Minister würde zweifellos fleckenlos oder befleckt erscheinen. Eins von diesen beiden Dingen würde geschehen. Wir haben in letzter Zeit so viel vom Ehrenschutz immer gehört, und es ist immer gesagt worden, der Ehrenschutz wird sich gegen den SPIEGEL unter anderem richten, daß ich meine, einen so gravierenden Fall für Ehrenschutz hat es in der Bundesrepublik noch nicht gegeben. Ich wehre mich dagegen, daß wir mit einem Strafantrag überzogen werden – natürlich nicht in Hamburg, wie es nach der Prozeßordnung sein müßte, man behält das Verfahren in München –, obwohl man ganz genau weiß, wir werden nicht belangt, aber gegen denjenigen, von dem man weiß, er müßte belangt werden, wird kein Strafantrag gestellt.

Dr. Cramer: Ich kann Ihnen sagen, daß die Staatsanwaltschaft München die Sache nach Hamburg abgegeben hatte, daß aber der Leitende Oberstaatsanwalt in Hamburg dankend darauf verzichtet hat, er hat es wieder nach München zurückgegeben.

Dr. Augstein: Weil er meint, es liegt kein Verdacht vor gegen die Antragsgegner ... Wenn auch gegen Bundesminister nach der Strafprozeßordnung verhandelt wird, was ich annehmen möchte, gehört das Verfahren evident nach Hamburg, wenn es gegen die Antragsgegner läuft. Aber einmal davon abgesehen: Wir wollen eine Klärung. Wir sind der Meinung, daß dazu die Herren Schloß und Braun gar nicht nötig sind, sondern die eidesstattlichen Versicherungen (und) die Person des Herrn Dr. Kapfinger genügen. Ich kann mir nicht vorstellen, daß Ihrem Herrn Mandanten damit gedient wäre, einen Vergleich egal welchen Wortlauts abzuschließen, nur damit die Sache erledigt sein sollte.

Dr. Cramer: Da stimmen wir hundertprozentig überein.

Dr. Augstein: Soweit ich Sie kenne, stimmen wir nie überein. Sie wollen die Klärung haben gegen Leute, die nichts getan haben. Auch wenn Sie ein Verfahren gegen Schloß und Braun durchführen – damit wird nichts geklärt. Ich bin der Meinung, die Schlüsselfigur ist und bleibt Dr. Kapfinger. Solange Ihr Mandant nicht gegen Dr. Kapfinger etwas unternimmt und Strafantrag stellt, lastet doch auf ihm der Verdacht, daß etwas nicht in Ordnung ist, daß er keinen Strafantrag stellen *kann*.

Dr. Cramer: Wir werden ihn jederzeit stellen, wenn einige Erfolgsaussicht besteht.

Vorsitzender: Ich glaube nicht, daß bei einem Verfahren gegen Dr. Kapfinger viel herauskommt.

Dr. Augstein: Wenn Sie es so würdigen, ist das ganze Strafverfahren erledigt. Sie werden mir konzedieren, daß man dann nicht Schloß und Braun bei einem Dr. Kapfinger als Zeuge verurteilen kann, denn man sagt ja: Dr. Kapfinger ist als Zeuge eine Null.

Vorsitzender: Wahrscheinlich wird auch nichts dabei herauskommen. Warum denn Strafverfahren gegen Kapfinger? Ein Verfahren, in dem auf der einen Seite stehen würde Kapfinger, auf der anderen Seite Schloß und Braun.

Dr. Augstein: Der einzige, der hier die Sache verbreitet hat, der die Behauptung aufgestellt hat, ist Dr. Kapfinger gewesen.

Dr. Ziegler: Im Grunde brauchen Sie zum Strafverfahren gegen Dr. Kapfinger weder Schloß noch Braun. Es genügen die eigenen Erklärungen des Dr. Kapfinger.

Vorsitzender: Er wird sagen, es war alles auf Winkel bezogen. Oder er bringt noch eine vierte Version.

Rudolf Augstein: Es mag sein, daß bei diesem Strafverfahren gar nichts herauskommt. Aber was wir nicht mitmachen, ist, daß man sich die Übeltäter heraussucht, die einem passen – wir oder Schloß oder Braun –, daß man aber den Übeltäter, der nicht paßt, ausspart. Das ist das, was wir dem Herrn Minister immer vorgeworfen haben, die Dinge rechtlich so darzustellen, wie es ihm paßt. Also: Entweder gegen alle zurückziehen oder gegen alle Strafantrag.

Strauß: Darf ich mich dazu äußern? Sie haben sich eben dagegen verwahrt, daß Sie mit einem Strafantrag überzogen werden. Was ich jetzt sage, kann als Vorwegnahme dessen gewertet werden, was in die Beweisaufnahme gehört, aber vielleicht kann sie uns ja erspart bleiben, und wenn nicht, dann brauchen diese Ausführungen nicht noch einmal zu kommen. Ihr Vertreter in München, Herr Dr. Becher, hat den Generalsekretär meiner Partei im Laufe des Mai 1961, in dem Monat, als die neuen eidesstattlichen Versicherungen fabriziert worden sind, gefragt, ob es stimme, was Dr. Kapfinger behauptet habe, daß ich an diesem Projekt beteiligt sei, an der Fibag. Ich habe gegenüber dem Pressevertreter erklären lassen, daß ich an der «Fiba» – mir ist der Name «Fibag» erst aus dem SPIEGEL bekanntgeworden ...

Rudolf Augstein: Der Name! Die Gesellschaft haben Sie sehr empfohlen, die über Schloß gegründete Gesellschaft.

Strauß: Das sollte in der Beweisaufnahme klargestellt werden. Sie vermischen hier die Dinge in Ihrer bekannten Methode. Ich will nicht darauf eingehen, kann es aber sehr wohl tun mittels Beweises. Am 18. Mai, um diesen ominösen Zeitpunkt herum, ist die Frage von Herrn Dr. Becher an Dr. Zimmermann gestellt worden. Dr. Zimmermann hat dazu Ihrem Reporter in München eine schriftliche Notiz übergeben. Diese schriftliche Notiz ist uns im Entwurf verfügbar, bei Ihnen muß sie im Original verfügbar sein. Ich möchte sie nicht vorlesen, aber aus ihr geht hervor, daß Dr. Zimmermann, von mir ermächtigt, erklärt hat, ich hätte von dem ganzen Projekt nichts gewußt und sei selbstverständlich nicht an diesem Projekt beteiligt und sollte nie beteiligt sein.

Ferner ist Dr. Zimmermann bereit zu sagen, daß ich erklärt habe, wenn behauptet wird, ich sei daran beteiligt, gleichgültig, von welcher Seite, würde ich Strafantrag stellen. Trotzdem haben Sie am 31. Mai in Kennnis dieser Mitteilung, die am 18. Mai dem SPIEGEL gemacht worden ist, haben sie am 31. Mai die Sache vom Januar wieder veröffentlicht. Wenn Dr. Kapfinger hier erklärt hätte: Ja, ich habe es gesagt, es war ein dummes Wort, um aufzuschneiden oder um mich dabei finanziell zu verbessern, hätte ich noch in diesem Saal hier gegen Dr. Kapfinger Strafantrag gestellt. Nachdem der SPIEGEL-Reporter bei Zimmermann gewesen war, habe ich Dr. Kapfinger fragen lassen, ob er diese Behauptung jemals aufgestellt habe, gleichgültig, wem gegenüber. Kampfinger hat erklärt: Nein. Ich habe ihn nochmals befragen lassen.

Ich habe auch hier abgewartet, was Kapfinger sagt, ob er diese Bemerkung gemacht hat. Wenn er es zugegeben hätte, eine solche Bemerkung gemacht zu haben, würde ich nicht eine Sekunde gezögert haben, gegen Kapfinger Strafantrag zu stellen, weil dem dann ein gewisser Sinn innewohnen würde. Obwohl die Praxis ... Herr Augstein, Sie wissen, daß der Bundeskanzler prinzipiell keinen Strafantrag gegen den SPIEGEL stellt, gleichgültig, was Sie über ihn behaupten; selbst wenn Sie behaupten, der Bundeskanzler habe seine eigene Großmutter verspeist, stellt er keinen Strafantrag gegen Sie.

Rudolf Augstein: Er hat seine Gründe.

Strauß: Ich weiß nicht, was Sie damit unterstellen wollen. Es gibt eine bestimmte Praxis der Bundesregierung, mit Strafanträgen außerordentlich zurückhaltend zu sein, weil sonst die Fülle der Prozesse die Mitglieder der Bundesregierung völlig zu absorbieren drohen. Wenn Sie die Zahl der von der Staatsanwaltschaft an mich herangetragenen Fälle kennen würden, dann könnten Sie feststellen, daß ich nur noch im Verhältnis 1:10 Strafanträge stelle, und selbst das bedaure ich und bereue ich. Ich habe im November 1958 Strafantrag gestellt gegen drei Journalisten wegen Verleumdung – Amtsmißbrauch, Ämterpatronage und so weiter –, die Hauptverhandlung hat stattgefunden im Mai '61, zweieinhalb Jahre später. Die Herren sind zu drei Monaten Gefängnis verurteilt worden. Im Mai '62 wird möglicherweise der Berufungstermin stattfinden. Dann geht es in die Revision.

Diese Prozesse werden ja, nur um Zeit zu gewinnen, bis in die letzte Instanz geführt. Anzeigeerstattung im November '58, Urteil im Jahre '62. Das heißt, daß man im Durchschnitt sechs Jahre ansetzen muß, bis man ein endgültiges Urteil bekommt. Persönlicher Ehrenschutz: Wie Sie wissen, wird ein Gesetz vorbereitet. Ich habe mich um das Gesetz nie gekümmert. Aber eins ist klar, daß im jetzigen Prozeßverfahren im Auf und Ab der sechs Jahre wohl eine Klärung, aber keine Rehabilitierung, geschweige denn eine wirkliche Erledigung der Angelegenheit möglich ist. Als im Mai 1961 Berichte über die Anzeige von damals erschienen, haben die meisten Leute gar nicht mehr gewußt, was in der Wahlpropaganda 1958 vor sich gegangen ist. Das ist einer der Gründe, warum die Bundesregierung mit Strafanträgen so zurückhaltend ist. Wenn Sie sagen, Schloß und Braun, das seien ganz andere Zeugen als Kapfinger, dann darf ich dazu ein paar Dinge sagen, die wir jederzeit verifizieren können, damit Sie meinen Standpunkt verstehen, warum ich entweder keinem von allen vieren glauben kann oder allen …

Rudolf Augstein: Sie sollen keinem glauben!

Strauß: Das schließt sich gegenseitig aus. In dem Artikel vom 31. Januar ist, wenn ich es einigermaßen richtig in Erinnerung habe, von der eidesstattlichen Erklärung des

24. März von Braun gesprochen worden. Das ist zunächst einmal keine eidesstattliche Erklärung, sie sollte nie vorgelegt werden, das ist also eine falsche Behauptung. In dieser eidesstattlichen Erklärung hat Braun behauptet, er habe von Herrn Schloß erfahren, ich hätte ihm Aufträge in Höhe von 200000 Mark Honorar, nicht Bausumme ...

Rudolf Augstein: Aufträge!

Strauß: ... für das Architekturbüro Schloß zugesichert. Honorar, nicht Bausumme. 200000 Mark Bausumme gibt es bei unserer Größenordnung nicht. Wenn ich Ihnen berichte, was in fünf Jahren, von 1957 bis 1961, in der Oberfinanzdirektion München an Honoraren für freie Architekten gezahlt worden ist, so bin ich überzeugt, daß das ein gewisses Aufsehen erregen wird. Ich habe im übrigen damit gar nichts zu tun, ich bin nicht dafür zuständig, wie der Auftrag erteilt und honoriert wird. Es sind in dieser Zeit 28300000 Mark Architekten- und Ingenieurhonorare bezahlt worden ... Aus dieser Auftragssumme hat Herr Schloß im fraglichen Zeitraum 26000 plus 3000 Mark bekommen. Herr Braun hat in seiner eidesstattlichen Erklärung unter Berufung auf Herrn Schloß etwas behauptet, was objektiv falsch ist. Der zweite Gesichtspunkt. Auch das kann ich verifizieren. Im Februar letzten Jahres ist mir mitgeteilt worden, daß Braun und Herrschaft * an die SPD herangehen würden. Da haben sie nichts erreicht. Dann sind sie zur FDP gegangen; die hat sie rausgeschmissen. Dann haben Sie sich an den SPIEGEL gewandt. Man dachte, irgendwo findet man eine Stelle, wo man so etwas anbringen kann. Ein anderer hat, wie ich gestern von einem Bekannten erfahren habe, einem Jugendfreund von mir, erklärt: Der SPIEGEL wird nichts bekommen, wenn dafür das Verteidigungsministerium ihm Aufträge gibt. Heute nacht habe ich eine weitere höchst interessante Information erhalten.

* Ein Mittelsmann von Braun und Schloß, der angeblich auch nach Ost-Berlin gereist sein soll.

Der Chefredakteur des «Vertriebenen-Anzeigers» in München, Erich Maier, teilte mit, daß am vergangenen Freitag der im Prozeß ebenfalls als Besitzer der eidesstattlichen Erklärung bekannte Makler Lindner, Geschäftspartner des Herrschaft, bei ihm war. Lindner sagte ihm, er habe von Braun und Herrschaft erfahren, daß sie Material gegen Minister Strauß nicht verwenden würden, wenn sie Bauaufträge bekämen – hernach haben sie es dem SPIEGEL gegeben –, und daß Braun und Herrschaft es vor dem SPIEGEL bereits der SPD angeboten hätten. Lindner erklärte sich Maier gegenüber bereit, eine schriftliche Erklärung herauszugeben; weshalb ich gar nicht so sehr gegen eine Fortsetzung der Beweisaufnahme wäre. Herr Augstein, ich habe Sie vor einiger Zeit in einem dieser Räume hier darauf angesprochen, daß Sie bewußt in einem nichtintentionellen Zusammenhang Dinge aufgreifen, deren weitere Verbreitung den uns feindlichen Propagandastellen ... Hier wird's behauptet, drüben wird's breitgetreten.

Rudolf Augstein: Jetzt haben Sie wieder das eingeführt, schon wieder war es der Osten! Die Fibag ist wieder die Ausgeburt des Weltbolschewismus!

Strauß: Ich gehöre nicht zu denen, die das behaupten. Ich weiß aber, daß man sich drüben solcher Sachen bemächtigt.

Rudolf Augstein: Natürlich!

Strauß: Ich hätte sehr gern Ihren Zeugen Herrschaft ... Wenn Sie sich der Zusammenhänge bewußt sind, die der Zeuge Herrschaft bedeutet, dann wird das, was ich mich weigere zu glauben, in ein höchst merkwürdiges Licht gerückt. Ich lege gar keinen Wert darauf, daß diese Dinge unnötig breitgetreten werden. Nun sagt man hier: Auf alle Fälle Strafantrag gegen Kapfinger! Ja, wenn Braun und Schloß Leute wäre, auf deren Zeugnis nach dem Verfahren ich Wert legen könnte! Oder wenn Kapfinger gesagt hätte: Ich habe die Bemerkung gemacht, es tut mir leid, ich bedaure es. Dann hätten wir uns vielleicht verglichen zu einer Buße für karitative Zwecke, dann hätten diese philanthropischen Dinge zum Zuge kommen können. Aber man kann das von mir nicht verlangen, da es keinen Sinn hat, gegen Kapfinger Strafantrag zu stellen, einmal wegen der Glaubwürdigkeit der Zeugen Schloß und Braun und dann auch noch wegen anderer Momente. Dr. Kapfinger hat mich am 17. Mai um eine Unterredung gebeten wegen zweier Objekte. Das eine war, eine dritte Tageszeitung in München zu gründen, wo ich ihm in Vertretung des erkrankten Seidel sagen mußte, daß ich das für Unsinn halte als Parteipolitiker. Das zweite war die «Soldaten-Zeitung», die einen Kurs hat, mit dem wir nicht übereinstimmen können.

Rudolf Augstein: Wir auch nicht.

Strauß: Die «Soldaten-Zeitung» wurde bei Herrn Kapfinger gedruckt, im Lohndruckverfahren. Ich wollte von ihm hören an diesem Abend, zu dem er mich gebeten hatte, wie die Verhältnisse bei der «Soldaten-Zeitung» lägen, ob man nicht eine Änderung der Linie herbeiführen könnte. Denn die «Soldaten-Zeitung» wird in vielen Kreisen, vor allem auch im Ausland, als Organ der Bundeswehr angesehen, und alles, was einseitig dort gesagt wird, geht zu unseren Lasten. Darüber wollte ich mit Kapfinger sprechen. Meine Frau war bei diesem Gespräch dabei. Am Schluß kamen Schloß und Winkel dazu, ebenfalls in die Wohnung Kapfingers, und das Gespräch über diese Aktion des Housing-Projekts lief dabei so am Rande mit.

Rudolf Augstein: Um so schlimmer!

Strauß: Ich habe ihnen gesagt: Reichen Sie die Anträge ein, wir werden sie prüfen. Darum habe ich dann Herrn Kaumann gebeten. Wenn nun am 13. April diese Äußerung von Kapfinger aus zu Braun und Schloß gefallen wäre, ich müßte beteiligt werden, erscheint es mir geradezu unwahrscheinlich, daß am 17. Mai, fünf Wochen später, per Zufall – weil wir zusammen noch irgendwohin gehen wollten, war meine Frau dabei – während der ganzen Unterredung nicht mit einem Jota Kapfinger nicht sein eigenes Interesse bekundet hätte, wenigstens zwischen den Zeilen.

Rudolf Augstein: Sie haben doch Menschenkenntnis!

Strauß: Wenn er das gegenüber seinen Partnern glaubhaft machen will, Herr Augstein, muß er zumindest vier, fünf Wochen später eine Bemerkung dieser Art machen. Die Art und Weise, wie zurückhaltend sich Kapfinger benommen hat, hat mich bestärkt, daß er keine materiellen Interessen hat. Er hat so viele Dinge an mich herangetragen – Kapfinger hatte nie ein erkennbares persönliches Interesse dabei, im Gegensatz zu manchen Redakteuren und Verlegern, die sich mit Bitten an mich gewandt haben.

Rudolf Augstein: Sie meinen nicht mich.

Strauß: Nein, ich meine nicht Sie. Ich muß so viele Leute empfangen, die mit Bitten zu mir kommen. Da bittet zum Beispiel einer, daß ich einen wegen Kriegsverbrechen zu lebenslänglicher Haft Verurteilten herausholen solle durch persönliche Beziehungen. Herr Kapfinger hat sich nie mit dergleichen Sachen sich an mich gewandt. Deshalb war ich zu keiner Sekunde der Auffassung, daß Herr Kapfinger an dem Objekt ein persönliches Interesse hat. Wenn er glaubte, Gewinnchancen zu haben, dann beweist er, daß er absolut ahnungslos war. Was ausgerechnet worden ist, ist barer Unsinn.

Rudolf Augstein: Wie alles an dem Objekt!

Strauß: Das bitte ich nicht zu unterstellen.

Dr. Cramer: Einschließlich Ihres Artikels!

Strauß: Das ist nicht wahr. Ich bin kein «Prozeßhansl»; ich nehme an, daß der Ausdruck hier verständlich ist und auch in Hamburg noch verständlich sein dürfte. Das ist nicht wahr. Herr Augstein, Ihre Unterstellung. Ich kann Ihnen amerikanische Memoranden zeigen, in denen die Amerikaner ihrer Unzufriedenheit darüber Ausdruck geben ...

Rudolf Augstein: Kenne ich alles.

Strauß: ... die Enttäuschung der Amerikaner darüber, daß wir, die beteiligten Bundesministerien, aus prinzipiellen Gründen Haushaltsmittel des Bundes dafür abgelehnt haben.

Rudolf Augstein: Da sind die freilich enttäuscht.

Strauß: Damit ist in der ersten Phase 1959 das ganze Projekt gescheitert; im Jahre 1960 aus politischen und militärischen Gründen, die im einzelnen hier nicht erörtert werden können. Es besteht ein legitimes Interesse daran, daß dieses Housing-Projekt auf der Basis des deutschen Kapitalmarktes durchgeführt wird. Die Planung ist richtig und wird von uns heute noch akzeptiert. Und wenn die Amerikaner diese Planung annehmen, werden wir heute noch bereit sein und wieder bereit sein, diese Planung zu fördern, unter der Voraussetzung, daß die von Herrn Schloß gemachten Angaben zutreffen. Treffen sie nicht zu, fällt die Planung zusammen. Hinter der Sache stehen große deutsche Firmen. Was dieser Sache den falschen Anstrich gegeben hat, ist die Tatsache, daß ein guter Plan von unseriösen Leuten in einer bestimmten Phase versucht worden ist für bestimmte Zwecke auszunutzen. Die Fibag – daß ich sie nicht kannte, geht schon daraus hervor, daß ich nicht einmal den Namen wußte; «Fiba», dieses entstellte Wort, sagte ich dazu –, die Fibag hätte diesen Auftrag nie bekommen. Das wäre utopisch zu glauben, daß eine Firma mit dieser Basis, wie sie sich diese Gründer ausgerechnet haben, den Auftrag bekommen hätte. Wer das glaubt, muß ja ein Narr ein.

Rudolf Augstein: Und die es empfohlen haben, Herr Minister?

Strauß: Da sind Ihre Zeugen. Ich möchte dabei eines ganz klar zum Ausdruck bringen. Wir haben bei der Oberfinanzdirektion München über Herrn Schloß nachgefragt ...

Rudolf Augstein: Ich kenne das Schreiben.

Strauß: Die Antwort war positiv. Wir haben mit ihm im Gegensatz zu anderen Architekturbüros positive Erfahrungen gemacht. Im Gegensatz zu anderen Architekturbüros, zu Professoren und Ministerialräten hat Schloß als Gebrauchs-Architekt nie enttäuscht. Ich habe das Zeugnis von Oberbaurat Castell gelesen, wo er als hauptamtlicher Hochbautechniker ...

Rudolf Augstein: Bauführer.

Strauß: Die Reaktion der Oberfinanzdirektion ist derartig positiv gewesen und ist es für die Phase ...

Rudolf Augstein: Dann muß da alles faul sein!

Strauß: Ich gebe Ihnen zu, daß Sie als Zensor über sämtliche Verhältnisse im Staat besser Bescheid wissen. Aber Sie sollten uns bona fides zubilligen, ehrliches Bemühen zubilligen, das Interesse des Bundes auch in jeder Frage, wo sich eine Möglichkeit bietet, zu wahren. «Alles faul» – wenn Sie mir diese Bemerkung erlauben. Herr Vorsitzender – hört man so manche Leute sagen, solange sie zusehen, dasitzen und kritisieren. Aber wenn sie dann einmal in der Arbeit drinsitzen, sieht sich das schon anders an. Ich habe das oft erlebt, auch bei Parlamentariern, die vorher das große Wort hatten, im Amte befindlich aber wesentlich kleinere Brötchen gebacken haben. Wir können es jetzt bei der Hamburger Sturmflutkatastrophe wieder feststellen, wie es nachher so ganz anders ist, als es vorher gesagt worden ist. Ich arbeite unbürokratisch und unkonventionell. Ich halte Sprechstunden in meinem Wahlkreis. Da hat jeder Zutritt, da können auch Gauner und Gangster dabei sein unter denen, die da kommen. Ich kann nie wissen, wer versteckt sich hinter dem Namen. Ich spreche auch gern mit jedem Zeugen von Ihnen.

Rudolf Augstein: Aber Sie bedrohen ihn nicht!

Strauß: Ich bin zwar Minister, aber gleichzeitig bin ich Parlamentarier, und als Parlamentarier bin ich für jedermann zu sprechen. Ich mußte die Sprechstunden jetzt einschränken, weil der Andrang einfach zu groß geworden ist. In meinem Archiv finden sich an die tausend Dankschreiben dafür, daß ich armen Teufeln geholfen habe, gleich, in welcher Situation. Wenn einer schreibt, ich bin in Not, bitte helfen Sie mir, und sein Anliegen wird überprüft, und die Überprüfung hat ein teilpositives Ergebnis – daraus unsaubere Zusammenhänge konstruieren zu wollen: Wohin treibt man uns dann? In die völlige Isolierung. Ich werde mich hüten, noch irgendeine Empfehlung anzunehmen, mich für irgend jemand einzusetzen.

Ich büße das nicht, sondern die Hunderte kleiner Leute, die dann mit einem, der eine Empfehlung mißbraucht hat, über einen Kamm geschoren werden ... Wir können uns nicht erlauben, von vornherein zu jedem Gedanken nein zu sagen, bloß weil drei, vier Jahre später mit Empfehlungen Mißbrauch getrieben werden kann ... Ich würde mir mein Amt leichter gestalten können, wenn ich nur den Cocktail-Minister machen würde, nichts mehr unterschreiben, nur eine Dekorationsfigur, alles abwälzen auf Ministerialräte, Ministerialdirektoren und Staatssekretäre. Mein Leben wäre viel angenehmer. Sie hätten kaum etwas zu schreiben.

Rudolf Augstein: Das wäre entsetzlich.

Strauß: Wer gar nichts macht, begeht keinen Fehler, sagt man. Nein, wer gar nichts macht, begeht den größten Fehler, indem er nämlich seiner Sache nicht mehr dient. Deshalb kann ich unter diesen Umständen, die wir Punkt für Punkt verifizieren können, gegen Kapfinger keinen Strafantrag stellen im Sinne einer Conditio sine qua non.

Rudolf Augstein: Aber anders geht es doch nicht!

Strauß: Ich weiß, was Sie in der zweiten Nummer geschrieben haben; Kapfinger ist unter Zeugen gestellt worden, und er hat uns fast kniefällig erklärt, alles sei erfunden und erlogen, was eben so von Nachrichtenhändlern erfunden wird *. Wenn Kapfinger gesagt hätte, er hätte diese Bemerkung gemacht, dann wäre entweder eine schwere Buße oder ein Strafantrag fällig gewesen.

Rudolf Augstein: Er kann doch nicht mit einer Buße herauskommen, wenn er das über Sie gesagt hat!

Strauß: Wenn Kapfinger es gesagt hätte, Strafantrag oder Buße, lassen wir das einmal offen. Aber so, wo er auf der einen Seite steht und feierlich erklärt ...

Rudolf Augstein: Sehr unfeierlich!

Strauß: ... und wenn im übrigen Braun und Schloß auf

* Kapfinger renommierte damit, er besitze ein kompromittierendes Bild von Strauß.

der anderen Seite stehen, deren Verhaltensweise ich nicht näher zu schildern brauche, möchte ich nicht wiederum in einen Strafprozeß hineingezogen werden …

Rudolf Augstein: Sie sind doch drin!

Strauß: Ich ziehe alles zurück, was zurückziehbar ist, und habe nicht die Absicht, mir im Sinne einer Conditio sine qua non ein weiteres Strafverfahren aufdrängen zu lassen.

Rudolf Augstein: Herr Minister, ich bedaure es wirklich sehr, aber Sie haben die Anspielung gemacht: Drahtzieher und Hintermänner. Ich will dazu sagen – es tut mir sehr leid, daß ich es sagen muß –, ich habe dieses Material in der gleichen Woche, in der ich es veröffentlicht habe, von einem früheren Bundesminister bekommen. Sie können nicht glauben, daß irgendein Mitglied der Bundesregierung zu irgendeinem Zeitpunkt ein Drahtzieher Moskaus ist. Das Material ist veröffentlicht worden, als ich es bekam. Das ist das eine.

Strauß: Sie hatten es bereits im Mai.

Rudolf Augstein: Ich nicht. Ich bekomme nicht alles Material, auch nicht über Sie. Ich nicht. Das kann bewiesen werden, wenn es darauf ankommt. Sie haben gesagt, daß Sie ein unbürokratischer Minister sind. Wir wissen, Herr Minister, wenn ich das sagen darf, daß Sie enorme Fähigkeiten haben, daß Sie eine Persönlichkeit sind, die man ohne Bewunderung gar nicht auf ihrem Weg verfolgen kann.

(Strauß spricht mit Dr. Cramer.)

Wenn ich einmal etwas Gutes über Sie sage, hören Sie doch zu! Alles das wissen wir. Doch darum geht es nicht. Es geht um etwas anderes. Es geht auch nicht darum, daß Sie dem Schloß Aufträge zugeschanzt haben – bitte sehr.

Strauß: Ich habe ihm keine Aufträge zugeschanzt.

Rudolf Augstein: Wenn Sie ihm helfen wollten – bitte sehr. Sie sind als Politiker unter anderem auch dazu da; wir haben nichts dagegen. Glauben Sie mir. Herr Minister, darum geht es gar nicht. Wenn Sie den Schloß nur in Brot gesetzt hätten, niemand wäre darauf gekommen, Ihnen daraus einen Vorwurf zu machen. Sie haben ihn am 1. Dezember 1959 in bitterer Not kennengelernt, nämlich in derselben Not, in der er sich jetzt bald wieder befinden wird, nachdem die Fibag zu Ende sein wird. So lernten Sie ihn kennen. Da können Sie doch denselben Mann, das können Sie uns nicht erklären, den sie in der Notlage kennengelernt haben, diesen selben Mann nicht dem amerikanischen Verteidigungsminister Gates in einem persönlichen Schreiben mit einem nicht überprüften Projekt empfehlen.

Dr. Cramer: Das stimmt nicht.

Rudolf Augstein: Wenn das nicht stimmt ...

Dr. Cramer: Nix stimmt!

Vorsitzender (zu Cramer)**:** Lassen Sie diesen Herrn sprechen. Er hat Sie ebenfalls nicht unterbrochen, da möchte ich Sie bitten, ihn auch nicht zu unterbrechen.

Rudolf Augstein: Ich bin sicher, Sie haben das Empfehlungsschreiben an den amerikanischen Verteidigungsminister Gates in dem Glauben gesandt, Herr Schloß hat eine Aktiengesellschaft gegründet. Sie wissen inzwischen, daß diese Aktiengesellschaft nicht gegründet worden ist. Sie wissen, daß keiner dieser Leute auch nur eine Mark, auch nur einen Pfennig hatte, sie zu gründen – außer dem stillen Teilhaber Kapfinger; der hätte sie gründen können, aber der wollte nicht.

Dr. Helm (Partei Strauß)**:** Sie verwechseln die beiden Schreiben!

Rudolf Augstein: Wenn Sie einen solchen Mann empfohlen haben, können Sie sich nicht wundern, daß wir fragen: Wie kommt er dazu? Und der Schlüssel ist doch nicht der mittellose Architekt Schloß. Sie sind zu dieser Empfehlung nun zweifellos durch Herrn Kapfinger gebracht worden.

Strauß: Nein, durch Dr. Kaumann. Das hätte ich Ihnen heute bewiesen.

Rudolf Augstein: Sie sind meines Erachtens durch Herrn Kapfinger dazu gebracht worden.

Strauß: Nein.

Rudolf Augstein: Wie dann?

Strauß: Kaumann hat ihn schriftlich empfohlen. Diese Empfehlung ...

Rudolf Augstein: Eine Empfehlung nach einstündiger Prüfung. Nach einstündiger Prüfung hat er Lothar Schloß empfohlen. Sie sind doch ein Mann, der eine viel größere politische Erfahrung hat als ich; Sie haben Menschenkenntnis, Sie müssen sie haben, und da sind Sie nun an einem Abend im Hause Kapfingers in München, in der Wohnung der Frau Schlicker, und sehen den Herrn Winkel und den Herrn Schloß, und dann trugen, wie Ihr Herr Prozeßvertreter es ausdrückt, Schloß und Winkel den neuesten Stand des Fibag-Projekts vor. Ich bitte Sie: Schloß und Winkel, wir haben sie hier gesehen, trugen den neuesten Stand des Fibag-Projekts vor! Da kann man nicht glauben, daß es auf normale Weise zugegangen ist. Und es ist auch nicht auf normale Weise zugegangen. Das ist undenkbar.

Solche Leute wie Herr Schloß und Herr Winkel kommen auch zu mir oft mit Material. Möglicherweise kommen sie und sagen: Wir haben Material über den Verteidigungsminister. Wenn Sie aber glauben, daß solche Leute bis in mein Zimmer vordringen können, so irren Sie. Nun werden Sie sagen: «Ich habe eine andere Position, ich als Politiker muß mit jedem sprechen.» Stimmt. Sie müssen vielleicht Leute wie Schloß und Winkel empfangen. Es zwingt Sie aber niemand dazu, mit diesen Leuten irgendeine Beziehung zu haben, die in die Bündnisverpflichtungen der Bundesrepublik hineinreicht. Dazu sind Sie effektiv nicht gezwungen. Es ist ein Rätsel, wie Sie ...

Strauß: Die Vorlage Schloß war sachlich ausgezeichnet. Ob sie von ihm war ...

Rudolf Augstein: Das war doch nur eine Skizze, die der Architekt Suske von abends sechs bis vormittags neun des anderen Tages zusammengeschrieben hat. Wenn das ausgezeichnet war ...

Strauß: Es war eine Planung.

Rudolf Augstein: Planung oder Plan: Es war eine regellose Skizze, über die der Mann, der sie gemacht hat, selber höhnisch gelacht hat. Wie es möglich war, diese Leute nach Amerika zu empfehlen, darüber müssen Sie uns Aufklärung geben. Es geht nicht an zu erklären, das würde immer so gemacht, das wäre routinemäßig so. Das kann nicht sein, das wäre zu schlimm. Dann müßten Sie eine Unordnung im Ministerium haben, die fürchterlich ist. Das glaube ich nicht, daß Sie solche Unordnung haben. Es geht nicht, routinemäßig ein Objekt von 300 Millionen bei einem Jahresetat ...

Strauß: Es sind null Pfennig Bundesmittel involviert worden.

Rudolf Augstein: Aber an die deutschen Bauträger sollten Gelder zur Verfügung gestellt werden, und da wären ja dann immerhin deutsche Steuerzahler davon betroffen worden. Die Amerikaner wollten einen deutschen Sponsor; am liebsten wäre es ihnen gewesen, sie hätten die Bundesrepublik dafür gewonnen.

Strauß: Die Bundesrepublik schied aus.

Rudolf Augstein: Sie schied zunächst noch gar nicht aus. Es wurde verhandelt. Das Finanzministerium, das federführend war, hat den Amerikanern dazu Vorschläge gemacht. Darüber haben die Amerikaner nicht entschieden; sie haben einen Zwischenbescheid gegeben. Dann kam Schloß in Ihr Gesichtsfeld, und die Sache nahm dann den uns bekannten Verlauf. Es ist hier nicht sachgemäß gearbeitet worden. Die Angelegenheit muß in einem parlamentarischen Untersuchungsausschuß geklärt werden. Denn weder das Strafgericht noch das Zivilgericht sind dazu geeignet. Nur ein parlamentarischer Untersuchungsausschuß eignet sich dazu. Wenn ich Sie wäre, würde ich den gegen mich beantragen. Das ist natürlich Ihre Sache. Ich verstehe, wenn Sie von mir keine Ratschläge entgegennehmen.

Sie sagen, Kapfinger hat nichts gesagt, daß ich, Strauß, einen Anteil abbekommen sollte. Doch, er hat es nicht mehr ausgeschlossen. Er hat die eidesstattliche Versicherung hier zu Gericht gegeben. Darin steht: Er kann, weil er sich in einem Punkt, in der Angelegenheit Braun, schon geirrt hat, nicht ausschließen, daß er auch das andere gesagt hat. Wer lesen kann – und Sie können mehr als lesen –, der weiß, er hat es gesagt. Sie wissen es auch.

Sie haben keine andere Wahl: Sie müssen entweder sämtliche Anträge zurückziehen, bedingungslos, oder bedingungslos auch Kapfinger einbeziehen. Es gibt für Sie keine dritte Möglichkeit. Ich bitte Sie, Sie dürfen uns nicht übelnehmen, daß wir darauf bestehen. Ich will nicht grundlos mit Strafanträgen überzogen werden. Dagegen mich zu wehren, habe ich ein Recht. Wenn Kapfinger mit einer Buße wegkommen soll – bitte, Herr Minister, es wird das Gesetz im Bundestag eingebracht für einen strengeren, schnelleren Ehrenschutz: Wenn dann, wenn wirklich etwas Haariges behauptet wird, eine Buße, eine private Regelung zwischen den Parteien Platz finden soll – das ist völlig ausgeschlossen.

Herr Brach – das ist in der Verhandlung in Passau zur Sprache gekommen, Salzberger hat die Geschichte wiederholt bestätigt – hat gesagt: Es gibt in Ghana einen bestechlichen Minister, der verfügt über ein 290-Millionen-Objekt, und der Dr. Kapfinger ist der einzige, der Zugang zu ihm hat, weil er in Ghana eine Regierungszeitung gründen will. Was haben Sie für Möglichkeiten? Zwei: Entweder Salzberger anzuzeigen, gegen ihn Strafantrag zu stellen, oder Strafantrag gegen Brach.

Strauß: Ich war gemeint?

Rudolf Augstein: Ganz klar, daß Sie gemeint sind. Es steht in der «Süddeutschen Zeitung». Als Gleichnis hat er das gebracht. Wenn Sie es noch nicht haben, stelle ich es zur Verfügung. Es heißt da also: Da gibt es im reichen Ghana einen bestechlichen Minister; der verfügt über ein 290-Millionen-Objekt, und einzig der Dr. Kapfinger hat Zugang zu ihm, weil er eine Regierungszeitung in Ghana gründen will. In Ghana! Er, der noch nie in Ghana war, und das wäre ja auch wahrhaftig nicht die Entwicklungshilfe, die wir Ghana wünschen wollen.

Sie haben doch einen eifrigen Presse-Oberst. Ich schätze

diese Herren sehr, sie sind sehr alert, arbeiten gut, sind aufmerksam. Die mußten Ihnen das doch vorlegen! Sie müssen, Herr Minister, gegen Brach, gegen Salzberger vorgehen. Sie können das nicht einfach nur zur Kenntnis nehmen. Sie müssen auch hier wie im Falle Kapfinger Strafantrag stellen. Kapfinger als Eideszeuge scheidet völlig aus. Ich sage nochmals – Sie werden es mir nicht glauben: auch in Ihrem Interesse –, Sie müssen gegen Kapfinger Strafantrag stellen oder alle Strafanträge zurückziehen ...

Strauß: Sie können mich doch nicht zwingen.

Rudolf Augstein: Zwingen können wir Sie nicht. Niemand kann Sie zwingen. Völlig klar. Sie haben gemeint, der Ehrenschutz reiche nicht aus, weil man unter Umständen sechs Jahre auf ein rechtskräftiges Urteil warten müsse. Nun: Wenn Sie ein Urteil in erster Instanz gewinnen ...

Strauß: Nach zweieinhalb Jahren!

Rudolf Augstein: ... dann haben Sie doch den erstrebten Erfolg. Nun schön, die Justiz arbeitet langsam. Es ist nicht unsere Sache, das hier zu kritisieren. Der Rechtsstaat ist nun einmal ein langsam arbeitendes Organ – im Gegensatz zum östlichen Gewaltregime. Muß ich Ihnen sagen, daß es besser ist, einen Schuldigen laufenzulassen als einen Unschuldigen zu verurteilen? Nein, darin stimmen wir überein. Trotzdem gibt es eine Möglichkeit, eine so schwere Beschuldigung, wie Kapfinger und Brach sie gegen Sie erhoben haben, schnell vors Strafgericht zu bringen. Statt dessen reichen Sie uns hier eine eidesstattliche Erklärung von Brach zu Gericht!

Jetzt sagen Sie, die Journalisten gingen aus Gründen, die Sie nicht anerkennen, nämlich um Zeit zu gewinnen, bis in die letzte Instanz. Was ist das für eine Verkennung der Rechte, die der Bürger im Rechtsstaat hat! Natürlich gehen wir weiter, solange uns die geringste Chance bleibt, in einem Rechtsstreit zu obsiegen. Der 187a ist, glaube ich, erst einmal richtig zum Zuge gekommen, sonst nur auf SRP-Kaninchenzüchter-Ebene. Sie haben angeführt, daß man sich vor der Fülle von Verfahren nicht retten könne. Das dürfte aber hier in diesem Falle für Sie nicht maßgebend sein. Entweder Sie wehren sich mit normalen gerichtlichen Schritten, oder Sie verlieren wirklich die Legitimation, irgendeine Art Ehrenschutz zu verlangen. Ich muß Ihnen das sagen.

Sie halten, ich fürchte, mich, Herr Minister, für einen Feind von Ihnen. Ich bin es vielleicht auch, soweit es sich um gewisse Methoden und Prinzipien handelt, die Sie haben, oder von denen ich glaube, daß Sie sie haben. Aber ich bin nicht der Feind des Bundesverteidigungsministers. Erstens bin ich zu klein dazu. Zweitens: Die Institution als solche wird von mir geachtet. Es ist nicht reine Heuchelei, wenn ich sage: Der Oberbefehlshaber der Bundeswehr muß von solchen Verdächtigungen völlig frei sein.

Daß er pflichtwidrig handelt, indem er Leute, von denen er weiß oder wissen müßte, daß sie unseriös sind, auf das Bitten und Drängen eines Dr. Kapfinger an den amerikanischen Verteidigungsminister vermittelt, das sind Dinge, die bekommen dem Ansehen des Oberbefehlshabers der Bundeswehr nicht. Noch weniger bekommt es ihm, wenn ich Ihnen sagen kann: Herr Minister, ich habe den Verdacht, daß entweder Sie selbst oder Sie treuhänderisch für die CSU in den Händen Kapfingers sind; Sie sind in Ihren Handlungen nicht frei. Wenn ich das sagen kann ...

Strauß: Das ist Mißbrauch der Meinungsfreiheit.

Rudolf Augstein: Mag sein, daß Sie es so sehen, ich sehe es im Moment nicht so. Wenn ich das sagen kann, ist das dem Ansehen des Oberbefehlshabers der Bundeswehr nicht förderlich. Sie sind nicht nur ein Beamten-Minister, Sie haben unter sich Offiziere, denen in ihrer übergroßen Mehrzahl Begriffe wie Ehre und Sauberkeit eine Selbstverständlichkeit sind, davon bin ich überzeugt; Sie haben unter sich junge Soldaten, von denen Sie immer verlangen müssen, ihr Leben einzusetzen, beispielsweise bei der Flutkatastrophe, die Sie in einem Zusammenhang zitierten, der mir nicht behagt hat; ich darf sie hier einmal so zitieren: In Hamburg haben Leute, die unter Ihrem Befehl standen, ihr

Leben eingesetzt und geopfert. Da ist es nicht möglich, daß die Person des Verteidigungsministers in irgendein Zwielicht dieser Art gerät. Merken Sie nicht, daß Sie in Bonn, alle Bonner Parteien, in einem Glaskäfig sind? Merken Sie nicht, wie die Stimmung im Lande zu diesen Dingen ist? Diese Kungelei in Bonn, wo die Opposition in die Regierung möchte und nicht wagt, Ihnen ein Wort zu sagen? Merken Sie nicht, daß das nicht gutgehen kann, sondern leider zurückschlägt, das parlamentarische System diskreditiert? Wenn Sie das nicht merken, haben Sie die Fühlung zu den Leuten verloren. Ich bin zu Ende. Ich danke Ihnen, Hohes Gericht, und Ihnen, Herr Minister, daß Sie mir zugehört haben.

(Dr. Cramer setzt zu einer Rede an – der Vorsitzende unterbricht ihn.)

Vorsitzender: Wir wollen nicht plädieren. Ich habe gefragt, ob Sie den Vergleichsvorschlag annehmen. Teilen Sie mir das mit. Ich will Klarheit haben. Wollen Sie sich dazu äußern?

Dr. Cramer: Ich muß dazu Stellung nehmen, daß der Antragsgegner die Verdächtigung, der Minister Strauß habe seine Dienstpflichten verletzt, expressis verbis erneuert hat. Er hat in einer langen Rede außerdem weitere Vorwürfe erhoben. Der Minister aus Ghana! Angeblich soll das Minister Strauß gewesen sein. Er hat den Vorwurf erhoben, daß gewissermaßen die ganze Öffentlichkeit gegen Minister Strauß eingestellt sei, er sitze in einem Glashaus; er sei ein Mann, den alle Leute in Ländern und Bund und überall ablehnten; die Opposition würde nicht zum Zuge kommen ...

Vorsitzender (unterbricht energisch)**:** Es ist nicht gesagt worden, daß Herr Strauß in einem Glashaus sitzt.

Dr. Cramer: Was denn?

Vorsitzender (mit erhobener Stimme)**:** Die Bonner Parteien sitzen in einem Glaskäfig und verlieren die Verbindung zum Volk.

Dr. Cramer: Dann habe ich das mißverstanden.

Vorsitzender: Ich muß mich dagegen wehren, daß ich durch lange Reden hingehalten werde, die nicht stimmen.

Dr. Cramer: Meine Rede war nicht lang.

Vorsitzender: Ich muß bitten, diese Plädoyers zu unterlassen und mir klipp und klar eine Antwort darauf zu geben, ob eine Einigung möglich ist oder nicht.

Dr. Cramer: Soll der Herr Augstein das erst einmal erklären ...

Dr. Ziegler: Herr Direktor, ich weiß nicht, ob der Herr Antragsteller zu Ihrem Vorschlag ja oder nein sagt. Ich hätte erwartet, daß er zuerst sich äußert. Ich habe zu erklären: Die Antragsgegner sind unter der Voraussetzung, daß der Antragsteller gegen Dr. Kapfinger wegen dieser Fibag-Angelegenheit, wegen dessen Äußerung gegenüber Schloß, Strafantrag stellt, zu folgendem Vergleich bereit. Ich betone, daß ich dabei die Ziffer 1 oder die Präambel erweitere gegenüber dem gerichtlichen Vorschlag.

1. Die Antragsgegner erklären, daß sie mit ihrer Veröffentlichung in der SPIEGEL-Nummer vom 31. Januar 1962 nicht behauptet haben und nicht behaupten wollten und auch in Zukunft nicht behaupten werden, der Antragsteller habe sich für die Förderung des Housing-program materielle Vorteile zusichern lassen; er habe Lothar Schloß Aufträge im Ausmaß von 200000 D-Mark zugesichert und bei den Finanzbauämtern persönlich nachgefragt, ob diese Aufträge richtig placiert würden.

Insofern stimmen wir mit Ihrem Vorschlag, Herr Direktor, überein. Die Ziffer 3 ist meines Erachtens durch die Erweiterung der Ziffer 1 unnötig geworden. Sie wäre auch nicht akzeptabel für den Antragsgegner. Denn wenn Herr Dr. Strauß gegen den Dr. Kapfinger Strafantrag stellt, muß selbstverständlich, gleichgültig, wie dieses Verfahren ausgeht, dem SPIEGEL die Möglichkeit geboten sein, über den Ausgang dieses Verfahrens zu berichten. Es laufen, wie Sie wissen, außerdem noch eine Reihe von Rechtsstreiten, die auch mit dieser Sache zu tun haben, wobei nicht Antragsteller und Antragsgegner Gegner sind, sondern andere Leute. Wir sind bereit, auch die Kostenregelung des Gerichts anzunehmen, wobei ich ausdrücklich betonen möchte, daß diese Annahme doch zweifelsohne nach der Begründung, die das Gericht dem Vergleichsvorschlag mitgegeben hat, eine ausgesprochene Geste seitens der Antragsgegner darstellt.

Vorsitzender: Die Bedingung mit dem Strafantrag gegen Dr. Kapfinger?

Rudolf Augstein: Ich verzichte darauf, wenn der Herr Minister nicht selber weiß, was er seiner Ehre schuldig ist.

(Gemurmel im Saal.)

Dr. Cramer: Nachdem die Gegenseite den gerichtlichen Vergleichsvorschlag abgelehnt hat, sind wir einer Erklärung dazu enthoben. Wir wären an sich bereit gewesen, folgenden Vergleich zu schließen: Die Antragsgegner verpflichten sich, bei Meidung einer Vertragsstrafe von 50000 DM für jeden Fall der Zuwiderhandlung die Frage aufzuwerfen oder die Behauptung zu verbreiten, der Antragsteller habe unter Verletzung seiner dienstlichen Obliegenheiten als Bundesverteidigungsminister das Projekt Fibag für den Bau von Wohnungen für die Angehörigen der amerikanischen Streitkräfte in der Absicht und zu dem Zweck gefördert, an dem Gewinn dieses Unternehmens beteiligt zu werden; der Antragsteller habe dem Mitbegründer der Fibag, Lothar Schloß, Aufträge im Werte von rund 200000 DM zugesichert und bei den Finanzbauämtern nachgefragt, ob diese Aufträge auch richtig placiert würden. Ferner eine Ehrenerklärung der Antragsgegner. Mit der Kostenaufhebung wären wir unter dieser Bedingung einverstanden gewesen.

Rudolf Augstein: Herr Direktor, Sie kennen die extensive Auslegung, die unsere Herren Gegner Einstweiligen Verfügungen geben. Sie wissen, daß nach Ansicht unserer Herren Gegner eine Einstweilige Verfügung, wenn es nur irgendwie zu machen ist, zu Bestrafungsanträgen zu führen hat. Abgesehen davon, daß wir uns niemals einer Vertragsstrafe unterwerfen würden, erscheint mir dieser Vorschlag unter diesem Gesichtspunkt wie blanker Hohn.

Vorsitzender: Also was soll daraus entstehen? (Zu Dr. Cramer:) Ich halte das für keine glückliche Fassung.

Dr. Cramer: Sie kennen das Rechtsproblem, das darin liegt, wenn eine Erklärung ohne Strafsanktion niedergelegt würde. Wir können aus diesem Vergleich vollstrecken.

Rudolf Augstein: Das hat der Herr Bundeskanzler noch nicht einmal verlangt!

Dr. Augstein: Ich habe noch nie bisher einen Vergleich geschlossen – und ich vertrete den SPIEGEL immerhin seit 1947 –, wo wir dann den Vergleich nicht eingehalten hätten. Eine Ehrenerklärung in der Art, wie Sie sie wünschen, kommt doch überhaupt nicht in Frage. Sie können doch nicht von uns verlangen, daß wir etwas zusätzlich tun, was überhaupt nicht Gegenstand dieses Verfahrens ist und was Ihren Herrn Mandanten veranlassen könnte zu behaupten, der SPIEGEL könnte sich mit irgendwelchen Vorwürfen, die gegen ihn erhoben werden, in Zukunft nicht mehr befassen. Wir wollen doch die Kirche im Dorf lassen. Ihr Mandant hat Anspruch darauf, daß erklärt wird, daß er, was wir nie behauptet haben – wir wollten nicht sagen, haben nicht gesagt und werden nicht sagen –, sich für die Förderung des Housing-program keine finanziellen Vorteile hat zusichern lassen. Diese Vereinbarung wird, wie bisher jede ähnliche vom SPIEGEL getroffene Vereinbarung, eingehalten. Es ist noch nie eine Vereinbarung nicht eingehalten worden. Etwas anderes ist es mit Einstweiligen Verfügungen, über die man streiten kann. Und wenn man der Ansicht ist, daß sie rechtlich nicht begründet werden können, da können Sie nicht erwarten, daß wir uns daran halten. Über Ihren Vorschlag aber, das ist ganz klar, werden wir überhaupt nicht mehr zu diskutieren brauchen.

Vorsitzender (zu den Antragsgegnern)**:** Der Vorschlag lautet?

Dr. Ziegler: Wir haben nicht behauptet und wollten nicht behaupten und werden in Zukunft nicht behaupten.

Das weitere entspricht genau dem Wortlaut des gerichtlichen Vorschlags. Die Ziffer 3 heraus.

Vorsitzender: Herr Minister, Sie erklären?

Strauß: Mir selbst wäre diese Fassung angesichts der Glaubwürdigkeit des Rechtsanwalts Dr. Augstein ...

Rudolf Augstein: Wenn Ihnen meine Glaubwürdigkeit nicht genug ist, nützt Ihnen mein Bruder nichts.

Dr. Augstein: Ich spreche hier für meinen Bruder und für Herrn Becker. Ich habe die Erklärung abgegeben, weil ich seit 14, 15 Jahren weiß, wie die Herren es handhaben, wenn sie Vergleiche schließen. Ich wollte nicht damit ausdrücken, daß ich dafür zu sorgen hätte, daß alles rechtlich zugeht. Etwas Unrechtliches geschieht sowieso nicht.

Strauß: Sowohl Dr. Ziegler wie Sie haben als Prozeßbevollmächtigte gesprochen. Auch Herr Becker und Bruder Augstein haben sich geäußert. Ich habe nun angesichts der Glaubwürdigkeit Ihrer Äußerungen – denn wenn wir uns vergleichen, muß uns der Prozeßbevollmächtigte der Gegenseite in seiner ganzen Art der Verhandlungsführung dafür glaubhaft sein, daß der Vergleich eingehalten wird ... Damit ist keinerlei Werturteil gegenüber anderen ausgesprochen. Es bezog sich auf Sie. Nachdem Sie von anderer Seite anderes gehört haben, warum Sie da das Kompliment nicht annehmen wollen, sehe ich nicht ein.

Dr. Augstein: Dankend angenommen. Wir wollten nur nicht, daß in der Öffentlichkeit gesagt wird, daß ich mich bemühen müßte, bei meinem Bruder und bei Herrn Becker dafür zu sorgen, daß Recht geschieht. Ich gebe mein Wort dafür, daß es eingehalten wird. Aber ich gebe es im Namen des Antragsgegners und des Herrn Becker.

Rudolf Augstein (auf Dr. Augstein zeigend)**:** Er ist nicht der Hüter seines Bruders!

Strauß: Von der Richtigkeit dieses Bibelwortes haben Sie schon viele Vorteile gezogen!

Vorsitzender: Das geht doch ziemlich weit, wenn gesagt wird: Sie wollten nicht, sie haben nicht, sie werden nicht. Also mehr ...

Dr. Cramer: Das Wort «behaupten» ist nach unserer Meinung zu modifizieren. Denn es wird so nicht klar, ob die Verdächtigungen unter Fragestellung ...

Dr. Augstein: Sie fällt darunter.

Rudolf Augstein: Halt! Die Frage, ob der Antragsteller Geld erhalten sollte, würden wir nicht in diese Formulierung einbeziehen können. Es könnte letzten Endes doch die SPD dem Herrn Minister sagen: Bitte, Kapfinger hat nun mal das in der eidesstattlichen Versicherung so halbwegs zugegeben, du mußt klagen. Soll ich dann nicht mehr im SPIEGEL darüber berichten dürfen? Das ist ein ernsthaftes Problem. Ich glaube, man sollte bei «behaupten» bleiben. Es wird dem Herrn Minister nichts anderes übrigbleiben, darauf zu vertrauen, daß ich Vergleiche, wenn ich sie schließe, einhalte. Wir können über Mittelsleute – wir kennen ja einige – über die Auslegung sprechen. Wir werden uns weder in direkter oder indirekter Frageform oder in anderer Form eine Behauptung zu eigen machen ...

Strauß: So kommen wir nicht weiter. Wenn ich eine Frage aufwerfe: Es sprechen bestimmte Gesichtspunkte dafür, daß ... – ich möchte nicht durch ein hypothetisches Beispiel eine Verschärfung in die Situation bringen –, ich glaube es aber nicht, ich weiß, daß es nicht so ist, ich bin überzeugt, daß es nicht so ist ...; auch wenn ich es in dieser abwertenden Form artikuliere, so bleibt doch immer etwas hängen. Verstehen Sie? Zum Beispiel die Dreiheit der Zeugen Braun, Schloß, Kapfinger. Fünfmal sagen sie als Zeugen so aus, und plötzlich hat einer ein neues Erscheinungsbild, dann heißt es anders.

Rudolf Augstein: Es bleibt ja dabei, daß gesagt wird: Wir behaupten nicht, daß Sie sich hätten bereichern wollen. Nur daß der ganze Komplex nicht mehr diskutiert werden kann, darauf kann ich mich nicht einlassen; wohl darauf: weder direkt noch indirekt, weder in der Behauptungs- noch in der Frageform, versteckt oder nicht versteckt ...

Vorsitzender: Kann man beifügen: ... auch nicht in der Form von Fragestellung ...?

Dr. Ziegler: Das kann gemacht werden. Wir haben nicht behauptet, wollten nicht behaupten und werden auch in Zukunft, auch nicht in der Form der Fragestellung ...

Vorsitzender: So.

Dr. Cramer: Strafantrag gegen Kapfinger?

Dr. Ziegler: Herr Augstein und Herr Becker haben erklärt: keine Conditio sine qua non.

Strauß: Ich habe nur die Wahl, sämtliche Strafanträge durchzufechten, einschließlich Kapfinger, und müßte eine geraume Zeit in einem sehr umfangreichen Verfahren verstreichen lassen, oder Tabula rasa.

Dr. Augstein: Sie sehen es falsch. Sie könnten auch nach diesem Vergleich – wir haben absichtlich davon Abstand genommen, in den Vergleich die Strafsache gegen uns hereinzunehmen –, Sie können, ohne Kapfinger zu belangen, nach dem, was mein Bruder eben ausgeführt hat, meinen Bruder und Herrn Becker mit Strafverfahren verfolgen.

Rudolf Augstein: Theoretisch!

Dr. Augstein: Das geht uns nichts an, was Sie machen. Mein Bruder hat auf die Bedingung verzichtet. Sie können, ohne gegen Dr. Kapfinger Strafantrag zu stellen, die anderen Verfahren weiterlaufen lassen.

Strauß: Wo wir schon einmal bei der großen Aufrechnung der Strafverfahren sind, so ist es doch wohl klar, daß ich als Dienstherr gezwungen bin, gegen Sie, Herr Augstein, und gegen Herrn Becker wegen Ihrer Bemerkungen über den Ministerialdirigenten Kaumann auch Strafantrag zu stellen.

Rudolf Augstein: Bitte. Wenn das die Art ist ...

Dr. Augstein: Sie haben volle Vollmacht, Strafanträge zu stellen, gegen wen immer. Wir wollen nicht in den Geruch kommen, einem Verfahren dieser Art auszuweichen. Wir laufen nicht hinterher, aber wir weichen auch nicht aus.

Dr. Ziegler: Die Antragsgegner erklären, daß sie mit ihrer Veröffentlichung in der SPIEGEL-Nummer vom 31. Januar 1962 und folgenden Nummern nicht behauptet haben und nicht behaupten wollten und auch in Zukunft, auch in Form der Fragestellung, nicht behaupten werden, der Antragsteller ... Das andere ist Ihnen bekannt. Ziffer 3 aber heraus.

Vorsitzender (zu Dr. Cramer): Ich würde das empfehlen, wenn ich einen Rat geben darf.

(Die Sitzung wird um 13.25 Uhr unterbrochen, der Wiederbeginn auf 14.30 Uhr festgesetzt – Wiederbeginn: 14.35 Uhr.)

Dr. Cramer: Wir hätten in dieser Sache von uns aus einen Vergleichsvorschlag nicht gemacht. Wir haben aber Verständnis dafür, daß das Gericht, als Gericht in einer Einstweiligen-Verfügungs-Sache, seinerseits gewisse Bedenken hat, die materielle Wahrheit bis ins Letzte zu erforschen und daß für solche Verfahrenshandlung an sich das Strafverfahren da ist. Hier gilt ja bekanntlich nur das Prinzip der formellen Wahrheit. Aus diesen Erwägungen haben wir uns entschlossen, den Vergleichsvorschlag in seiner letzten Formulierung anzunehmen und im übrigen das Schwergewicht der Aufklärung des Tatbestandes der Staatsanwaltschaft beim Landgericht München zu überlassen. Wir sind also bereit, den Vergleich, wie er zuletzt formuliert worden ist, abzuschließen. In welchem Umfang in der Zukunft noch weitere Strafanträge etwa zu stellen sind, das wollen wir nicht vor Vorliegen gewisser Ermittlungsergebnisse der Staatsanwaltschaft in München entscheiden.

Wir haben verstanden, daß Sie, Herr Landgerichtsdirektor, Bedenken haben, daß gegen den Herrn Dr. Kapfinger Strafantrag gestellt wird, und diese Bedenken, die teilen wir an sich, das wissen Sie. Aber wir wollen diesen Tatbestand noch nicht endgültig zu dem unsrigen machen, sondern wir wollen abwarten, was das Ergebnis des Verfahrens bringt. Zu den Bedenken, die Sie gegen Dr. Kapfinger haben, kommen für uns noch rein wettbewerbsrechtliche Bedenken, die darin bestehen, daß mit dem Angriff gegen Dr. Kapfinger, der in dem SPIEGEL vom 31. Januar erfolgt ist, der SPIEGEL seinen hauptsächlichen Wettbewerber angegriffen hat.

(Lachen bei den Antragsgegnern und bei einem Teil der Zuhörer.)

Es scheint also doch so zu sein, daß man sich dort mit dem Gedanken trägt, einen Wettbewerber dann zu bekämpfen, solange er noch klein ist.

Rudolf Augstein: Der wird nicht mehr groß! Der nicht!

(Unruhe im Saal.)

Vorsitzender: Ruhe! Herr Dr. Augstein?

Dr. Augstein: Ich finde es ungeheuerlich, wenn wir hier über einen Vergleich verhandeln, hereinzukommen, Pfötchen zu geben und gleichzeitig zu treten. Das ist nicht die Art von uns, und so prozessieren wir im allgemeinen nicht. Ich nehme auch nicht an, daß es sonst im allgemeinen in Nürnberg so üblich ist. Es fällt mir wirklich schwer, nachdem jetzt Herr Dr. Cramer wieder plötzlich in die Debatte geworfen hat, als ob Sie, Herr Direktor, gesagt hätten, was Sie gar nicht gesagt haben: auf keinen Fall Strafantrag gegen Dr. Kapfinger. Sie werden sehen, Sie tragen noch die Verantwortung dafür, daß gegen Dr. Kapfinger kein Strafantrag gestellt wird, Sie werden in Zukunft dafür Kronzeuge sein müssen. Ich glaube, hier ganz klar sagen zu können, daß das für uns aber auch nicht im geringsten irgendwie ein Motiv war, daß zufällig nun Herr Dr. Kapfinger als Verleger tätig ist. Das ist uns völlig Wurscht. Ganz klar. Wenn der Herr Cramer mit irgendwelchen Verklausulierungen den Vergleich verhindern will, soll er es sagen. Wir sind bereit, weiterzumachen. Aber zu sagen, wir vergleichen uns und dann gleichzeitig den Kampf zu eröffnen, so geht es nicht. Jedenfalls war das nicht so von uns gewollt.

Dr. Cramer: Sie haben mich mißverstanden. Ich habe ausdrücklich erklärt, daß das Strafverfahren ausgeklammert werden soll.

Dr. Augstein: Warum wiederholen Sie dann ...

Dr. Ziegler: Es ist nicht wert, sich zu alterieren. Die Begründung, die Dr. Cramer gegeben hat, sie ist von ihm selbst nicht so ernst gemeint.

Dr. Augstein: Wenn Sie es so nehmen, daß er sich selbst nicht ernst nimmt!

Dr. Ziegler: I. Die Antragsgegner erklären, daß sie mit ihrer Veröffentlichung in der SPIEGEL-Nummer vom 31. Januar 1962 und in weiteren Nummern nicht behauptet haben und nicht behaupten wollten und daß sie auch in Form der Fragestellung in Zukunft nicht behaupten werden, 1. Der Antragsteller habe sich für die Förderung des Housing-program materielle Vorteile zusichern lassen; 2. er habe Lothar Schloß Aufträge im Ausmaß von 200000 Mark zugesichert und bei den Finanzbauämtern persönlich nachgefragt, ob diese Aufträge richtig placiert würden. II. Die Kosten des Rechtsstreites werden gegeneinander aufgehoben.

Vorsitzender: Vorgelesen, genehmigt.

Dr. Cramer: «Persönlich» muß gestrichen werden.

Dr. Ziegler: Es steht im gerichtlichen Vorschlag.

Rudolf Augstein: Sagen wir «selbst».

Vorsitzender: Sagen wir «nachgefragt».

Dr. Ziegler: Gut, es soll an diesem Wort nicht scheitern.

(Der Antrag auf Erlaß einer Einstweiligen Verfügung wird von den Antragstellern zurückgenommen.)

Personenregister